슬기로운 고교생활

슬기로운
고교생활

초판 1쇄 인쇄 | 2022년 8월 25일
초판 1쇄 발행 | 2022년 8월 30일

지은이 | 정구복
펴낸이 | 박영욱
펴낸곳 | 깊은나무

경영지원 | 서정희
편 집 | 고은경 · 조진주
마케팅 | 최석진
디자인 | 민영선 · 임진형
SNS마케팅 | 박현빈 · 박가빈

주 소 | 서울시 마포구 월드컵로 14길 62 북오션빌딩
이메일 | bookocean@naver.com
네이버포스트 | post.naver.com/bookocean
페이스북 | facebook.com/bookocean.book
인스타그램 | instagram.com/bookocean777
전 화 | 편집문의: 02-325-9172 영업문의: 02-322-6709
팩 스 | 02-3143-3964

출판신고번호 | 제2013-000006호

ISBN 979-11-91979-18-3 (43370)

현직 고등학교 선생님의 똑똑한 입시 지침서

슬기로운 고교생활

정구복 지음

학부모와 자녀가 함께 읽는
고교생활 성공 가이드북

깊은나무

궁금한 게 많은 학부모들을 위한 고교생활 필독서

필자는 교사가 되고 싶었고, 학교 현장에서 교육 가족을 기쁘게 만나고 있습니다. 지금 제가 걷는 길이 뒤에 오는 이의 작은 이정표가 되고 후세의 시행착오를 줄이는 데 도움이 되길 소망합니다. 교육의 사명과 교사의 역할이 있다고 생각합니다. 탈출구 없는 세상에 교육이 이 시대의 작은 촛불이길 희망합니다. 그렇지만 정작 교육은 시대와 세상은 고사하고, 본래의 기능대로 제대로 작동하고 있는지 의문이 생길 때가 많습니다.

4차 산업혁명 시대와 교육 정책의 전환기에 학생은 자신의 진로를 어떻게 열어갈지 고민이 많아집니다. 열심히 공부만 한다고 해서 좋은 대학으로 직행하는 것 같지 않습니다. 공부를 잘해도 행복하게 잘 살 수 있는지도 모릅니다. 거기에 복잡한 입시제도와 부모의 기대는 학생의 어깨를 무겁게 합니다. 학부모의 고민도 깊어집니다. 자녀에게 뭔가 해 주고 싶은데 어떻게 해야 하는지 방법을 찾기가 어렵습니다. 학교를 찾아가는 것도 발걸음이 내키지 않고 우후죽순으로 넘쳐나는 사교육 기관과 컨설팅의 유혹도 뿌리치자니 뭔가 불안합니다. 결국 학생과 학부모는 누군가의 도움이 필요하고 신뢰할 수 있는 상담을 해야 하는데, 어디서 어떤 도움을 받을 수 있는지 경험이 부족한 가운데 무언가를 계속 결정해야 합니다.

고교 학부모의 최대 관심사는 자녀의 대학 진학일 것입니다. 너무나 많은 대입 정보가 난무하여 학부모의 혼란과 불안은 가중됩니다. 교육 기관, 학원, 컨설팅 회사, 개인 사업자에 유튜버까지 저마다 대단한 합격 비밀의 열쇠를 쥐고 있는 것처럼 교육 소비자를 현혹합니다. 식자우환(識字憂患)이라는 말처럼 입시의 과한 지식과 정보는 오히려 독이 될 가능성이 있습니다. 정보 공급자의 상술에 지갑을 열고, 시간이 지나고 나서야 별것이 아니었음을 알게 됩니다. 이 책은 학부모가 중심을 잡고 성공적인 고교생활과 대학 입시 전략을 세울 수 있는 안목을 갖추도록 도울 것입니다. 고교생활을 친절하게 안내하고 입시에서 기본이 되는 사항을 정확하게 짚어 줄 것입니다.

또한 고등학교 학생뿐만 아니라 고교생활을 준비하는 중학생 그리고 자녀의 행복을 지켜보고 지도하는 학부모와 교사에게 좋은 지침서가 될 것입니다.

Chapter 1에서는 고등학교 학년별 학부모가 궁금해하는 질문을 선별하고 핵심을 파악하여 답변했습니다.

Chapter 2에서는 예비 고교생과 학부모가 고교생의 하루를 미리 볼 수 있도록 학교생활을 상세하게 묘사했습니다.

Chapter 3에서는 대입 정책과 입시 정보를 학부모가 주체적으로 해석할 수 있도록 그동안 학교 현장에서 열과 성을 다한 필자의 입시 지도 경험과 합격 전략을 제시했습니다.

Chapter 4에서는 고교 교육과정과 대학 학과를 이해하고 주도적으로 진로를 개척하는 방법을 안내했습니다.

Chapter 5에서는 고등학교를 졸업한 선배들의 생생한 성공 사례를 제공하여 귀한 자녀가 학교생활을 구상하고 경쟁력 있는 인재로 성장할 수 있는 팁을 제공했습니다.

부디 이 책《슬기로운 고교생활》을 통해 학생과 학부모, 교사 모두 고교 생활과 대입 성공의 비결을 찾아, 저마다의 목표를 이루며 행복 가득한 삶을 펼치길 기원합니다.

2022년 8월

정구복

목차

Chapter 3

제대로 알고 준비하자! 대학 입시 전략 세우기

Chapter 4

멀리 보고 크게 그리자! 진로와 진학 설계하기

Chapter 5

대학에 성공적으로 진학한 선배들이 들려주는 지혜로운 고교생활 팁

진학과 관련된 궁금한 이야기들

Chapter 1

미리 알고 대비하자! 학부모가 가장 궁금해하는 질문들

고1 학부모가 가장 궁금해하는 질문 10가지

Q 중3 겨울방학을 어떻게 보내야 하나?

A 중3 겨울방학이 중요하다는 것은 알겠는데, 자녀가 스스로 공부하지 않고 여전히 중학생 같은 생활에서 벗어나지 않아 걱정이 많으실 것입니다. 다른 집 자녀들도 똑같고 고등학교에 가면 달라질 것이라는 기대로도 위안이 되지 않습니다. 공부는 결국 자녀가 하는 것이니 자녀의 생활 습관, 학습 목표와 계획 세우기에 대해 의견을 나눠 주세요. 우선 잠자고 일어나는 시간이 일정해야 합니다. '늦어도 12시에는 잠자기', '아침 7시에는 일어나기' 등 자녀의 생활 습관부터 잡아줘야 합니다. 그리고 자녀가 공부해야 하는 공간과 시간을 확보해 줘야 합니다. 학원이나 과외 아니면 도서관 등 정해진 시간만큼 일정한 학습 공간에 노출시켜야 합니다.

자녀가 진학하는 고등학교의 홈페이지를 방문하여 3년간 배우게 될 교육과정을 살펴봅니다. 고1 수학과 영어를 어디까지 선행할지 목표를 세우고 학습 계획을 구체적으로 작성해야 합니다. 지나친 선행보다는 심화 학습을 하는 것이 좋습니다. 다양한 것을 시키는 것보다는 수학 개념 다지고 문제 풀기, 영어 어휘와 기초문법에 집중하는 것이 좋습니다. 수학과 영어의 기초가 탄탄하면, 입학 후 다른 과목을 공부할 시간을 자연스럽게 확보할 수 있습니다. 틈을 내서 고등학교에서 활용할 몇 권의 책을 읽는 것도 좋습니다.

가장 중요한 것을 우선순위로 정하여 학습 분량과 목표를 명확히 한 후, 목표를 자녀의 눈에 쉽게 노출되도록 책상이나 휴대폰 등에 시각화합니다. 입학 전부터 지치면 안 됩니다. 자녀의 상황과 수준에 맞는 목표와 일정을 고려해야 합니다. 공부는 비법이 아니라 실천이라는 것을 생각하시어 자녀의 주도적 학습을 격려하고 적정한 보상을 해줘도 좋습니다. 자신의 의지로 긴 시간을 혼자 공부하기 어려운 시기이니, 친구들과 함께 공부할 수 있도록 스터디그룹을 만들어 줘도 좋습니다. 공부와 놀이를 조화시키고 시간과 생활을 관리하면서 고교생활에 연착륙할 수 있도록 관심을 두셔야 합니다.

Q 고등학교 학생부에는 어떤 내용이 기록되나?

A 고등학교 학생부라고 중학교와 다를 것은 없습니다. 그런데 고교 학생부로 인한 대입에서의 공정성 문제로 학생부 기재 지침을 중시하고 있으며, 일부 항목은 학생부에 기재는 되지만 대학교에 제공되지 않습니다. 학교생활기록부는 학생의 학교생활을 객관적으로 기록한 공적 장부입니다. 대학은 학생을 선발할 때 학생보다 학생부를 먼저 면밀하게 검토합니다. 학교생활을 잘하는 것은 기본이고 다양한 활동을

학생부에 잘 기록하기 위한 노력도 중요하다는 것입니다. 학생부에 기재되는 항목은 인적사항, 학적사항, 출결상황, 수상경력, 자격증 및 인증 취득상황, 자율활동, 봉사활동, 동아리 활동, 진로활동, 교과학습 발달상황, 독서활동, 행동발달 및 종합의견 등입니다. 자녀가 고등학교에 입학한 후 3월 말경에 학생부를 발급해 보면 학생부에 어떤 내용이 들어가는지 확인할 수 있습니다. 비어있는 학생부를 어떤 내용으로 채워갈 것인지 구상하는 데도 도움이 됩니다. 자녀가 담임교사에게 학생부 발급요청을 하거나, 부모님께서 다른 학교 행정실을 방문하여 민원 신청하면 학생부를 바로 발급받을 수 있습니다.

학생부는 대입 수시 학생부종합전형에서 중요한 입시 자료로 활용됩니다. 여기에서 가장 중요한 것은 교과학습발달상황입니다. 즉 교과 성적이 얼마인지를 정량적으로 평가한 수치입니다. 자녀의 과목 등급이 나와 있고, 과목의 등급을 합산하면 전체 학기의 등급을 알 수 있습니다. 학종의 기본은 교과 석차 등급입니다. 그리고 수업 시간의 활동을 기록한 세부능력 및 특기사항이 더 중요해지고 있습니다. 비교과영역에서 자율활동, 진로활동, 동아리 활동도 중요하지만, 담임교사가 학생을 평가한 행동특성 및 종합의견이 매우 중요합니다. 학생에 대해 종합적으로 평가한 추천서의 성격을 띠기 때문입니다.

Q 문과와 이과의 선택 기준과 진로 심화 과목을 어떻게 선택해야 하나?

A 과거 인문·사회 계열은 문과, 자연·이공 계열은 이과라고 불렀습니다. 예를 들면 1학년 때는 공통교육과정으로 운영하다가, 2학년 때부터 1~5반은 문과반, 6~10반은 이과반으로 편성했습니다. 지금은 2015 교육과정이 적용되고 있고 곧 2022 교육과정이 열릴 것입니

다. 현행 교육과정에서는 문과와 이과라는 구분 자체가 없으므로 문과와 이과를 선택하는 기준은 없습니다. 일반고를 기준으로 볼 때, 1학년 때 배우는 교과는 같습니다. 1학년 여름 즈음부터 학생들에게 교육과정 설명과 교과목 선호조사를 하고, 몇 차례 희망 조사를 한 후, 1학년 말에 학부모의 동의를 받아 학생들의 교과 선택을 결정합니다. 이때 학생들은 문과나 이과가 아니라, 인문·어학·경상·사회·자연·공학·의학·예체능·국제 계열 등 진로 희망 계열에 따라 교과목을 선택합니다. 과거에 문과로 분류됐던 학생들은 주로 영어와 사회교과목을 선택합니다. 반면 이과로 분류됐던 학생들은 수학과 과학교과목을 선택하게 됩니다. 학생들이 수학, 과학, 사회 교과 등에서 진로 심화 과목을 어떻게 선택할지를 미리 걱정하지 않아도 됩니다. 학교마다 상황이 다르고 학생마다 진로 희망이 다르기에, 고등학교 입학 후 진로를 탐색하고 담임교사와 상담을 하거나 친구들과 의견을 나누며 교과를 선택하면 됩니다. 실제로 고등학교는 언론에서 말하는 만큼 선택의 폭이 넓지도 않습니다. 그리고 그 선택으로 인해 대학 진학이나 진로에 막대한 영향을 미치지도 않습니다. 현실적인 답변은 학생들은 국, 영, 수 과목을 열심히 공부하면서 사회와 과학 중에서 좋아하는 과목을 학교에서 설명할 때 선택하면 됩니다. 국, 영, 수 교과 공부를 잘해야 대학 문이 넓어집니다.

Q 학교 시험과 내신 관리는 어떻게 해야 하나?

A 학교 시험은 보통 학기당 2회(중간고사, 기말고사)씩 실시합니다. 예를 들어 1년에 4회(4월 말, 7월 초, 9월 말, 12월 초) 실시하고, 7월 말에 1학기 합산성적과 12월 말에 2학기 합산성적을 산출합니다. 학교 시

험 일정은 학기초에 1년간의 학사일정과 함께 학생에게 안내하고 학교 홈페이지에 공지합니다. 학교 내신 성적은 대입 수시에서 가장 중요한 자료로 활용이 되기에 3년간 잘 관리해야 합니다. 그동안 대입 정시에서 내신은 반영하지 않았으나, 이후 대입에서 변화가 예고돼 있습니다. 결국 학교 내신을 버리며 좋은 대학을 진학하다는 것은 불가능하다는 이야기입니다. 그리고 학교 성적에 따라 학생의 자존감이 출렁이고 학부모의 기대와 걱정이 좌우됩니다.
내신 관리는 원론적인 이야기를 할 수밖에 없습니다. 학교 수업 충실하기, 미리 계획하기, 실수하지 않기 등 특별한 것이 없습니다. 다만 학생이 간과하는 것 두 가지만 언급하겠습니다. 고등학교 시험 문제와 중학교 출제 형식에는 차이가 있습니다. 중학교 시험은 학업성취도 평가로 성취기준에 따라 쉬운 문제가 많았습니다. 그러나 고등학교는 변별력이 있는 난도가 높은 문제가 출제됩니다. 고등학교 시험과 수능은 지식을 활용하여 문제 해결력을 평가하는 시험입니다. 즉 지식을 평가하기보다는 능력을 평가하는 것입니다. 수업 시간에 배운 지식을 안다고 생각해도 시험 문제를 보고 당황하는 일이 생기므로, 수능 유형의 문제에 대비해야 합니다. 대입 수능이나 평가원 모의고사 문제를 엮어 놓은 문제집이나 EBS 수능 유형의 교재를 통해 실전 문제를 풀어 보고 학교 시험에 대비하는 것이 좋습니다. 학교 근처 서점이나 학원에서 전년도 문제를 풀어 보는 것은 일장일단이 있습니다. 비슷한 유형의 문제를 풀어 보는 것일 뿐, 족보라고 하면서 판매하는 문제지에 현혹되면 안 됩니다. 전년도 문제를 교사가 다시 출제하면 감사를 받기에 교사들은 전년도와 같은 문제를 출제하지 않습니다. 시험 성적은 공부한 만큼 정직하게 나온다고 생각하고, 평소에 열심히 공부하는 것이 비법 아닌 비법입니다.

Q 수행평가는 어떻게 준비하나?

A 수행평가는 학습의 결과뿐 아니라 학습의 과정까지 평가하는 것입니다. 수행평가는 정기고사 기간이 아닌, 주로 수업 시간에 과정 평가로 이루어지거나 과제 형태로 주어집니다. 변별력이 낮은 편이나 학교생활의 충실도와 관련이 있고, 교사가 학생의 교과별 세부 특기사항을 기록하는 기초 자료가 됩니다. 수행평가에서 중요한 것은 계획성과 자기 주도성입니다. 수행평가가 어려운 이유는 여러 교과에서 비슷한 시기에 평가가 이루어지기 때문입니다. 학교에서는 평가 시기를 분산시키려 하지만, 과목이 많고 수행평가도 여러 개여서 결국 특정한 시기에 몰리는 경향이 있습니다. 따라서 학생은 학기초에 공지한 수행평가 실시 계획을 참고하여 언제 어떤 과목을 어떻게 준비하겠다는 계획을 세우는 것이 중요합니다. 그리고 수행평가는 발표, 탐구활동, 프로젝트 수행, 영상물 제작 등 다양한 방식으로 진행되기에 자신이 부족한 부분이 있다면 어떻게 보완할 것인지 대비해야 합니다. 쉬운 수행평가라고 생각하고 성의 없이 지나치기보다는, 자신의 진로와 연결하여 결과물을 만들어 내는 것이 좋습니다. 그런 활동에서 드러난 자기 주도성과 진로역량은 수시 학종에서 빛을 발하게 됩니다.

Q 담임과의 상담은 어떻게 신청하고 자녀의 학생부는 어디서 볼 수 있나?

A 자녀 담임교사와의 상담은 학기초에 하는 것이 좋습니다. 신학기에 자녀를 통해 담임의 전화번호를 받아 저장해 둡니다. 담임과의 상담이 필요하다고 생각하시면 언제든지 전화를 하여 상담 시간을 예약하

고 방문하시면 됩니다. 그리고 거의 모든 학교는 학기초에 학부모 상담주간을 운영합니다. 그때 자녀를 통해 상담 희망 일자를 적어내시고 지정된 시간에 학교를 방문하여 상담을 진행하시면 됩니다. 학부모와 담임교사가 너무 거리를 두거나 너무 가깝게 지낼 이유가 없습니다. 자녀의 학교생활과 행복을 공통분모로 삼아 편하게 소통할 수 있는 관계를 유지하시는 것이 좋습니다.

자녀의 학생부를 확인하려면 '나이스 대국민 서비스'를 활용하시면 됩니다. 나이스 대국민 사이트(http://www.neis.go.kr)에 접속하여 회원가입을 하고 인증서 등록을 합니다. 등록된 인증서로 로그인을 하여 해당 교육청을 선택하고, 자녀의 정보(학교, 학번, 이름)를 입력하고 '학부모 서비스'를 신청합니다. 이후 학교에서 학생과 학부모를 확인하고 승인하면 자녀의 정보를 언제든지 편하게 열람할 수 있습니다. 자녀가 다니는 학교의 정보, 자녀의 학생부, 학부모 상담, 오늘의 식단과 일정, 학생의 성적 등 다양한 정보를 확인하실 수 있습니다.

Q 동아리와 진로활동은 어떻게 하나?

A 동아리는 정해진 시간에 활동하는 정규 교육과정 동아리(이하 정규 동아리)와 학생의 자발적 활동으로 이루어지는 자율 동아리가 있습니다. 그리고 학교스포츠클럽 활동과 청소년 단체활동 등이 있습니다. 학생부 기재 요령의 변화에 따라 지금은 정규 동아리 이외에는 활동이 축소, 폐지 분위기입니다. 정규 동아리는 보통 매주 금요일 5~7교시 학기당 24시간 내외의 활동을 합니다. 연 1회 학년 초에 정규 교육과정으로 편성된 동아리를 안내하고 학생들의 신청을 받아 동아리를 편성합니다. 자신의 진로와 관련이 있는 동아리를 선택하거나 친

구 따라 즐겁게 활동할 수 있는 동아리를 선택하는 편입니다. 자녀가 다니는 학교에 전통이 있는 동아리나 학생부에 좋은 내용을 기재해 준다는 동아리는 인기가 높아 자체 오디션을 보는 경우가 많습니다. 동아리에 탈락한 학생은 나라를 잃은 듯한 큰 슬픔에 빠지기도 합니다. 자율 동아리는 대입에 미반영되어 유명무실해졌습니다. 그러나 학급에서 진로가 비슷한 친구들과 자율적으로 활동하고 담임이 학생부에 기록해 줄 수 있으니, 뜻이 맞는 친구들 5명 내외로 즐겁고 의미 있는 활동을 하는 것도 좋다고 생각합니다.

진로활동은 학교에서 진로 적성 검사, 입시설명회, 특강, 체험활동 등을 안내하고 희망 학생을 받아 일회성 행사처럼 활동합니다. 말 그대로 진로활동이니 자신의 진로와 관련이 있다면 활동에 참여하는 것이 좋습니다. 그렇지만 모든 학생을 대상으로 활동을 한 후 같은 형태로 학생부에 기재가 되는 것은 아무리 많은 기록이 있어도 큰 의미가 없습니다.

Q 봉사활동과 자율활동은 어떻게 하나?

A 봉사활동은 의미 있는 교육활동입니다. 그러나 현실적으로 학생들이 시간적 여유를 갖고 봉사활동을 하는 것은 어렵습니다. 학부모님께서 큰 뜻을 가지고 주말이나 휴일을 이용해 가족 봉사를 하는 정도가 아니라면 신경 쓰지 않으셔도 될 듯합니다. 학교 교육과정에 의한 봉사활동 시간 이외에는 학생부에 기재되지 않습니다. 대청소, 체험활동 후 환경정화, 학교 행사 후 뒷정리 등의 형식으로 학기당 5시간 정도로 학생부에 기재됩니다. 그런데 학교에서 환경 도우미, 보건 도우미, 급식 도우미, 정보 도우미, 진로 도우미 등 도우미를 선발하여 학기당

일정 시간을 부여하는 봉사활동이 있습니다. 대부분 학급에서 1명 정도씩 선발하고 경쟁도 치열하지 않으니 자녀의 진로와 관련이 있는 분야에서 봉사하는 것은 좋은 일이라고 생각합니다.

자율활동은 학교 교육계획에 의해 학교에서 주최하고 주관하는 활동으로 학생회, 학급회, 시업식, 졸업식, 수련 활동, 발표회, 현장 체험활동 등이 있습니다. 모든 학생이 참여하는 행사이지만 그 속에서 자녀의 개별 활동이 드러나야 의미가 있습니다. 왜 그런 활동을 했는지에 대한 분명한 동기가 있어야 하고, 활동 과정에서의 자발성과 창의적 문제 해결의 경험 등이 있어야 합니다. 학급에서 담임의 확인하에 독서, 진로 발표, 학급 행사 주관, 프로젝트 수행 등의 활동을 의미 있는 자율활동으로 만들어 내면 좋습니다.

Q 독서와 수상 경력 등 학생부에 기록되지 않는 것은 할 필요가 없나?

A 독서와 수상 경력은 모두 학생부에 기록이 됩니다. 다만 대입 수시 전형에 응시할 경우, 대학교에 수상 경력과 독서 활동 상황이 제공되지 않아 대입에 반영되지 않는다는 것입니다. 학생부가 오로지 대학 입시를 위해 필요한 것이라면 독서와 수상을 위해 대회에 참가할 필요가 없습니다. 그렇지만 학생부는 3년간 학교생활과 활동을 기록하는 것이고 대학 진학 이후에도 언제 어떻게 활용될지는 알 수 없는 일입니다. 대입 반영을 떠나 독서와 수상이 의미가 있는지 판단해 보시면 좋겠습니다.

독서는 학생의 사고력 신장과 진로 탐색 그리고 정서적 안정과 취미 생활에 영향을 미칩니다. 어렸을 때부터 독서와 학업을 연결하여 독서의 즐거움을 경험하지 못하고 성장하다 보니, 책은 공부하는 학생과는 일정한 거리가 있던 것 같습니다. 책을 읽으면 자기 생각과 의견을 갖게 됩니다. 국어와 영어 그리고 사회 교과의 대부분은 학생의 독서 경험과 문해력의 영향을 받습니다. 바쁜 학교생활 중에도 시간이 날 때 학교 도서관을 이용하고 독서를 취미로 갖게 되면 삶의 재미가 더할 것입니다. 틈틈이 시간을 내서 책을 읽는 습관을 갖게 되면, 고등학교 공부만이 아니라 대학교 그리고 이후 인생 공부에 좋은 영향을 미칠 것입니다.

수상 경력은 결국 교내 대회에 어느 정도 참여할까의 문제입니다. 교과성적이 우수하면 학기말에 학업우수상을 수상하고 모범적인 행동을 하면 봉사상 등을 받게 됩니다. 이것 이외에 다양한 교내 대회가 열리고 여기서 입상하면 수상 상황이 학생부에 기록됩니다. 무리하게 많은 대회에 참가하지는 않되, 자녀의 진로와 관련이 있고 즐겁게 참여할 수 있는 대회라면 도전해 보라고 권장하고 싶습니다. 실전보다 더 좋은 경험은 없습니다. 상대적 평가에 연연하지 말고 자기 능력을 시험해 보고 능력을 발휘하면서, 자기 발전과 도약의 계기로 삼는다면 좋을 것입니다.

Q 학원은 다녀야 하나?

A 학생마다 경우가 다르기에 일률적인 답은 어렵습니다. 어떤 학원을 가는지, 누구와 과외를 하는지 그리고 사교육비는 어느 정도 지출을 하는지 등에 따라 답변이 다를 것입니다. 학원과 과외를 이용하는 이유가 무엇인지, 자녀의 학업 문제를 해결하는 방법으로 합당한지, 적정한 규모에서 지출이 이루어지고 있는지 등을 따져보고 판단해야 할 것입니다.

학원이나 과외 등 사교육을 생각하기 전에 지금 자녀가 다니는 학교에서 공부하는 데 무엇이 문제인지 진단하는 것이 우선입니다. 수업 내용이 이해가 가지 않는지, 심화 학습을 원하고 있는지, 시험을 잘 보기 위해 도움이 필요한지 등 자녀의 요구가 무엇인지에 대해 의견을 나눠야 합니다. 초등학교 때부터 다녔던 학원이라 그냥 다니는 것이 아니라 지금 자녀가 공부를 더 잘하고 싶은 욕구가 있고, 누군가의 도움이 필요하다고 생각하는지를 먼저 파악해 보시면 좋겠습니다. 부모 뜻대로 학원을 정하고 과외를 바꾸는 것은 좋지 않습니다. 학교 공부에 충실하고 그것을 돕기 위한 사교육이 바람직합니다. 사교육 기관이 자체 교육 프로그램을 진행하는 방식인지, 자녀의 학습에 맞춤식 교육을 제공하는지 따져봐야 합니다. 학원과 과외를 결정할 때는 반드시 자녀의 의사를 존중해 줘야 합니다. 자녀가 스스로 선택하고 책임을 지는 학습이어야 합니다. 학원을 다니고, 과외를 하면서 자녀가 즐겁게 공부하는지, 일정 기간 학습 후에 성과가 있었는지 객관적인 수치로 비교해야 합니다. 빠른 변경도 좋지 않지만, 사교육으로 인해 발전이 있는지를 점검하지 않고 불안한 심리에서 계속 사교육에 의존하는 것은 바람직하지 않습니다. 학생의 자기 주도성은 떨어지고 학습에 지칠 뿐입니다.

고2 학부모가 가장 궁금해하는 질문 10가지

Q 모의고사와 수능은 어떻게 대비하나?

A 전국연합학력평가(모의고사)는 연 4회 실시합니다. 전국 4개 교육청에서 출제업무를 담당하여 보통 3월(서울교육청), 6월(부산교육청), 9월(인천교육청), 11월(경기교육청)에 시행합니다. 모의고사는 대학수학능력시험(이하 수능)과 같은 형식으로 시행됩니다. 수능이 대입 정시에서 활용되는 시험이기에 모의고사는 수능 성적을 미리 가늠해 보는 성격이 강합니다. 모의고사 성적이 좋은 학생이 수능도 잘 볼 가능성이 큽니다. 성적이 좋지 않은데 갑자기 수능 대박으로 좋은 대학에 갔다는 것은 예외적 사항입니다.

학교 시험은 같은 학교 학생끼리의 경쟁으로, 자녀의 성적이 전국의 수험생들과 비교했을 때 어느 정도의 위치에 있는지 알 수 없습니다. 그런데 모의고사는 표준점수와 백분위를 통해 자녀의 성적을 정확하게 진단할 수 있고 어떤 영역의 어떤 부분이 강하고 약한지를 파악할 수 있습니다. 학생들은 모의고사를 위해 별도로 준비하지는 않지만 대체로 학교 공부에 충실한 학생이 모의고사 성적도 높습니다. 교과 수업과 EBS를 연계해서 학습하면 모의고사 유형에 친숙해질 수 있습니다.

학교 내신 성적에 비해 모의고사 성적이 좋다면, 정시를 생각하게 됩니다. 1학년과 2학년 때 모의고사 성적의 변화를 보면 3학년 수능에서 어느 정도의 성적이 나올 것이라고 예상할 수 있습니다. 국어, 수학, 영어의 기초가 탄탄하고 탐구영역 중 자신 있는 과목이 있다면 수능 전략을 세워야 합니다. 2학년 기말고사까지는 내신 공부에 충실하면서 국, 영, 수 공부를 착실하게 할 필요가 있습니다. 모의고사 성적을 토대로 수능에서 좋은 성적이 나올 것으로 예상되면 2학년 겨울방학 때 수능 공부에 몰입하는 시간을 갖는 것이 좋습니다.

Q 학생부 관리는 어떻게 해야 하나?

A 학교생활기록부는 학생의 고교 3년을 기록한 공적인 문서입니다. 1학년 때의 기록을 2학년 때 수정할 수 없기에 매 학년 학교생활에 충실해야 하고, 그때그때 필요한 사항을 잘 챙겨야 합니다. 학생부는 수시 학생부종합전형에서 가장 중요한 자료이기에 수시를 생각한다면 더더욱 학생부 관리에 신경을 써야 합니다. 대학은 학생을 보고 선발하는 것이 아니라 먼저 학생부를 보고 평가하기 때문입니다.

학생부는 교과영역과 비교과영역으로 구분합니다. 교과영역은 3년 동안 배운 교과목의 성적을 보여줍니다. 그리고 수업 시간의 활동과 특이사항을 교과 지도교사가 교과별 세부특기사항에 기록합니다. 학생부에서 교과성적보다 중요한 것은 없습니다. 특히 지원하려는 진로와 관련이 큰 과목은 더 신경을 써야 합니다. 영문과로 진로를 정했는데 영어 성적이 낮거나 공대로 진학한다는 학생이 수학 성적이 나쁘다면, 그만큼 대학이 학생을 선발할 이유가 낮아집니다. 학생부 기재사항이 대폭 축소되면서 성적이라는 정량 평가와 교과 세부특기사항의 기록이 더 중요해졌습니다.

학생부 비교과영역은 출결, 창의적 체험활동과 행동특성 및 종합의견이 중심입니다. 창의적 체험활동은 자율활동, 동아리 활동, 봉사활동, 진로활동으로 구분합니다. 창의적 체험활동에서 학생의 진로역량과 자기주도성이 잘 드러나기에 전체 학생과 같은 기록이 아니라 자신만의 특별한 활동을 기록하기 위해 노력해야 합니다.

매 학년이 중요하겠지만 1학년 때는 국, 영, 수의 기초를 탄탄히 하면서 내신을 관리하는 것이 가장 중요합니다. 2학년 때는 내신 관리와 유의미한 비교과 활동으로 진로를 탐색합니다. 학급에서 유사 진로를 희망하는 학생들과 협력하며 프로젝트를 수행하고, 동아리 활동을 통해 진로와 관련된 교과를 심화 탐구하는 것이 좋습니다. 3학년 1학기 성적으로 1년 성적을 평가받는 것이니, 2학년 겨울방학에 3학년 교과를 예습하는 것도 좋다고 생각합니다.

Q 과목별 세부능력 및 특기사항을 잘 기록하는 방법은 무엇인가?

A 과목별 세부능력 및 특기사항(이하 과세특)을 잘 기록해야 하는 것은 수시 학생부종합전형에 응시하기 위해서입니다. 그렇지 않으면 굳이 '과세특'을 걱정할 일은 없습니다. 과거에는 성적이 우수한 학생을 중심으로 교과 담당 교사가 과세특을 기록해 줬지만, 지금은 모든 학생

을 기록하게 됐습니다. 또한 교과별 학업 성취기준이 제시되어, 그 기준에 맞게 유려한 문장을 500자까지 써 줍니다. 그런데 학종으로 도전하는 학생이라면 그 정도의 일반화된 기록으로는 주목받지 못합니다.

좋은 과세특을 원하면 교과 등급을 잘 받는 것이 기본입니다. 1등급(상위 4%, 100명이 이수하면 4명까지) 학생은 그 교과목의 학업우수상을 받습니다. 그 과목을 잘한다는 것은 어떤 부분에서 능력이 있다는 것이기에 지도교사가 기록할 것입니다. 다음으로 수행평가에 정성을 다해야 합니다. 수행평가는 주로 수업 시간에 학생 활동 중심의 과정평가로 이루어집니다. 수행평가 결과점수도 있지만, 그 과정을 교사가 관찰하고 기록합니다. 이왕이면 자신의 진로와 연관 지어서 수행평가를 하면, 과세특이 좋을 뿐만 아니라 학생의 탐구 능력과 진로역량을 긍정적으로 평가받는 요소가 됩니다.

과세특 이외에 담임교사가 개인별 세부능력 및 특기사항을 500자 내로 기록할 수 있습니다. 만약 교과 담당 지도교사가 지나치게 무심하여 자녀의 기록을 소홀히 하여 속상하다면, 담임교사가 작성하는 개인별 세특을 생각할 수 있습니다. 아무리 생각해도 억울하다는 생각이 들면, 담임교사에게 예의를 갖춰 설득력 있게 설명하여 학생부에 기록될 수 있도록 노력해 보기 바랍니다. 지성이면 감천입니다.

Q 자녀의 적성을 어떻게 알 수 있나?

A 아직 자녀의 적성을 발견하지 못했다면 특별한 재능이 없거나, '자녀가 나중에 살다가 발견하겠지!'라고 생각하시는 것이 마음 편합니다. 특별한 재능이 있어야만 특별히 잘사는 것도 아닙니다. 당장 공부

에 정신이 없고 시험을 보는 바쁜 학교생활에서 한가하게 적성 타령을 할 수는 없습니다. 냉정하게 지금 음악, 미술, 체육, 연기, 메이크업, 컴퓨터, 과학 등 특별한 재능을 발견해서 전문학원에 다니고 있지 않다면, 학교 공부에 전념하는 것이 현실적인 대안입니다. 고2가 돼서 예체능 학원을 등록해도 전국에 있는 예체능 특목고 학생들과 이미 학원에서 기량을 연마한 학생들을 넘어서는 것은 거의 불가능합니다. 상위권 대학에서 선발하는 신입생 정원도 많지 않습니다. 지방 대학은 성적과 무관하게 지원하면 합격할 가능성이 큽니다.

고등학교 1학년 때 진로 적성 검사를 했을 것입니다. 그 결과를 자녀가 보고 대수롭지 않게 지나쳤을 가능성이 큽니다. 자녀의 적성이 궁금하시다면 학생부에 간략하게만 기록되어 있는 사항을 따지지 말고 자녀가 직접 커리어넷(www.career.go.kr)이나 워크넷(www.work.go.kr)을 이용해 적성 검사를 해 보면 됩니다. 사이트에 접속하여 무료로 간단하게 검사할 수 있고 그 결과도 신속하게 확인할 수 있습니다. 적성 검사를 떠나 미래의 직업 탐색을 위해서라도 위의 사이트에 자주 방문하여 정보를 찾는 것도 좋습니다. 적성이 몇 번의 검사로 금방 발견되는 것도 아니고 적성대로 사는 사람도 많지 않습니다. 살다가 정말로 무언가 하고 싶은 일이 있다면 그때 과감하게 도전하는 것을 권하고 싶습니다. 자신이 하고 싶은 일을 할 때 행복한 것은 사실이지만 현실이 만만치 않다는 것을 학부모님께서도 잘 아실 것입니다.

Q **성적을 올리기 위한 효과적인 학습법은 무엇인가?**

A 성적을 올리기 위한 특별한 방법은 없습니다. 그게 있다면 누구나 천금을 주고라도 사서 이용할 것입니다. 공부는 방법이기보다는 실천의 문제입니다. 심지어 그 학습법이라는 것도 학습자가 공부하는 과정에서 스스로 터득하는 것이지, 공부를 잘한 누군가가 좋다고 해서 그 방법이 자녀에게 적합한 것도 아닙니다. 요행을 바라는 심리보다는 우직하게 공부하는 자세와 태도가 더 중요합니다.

엉덩이로 공부한다는 말이 있습니다. 일단 책상에 앉아야 하고 고교생은 2시간 정도는 묵직하게 자리를 지킬 의지와 인내력을 길러야 합니다. 그다음으로 공부를 왜 해야 하는지 자기만의 이유를 찾아야 합니다. 그것이 행복한 미래, 이루고 싶은 꿈, 부모님 생각 등 무엇이건 간에 학생 스스로 공부할 의미를 찾는 것이 필요합니다. 공부할 이유가 있어야 실패해도 다시 일어나 전진하는 자기 동력을 갖게 되고 회복 탄력성을 키우게 됩니다.

효과적인 학습을 위해서는 우선 학습환경이 편안하고 안정적이어야 합니다. 공부에만 전념할 수 있는 공간과 일정한 시간을 확보하는 것이 중요합니다. 학교 자습실, 학원, 공부방, 스터디카페, 도서관 등 그 어디건 간에 일정하게 이용하는 학습환경을 제공해 주는 것이 중요합니다. 다음으로 자녀가 학습의 중장기 및 단기 목표를 정하고 계획성 있게 학습을 해 나가도록 관심과 격려를 해 주세요. 성적을 올리는 효과적인 학습법은 결국 자기 관리 능력을 키우는 일입니다. 시간 관리, 생활 관리, 학습 관리, 스트레스 관리 등 자신을 주도하는 힘을 키워 가는 일일 것입니다.

Q 진로에 필요한 교과를 선택하지 못하면 어떻게 해야 하나?

A 1학년 때는 공통과정으로 같은 과목을 공부하다가 1학년 말에 2학년 교과목을 선택합니다. 그리고 2학년 말에 3학년 교과목을 선택합니다. 2학년 교육과정을 1학년 때 선택해야 하는데, 학교 교육과정에 해당 과목이 없을 때 어떻게 해야 하는지 답변을 드리겠습니다. 정시와 수시 교과전형은 교과목 선택이 중요하지 않습니다. 그런데 수시 학종에서는 진로에 맞는 교과 선택을 해야 하기에 고민이 될 것입니다. 다행히도 대학교에서는 자녀가 다니는 고교에 과목이 개설되지 않아 그 과목을 선택하지 못했다면 평가에 반영하지 않습니다. 또한 자녀가 적극적인 노력으로 학교 밖 교육과정이나 비교과영역에서 진로활동을 했다면 더 큰 장점으로 드러날 것입니다.

학교 밖 교육과정으로는 권역별 고등학교를 묶어서 운영하는 고교 연계 교육과정이 있습니다. 고등학교에서 선택자가 적어서 개설하기 어려운 교과목은 대학교에서 고등학교와 연계하여 교육과정을 신설하여 운영하고 있습니다. 그리고 온라인으로 강좌를 운영하는 사례도 늘고 있습니다. 이렇게 고등학교, 대학교, 온라인으로 개설한 강좌를 학생이 희망하여 수강하면, 그 활동을 학생부에 그대로 반영해 줍니다. 상대평가를 하지 않고 주도적으로 활동한 특이사항을 학생부에 기록해 주기에 학종에서 매우 좋은 자료로 활용됩니다. 만약 학교에서 안내하는 시기에 기회를 놓쳐서 위와 같은 교육과정을 선택하지 못했다면 담임과 상담하여, 학교에서 방과후 교육과정으로 개설할 방법을 찾을 수 있을 것입니다. 교육청에서 학교로 지원된 예산이 많아서, 학교에 지도할 교사가 없다면 외부 강사를 초빙하여 방과후수업을 운영할 수도 있습니다. 학생 혼자 희망해서는 강좌 개설이 어렵겠지만 주변을 둘러보면 진로가 비슷한 친구들이 있을 것입니다. 그들과 의견을 나누고 학교에 교육과정 개설을 요구하면 학기중에도 강좌 개설이 가능할 것입니다. 진로 개척의 적극성이 필요합니다.

Q 공부를 안 하고 휴대폰만 보는 아이, 해결 방법은 없나?

A 자녀가 하라는 공부는 안 하고 휴대폰만 보면 부모 속은 터집니다. 밥 먹을 때도 손에 쥐고 있고 방에서 나오지 않고 휴대폰을 만지고 있으면, 당장 휴대폰을 빼앗아 집어 던지고 싶은 마음도 들 것입니다. 그런데 휴대폰이라는 말처럼 요즘 학생들과 휴대폰은 이미 한 몸이 된 듯합니다. 고등학생 정도가 되면 억지로 말릴 수 없습니다. 과거 TV 앞에 있던 아이들이 지금은 손에 휴대폰을 들고 생활하는 것이 자연스러운 문화가 됐습니다. 자녀가 스스로 휴대폰 사용 시간을 관리해야지 휴대폰 사용 시간과 장소를 약속하고 상과 벌을 내리는 방식은 고등학생에게 적합하지 않다고 생각합니다.

한편으로는 휴대폰 사용 시간이 길다기보다 해야 할 공부를 하지 않고 휴대폰만 붙들고 있다는 것이 문제일 것입니다. 그러니 휴대폰을 내려놓고 공부에 집중할 수 있도록 자녀와 이야기를 나누는 것이 현실적인 대안 같습니다. 대부분의 학교에서는 등교와 동시에 휴대폰을 일정 장소에 둡니다. 학원에서도 비슷할 것입니다. 자녀가 집에서 할 일이 없어 휴대폰을 붙들고 있는 것이라면 자녀가 해야 할 일에 대한 계획을 직접 세우게 하고 이를 실천하는 습관을 들이게 함으로써 문제를 해결해 나가는 게 좋겠습니다.

Q 내신 이외에 대학 가는 방법은 없는가?

A 내신 이외에 대학을 가는 방법은 많습니다. 이 질문은 '내신으로 대학 가는 방법은 무엇이 있을까요?'입니다. 수시 교과전형, 수시 학종전형은 내신의 비중이 크고, 수시 논술과 특기자전형은 내신의 비중이 거의 없는 수준입니다. 세부적인 사항은 Chapter 3에서 좀 더 정확하고 자세하게 설명하겠습니다. 결론적으로 말씀드리면 내신이 좋지 않아도 대학 가는 방법은 많다는 것입니다. 그런데 내신이 좋지 않은 학생이 다른 전형을 잘할 수 있을지 냉정하게 판단해야 합니다.

위 질문을 통해 내신이 좋지 않은데 어떤 대학을 희망하는가의 문제를 살펴봐야 합니다. 누구나 좋은 대학을 가고 싶겠지만 결국 좀 더 성적이 좋은 학생이 좋은 대학에 들어갈 가능성이 큽니다. 대학 입학을 희망하는 학생보다 대학교 정원이 많다거나, 대학 이름을 생각하지 않는다면 모두 대학은 갈 수 있습니다.

내신이 좋지 않아도 모의고사 성적이 잘 나온다면, 수능 공부에 몰입하여 정시로 대학 진학을 노리면 됩니다. 논술을 잘하거나 예체능 분야에 특기 능력이 출중하다면 그에 맞는 전형을 찾아보면 됩니다. 결국 자녀의 내신 성적을 토대로 목표하는 대학이 어디이고 그 대학에 진학하는 방법은 무엇인지 찾아봐야 합니다. 자녀에게 맞는 맞춤식 전략을 세우는 게 중요합니다. 자녀에게 적합한 대입 전략을 미리 수립하기 위해서는 자녀가 다니는 학교의 담임이나 진로진학실을 찾아 상담하는 것이 좋습니다. 혹은 대교협이나 지역교육청 진로진학센터에서 상담할 것을 권합니다. 자녀의 현 위치와 희망 대학 사이를 연결할 방법을 모색하고 함께 해답을 찾아갈 것입니다. 자녀에 대해 잘 모르고 일반적인 방법으로 그럴듯하게 떠벌리는 사람들의 이야기는 귀에 담지 않으시면 좋겠습니다.

Q 내신이 좋지 않으면 언제쯤 정시로 방향을 돌려야 하나?

A 내신이 좋지 않으면 부모님 걱정이 커지게 마련입니다. 자녀의 성적이 좋지 않다기보다는 내신 점수보다 목표하는 대학이 높은 것은 아닐까요? 목표하는 대학을 낮출 수 없고 특별한 방법이 없다면 정시 공부를 생각하는 것이 맞습니다. 그러나 내신을 버리고 수능을 선택하는 전략이 부모의 욕심과 자녀의 자기합리화가 아닌지는 짚고 넘어가야 합니다. 자녀가 다니는 학교의 내신 경쟁이 워낙 치열하고 내신 성적을 올려도 한계가 보이며 학생부에 들어갈 활동도 미흡하다면 고민이 될 것입니다.

일단 정시로 방향을 트는 것이 맞는지 판단을 해 보면 좋겠습니다. 다른 방법이 없고 자녀와 부모님 그리고 담임이나 입시조언자 모두 같은 판단을 내렸다면 바로 그 시점부터 수능 전략을 세워야겠지요. 그 시기가 학기초일지 학년말일지는 중요하지 않을 것 같습니다. 그래도 재학생일 경우는 정시를 공부하면서도 지원 가능한 수시 형태가 있고 경쟁률이 낮아, 돌고 돌아 합격자가 될 수도 있으니 수시를 버리지 말았으면 좋겠습니다. 수시에서 최저등급을 세게 요구하는 대학, 논술 문제가 수능과 유사하거나 너무 어려운 문제가 출제되는 대학 등은 수능을 공부하면서 수시 원서를 넣어보는 것도 생각할 수 있습니다. 수능 이후에 대학별고사 형식으로 치러지는 수시도 생각해 볼 수 있습니다. 수능으로 목표를 정했다면 뒤도 돌아보지 말고 목표를 향해 전념하여 꿈을 이루기 바랍니다.

Q 고2 겨울방학에 무엇을 해야 하나?

A 고2 겨울방학은 고3 입시를 앞두고 전초전을 대비하는 중요한 시기입니다. 고2 겨울방학이면 1, 2학년 내신 합산이 나옵니다. 2학년에서 본 4번의 모의고사로 수능에서 어느 정도의 대학이 가능할지 진단이 됩니다. 내신과 모의고사를 통해 지원 가능한 대학과 가고 싶은 대학이 일치한다면 지금처럼 공부하면 됩니다. 그렇지만 뭔가 아쉬운 점이 있을 것이고 그것을 보완하는 시간을 가져야 할 것입니다.

수시로 가고 싶은 대학을 정해 보고 그 대학을 진학하는 방법을 생각해 봅니다. 교과전형과 학생부종합전형으로 선발하는 인원이 대입 정원의 60% 이상입니다. 교과와 학종전형에서 가장 중요한 것은 내신 성적입니다. 3학년 1학기 성적까지 수시에 반영됩니다. 1, 2학년보다 3학년 성적의 반영비율이 높습니다. 3학년 1학기 성적이 3학년 전체 성적으로 반영되는 것이기에, 3학년 1학기 중간고사가 한 학년 전체 성적보다 비중이 더 큰 것입니다. 그만큼 3학년 내신이 중요해서 경쟁은 더 치열할 것입니다. 결국 2학년 겨울방학에는 3학년 1학기에 배울 수학, 영어, 국어 내신 공부에 전념해야 합니다. 그리고 사회나 과학 중에 3학년에 선택한 교과목을 EBS 교재로 공부하며 내신과 수능을 동시에 대비하는 것이 좋습니다. 수학은 과거 문과와 이과라는 구분이 없이 수학(미적분, 이산수학, 경제수학 등)을 선택한 학생 모두 내신 경쟁을 하기에 더욱 신경을 써야 합니다. 자녀가 인문·사회 계열로 진학한다고 해도 3학년 1학기 수학 성적이 자연·이공 계열로 진학하는 학생들보다 떨어지면 수시 지원 전략에 차질이 생길 수 있습니다. 그만큼 3학년 1학기 내신의 중요성을 생각해서 예습을 충실하게 할 것을 권합니다.

내신보다는 수능으로 대학을 가겠다는 학생은 겨울방학 중에 3월 모의고사에서 목표하는 점수를 정합니다. 그리고 국어, 수학, 영어 영역의 학습 계획을 세밀하게 작성하고 실천합니다. 혼자 공부하는 것이 만만치 않으므로 이때는 사교육의 도움을 받고 수험생들의 분위기를 느끼며 공부하는 것도 좋습니다. 상대적으로 학습량이 적은 사회나 과학 중의 한 과목을 EBS 수능특강 교재로 완강하면 3학년 때 한결 여유가 생깁니다.

고3 학부모가 가장 궁금해하는 질문 10가지

Q 진학 가능 대학을 어떻게 알 수 있나?

A 자녀가 어느 정도의 대학을 갈 수 있을까요? 자녀는 대충 어느 정도의 대학을 갈 수 있을 것이라는 짐작, 부모님의 기대를 충족하기 어려울 수 있다는 정도는 예상할지도 모릅니다. 학생, 학부모, 교사 모두 같은 마음으로 귀한 자녀의 성공적인 대입을 원하고 있습니다. 학부모는 자녀가 잘해 줄 것이라는 믿음보다 걱정이 앞서는 것이 사실입니다. 자녀가 어느 정도의 대학을 갈 수 있을지는 부모나 학생의 희망이 아니라, 현재 자녀의 합산된 내신 성적과 모의고사 성적이 어느 정도인지 객관적으로 분석하면 가늠할 수 있습니다. 가장 잘 본 시험 성적이나 모의고사에서 성적이 잘 나오는 일부 과목이 아니라 전체적인 성적을 토대로 현재 자녀의 위치를 객관적으로 파악하는 것이 필요합니다. 자녀가 어느 정도의 대학에 진학할지 궁금하시면 3학년 학기

초 담임과의 상담을 진행하고 1년간의 입시 플랜을 자녀와 공유하면 좋겠습니다.

아주 거칠게 표현하면 내신 합산 1점대는 되어야 서울의 좋은 대학을 가고 2점대는 서울권, 3점대는 수도권, 4점대부터는 내신의 의미가 그리 크지 않습니다. 자녀가 다니는 학교의 학년 석차에 2,000을 곱해 보세요. 예를 들어 전교 30등일 경우, 30 × 2,000 = 60,000입니다. 즉 전교 30등은 학교에서는 좋은 성적이지만, 전국으로 따지면 60,000등 정도이니 서울의 좋은 대학은 진학하지 못한다는 수치입니다. 자녀가 다니는 학교의 선배들이 지금 자녀 등수로 대입해 보면, 자녀의 대학을 예상할 수 있습니다.

예를 들어 자녀가 다니는 학교에서 서울, 연세, 고려대를 합하여 10명 간다면 전교 10등 정도는 돼야 한다는 의미입니다. 수능 성적은 더 정확하게 예측할 수 있습니다. 모의고사는 전국의 학생들이 동시에 시험을 봤기에 점수대별 지원 가능 대학이 이미 나와 있습니다. 아주 단순하게 표현해서 수능을 45만 명이 응시한다면 1등급은 4%이므로 18,000명입니다. 서울, 연세, 고려대 정시 모집 인원은 5,000명이 되지 않습니다. 1등급이어도 서울, 연세, 고려대에 가기가 쉽지 않은 것입니다.

자녀가 다니는 학교, 수시와 정시, 수시에서의 전형 등에 따라 자녀의 진학 가능 대학은 다를 것입니다. 외부에서 말하는 정보에 현혹되지 마시고 자녀의 학교를 방문하여 자녀에게 적합한 지원 전략을 짜고 끝까지 자녀를 지지해 주시면 좋겠습니다.

Q 수시와 정시 어디에 집중해야 하나?

A 수능은 3년 고교생활의 노력을 한 번의 시험으로 결정하는 것입니다. 그리고 전국의 재수생과 대학에서 다시 수능을 공부하는 수험생들을 포함한 경쟁입니다. 수시는 학교 내신 성적을 기본으로 하여 다양한 방식으로 학생을 선발합니다. 정시는 수능과 실기, 수시는 교과, 학종, 논술, 실기로 학생을 선발하고, 정시는 정원의 30%, 수시는 70% 정도입니다.

자녀는 내신이 좋고 학교생활을 충실히 한 기록이 있습니까? 아니면 내신에 비해 모의고사 성적이 높아 수능을 잘 볼 것으로 기대하고 있습니까? 자녀의 내신과 수능 중 어느 쪽을 선택해야 더 좋은 대학을 갈 수 있는지 판단해 보시라는 의미입니다. 그런데 내신은 이미 나와 있고, 수능은 아직 모릅니다. 그렇다면 나와 있는 합산 내신으로 갈 수 있는 대학이 마음에 든다면 그대로 진행하면 됩니다. 내신으로 갈 수 없는 대학을 희망한다면 수시의 다른 전형으로 합격할 방법이 있는지 따져봐야 합니다. 내신이 다소 약한 것을 학생부와 면접 등으로 만회하여 학종으로 합격이 가능한지 파악해 봅니다. 그것도 어렵다면 논술을 아주 잘해서 내신을 반영하지 않는 대학에 지원하여 치열한 경쟁을 뚫고 합격할 수 있는지 생각해 봐야 합니다. 그것도 어렵다면 수능에 매달리는 방법뿐인지 판단해야 합니다. 그동안 모의고사 성적과 자녀의 국어, 영어, 수학 실력을 볼 때, 수능에서 좋은 성적을 기대할 수 없다면 눈높이를 낮춰 적정한 대학 또는 유망한 학과를 찾아봐야 합니다. 재학생은 수시의 기회를 가져보는 것이 좋습니다. 정시로 결정했더라도 수시의 기회를 날리지 말고, 수능을 준비하면서 수시에서 변수가 많은 대학과 전형을 고려해야 합니다. 여기에서 변수란 지원 경쟁률, 수능 최저등급, 학내 분쟁이나 문제, 신설학과, 비인기학과 등입니다.

Q 공부하면 어느 정도 성적이 올라가나?

A 공부하면 어느 정도 성적이 올라갈까요? 학생들이 자주 하는 질문입니다. 지금이라도 열심히 하면 본인이 기대하는 만큼 성적이 나와서 원하는 대학에 갈 수 있다고 말해 주고 싶은데, 현실은 그렇지 않습니다. 거짓말을 하기도 그렇고 희망 고문을 할 수도 없습니다. 그런 질문을 하는 학생은 "지금이라도 늦지 않았어. 넌 할 수 있어"라는 격려의 말을 듣고 자신감을 얻고 싶은 것입니다. 그런 학생에게 "공부한다고 성적이 나와? 너만 공부하니? 막말로 성적이 좀 올랐다고 그 대학 갈 수 있겠어? 개나 소나 다 대학 가면…"이라고 악담을 늘어놓을 일도 아닙니다.

공부하면 성적이 어느 정도 올라간다고 예단할 수 없습니다. 3학년 때 내신 등급이 엄청나게 오르는 일이 간혹 있습니다. 합산성적이 원하는 만큼은 아니어도 성적의 상승 곡선은 학종에서 긍정적인 평가를 받습니다. 점수를 올리기 위해서 열심히 생활하게 됩니다. 생활 태도가 좋아지고 인내와 의지를 배울 수도 있습니다. 결과는 나중 일이니 전혀 불가능한 일이라고 단정할 수도 없습니다. 도전하는 것 자체가 의미 있는 일이니, 열심히 공부하기로 마음먹은 자녀들을 아낌없이 격려해 주시면 좋겠습니다.

Q 내신을 포기하고 수능에 모든 걸 걸어야 하나?

A 가슴 아픈 질문입니다. 포기라는 말까지 써서 절망을 표현한 질문이

니 뭐라고 답변을 드려야 할까요? 그래요. 할 수 있을 거예요. 수능 대박, 정시 합격을 기원합니다. 물론 내신을 포기하고 수능에 모든 걸 걸어야 하는 상황에 놓인 학생이 있을 수 있습니다. 그런데 그런 학생들의 대부분은 내신도 포기했고 수능 공부도 안 합니다. 내신은 눈앞에 있고 수능은 11월에 있으니 아직 마음에 여유가 있습니다. 포기할 마음은 이미 작동하고 있고, 도전하려는 마음은 있지만 싹을 틔우지도 못했습니다.

고3 때 배우는 교과는 대부분 수능과 관련이 있는 과목들입니다. 수업도 수능 유형에 맞게 진행됩니다. 학교 선생님보다 EBS 강사가 더 유능해 보일 수 있습니다. 그런데 공부가 눈으로 보고 귀로 듣는다고 되는 것은 아닙니다. 기나긴 입시 일정을 한결같은 페이스로 끝까지 완주하기란 쉽지 않습니다. 그 정도의 자기주도성을 가지고 있다면 이미 좋은 성적을 거뒀을 것입니다. 욕심부리지 말고 학교 선생님의 지도를 받으며 공부하는 것이 좋습니다. 일과 후 시간에 학원을 가거나 수능 맞춤식 공부를 할 것을 권합니다. 대학수학능력평가는 지식을 묻는 것이 아니고 학생이 대학교에 진학하여 수학할 수 있는 능력이 있는지를 묻는 것입니다. 사회 시간에 들었던 내용을 국어 시간에 응용하고 과학 시간에 배운 지식이 수학 문제를 푸는 데 적용되기도 합니다. 더 중요하고 열심히 해야 할 과목이 있고 선택과 집중이 필요한 과목도 분명히 있습니다. 그렇지만 수능에 모든 것을 건다고 말만 하고 학교 수업과 생활을 소홀히하면 나중에 후회하게 될 수도 있습니다.

Q 수시 원서 6장은 어떻게 써야 하나?

A 수시는 9월 중순부터 원서를 쓰고 12월 말까지 진행됩니다. 6개 대학을 지원할 수 있고 합격한 대학 중 하나는 반드시 등록해야 합니다. 전문대와 KAIST, GIST, DGIST, UNIST, 한국에너지공대, 경찰대와 사관학교, 한국전통문화학교, 한국예술종합학교, 산업대는 횟수 제한 없이 마음대로 쓸 수 있습니다. 합격한 대학을 등록하지 않고 정시에서 합격한 대학에 등록하면 부정 입학으로 합격이 모두 취소됩니다.

수시 원서 6개를 어떻게 쓸지는 자녀의 상황을 고려하여 합격 가능성이 가장 유리한 전형을 선택하여 준비해야 합니다. 하나의 전형에 수시 원서 6개를 지원하는 것은 신중해야 합니다. 예를 들어 논술전형 6개, 교과 6개, 학종 6개를 쓰는 것이 최선인지 판단해야 합니다. 자녀에게 유리해도 그 전형에 지원하는 학생들의 성향 또한 비슷하기에 복합적인 상황을 고려해야 합니다. 6개 수시 원서를 쓸 때 가고 싶은 대학과 갈 수 있는 대학을 적정하게 안배해야 합니다. 비슷한 수준의 대학을 수평으로 6개 대학을 쓰는 것보다는 지원하는 6개 대학의 격차가 있는 방식을 권하고 싶습니다. 가고 싶은 대학 6개를 쓰면 모두 실패 가능성이 있고, 갈 수 있는 대학으로만 6장을 쓰면 아깝습니다. 일반적으로 교과전형으로 갈 수 있는 대학을 정합니다. 교과전형은 내신을 정량 평가(학생의 학업역량 등 여러 능력을 양적으로 수치화해서 평가하는 것) 하기에 변수가 적습니다. 전년도 합격자의 평균선에서 지원하면 무난합니다. 학종전형에서 서류와 면접 평가는 정성 평가(학생의 학업역량 등 여러 능력을 질적으로 평가하는 것)이기에 변수가 발생합니다. 교과전형보다 낮은 내신으로도 지원하므로 합격하고 싶은 대학에 지원합니다. 논술전형은 가고 싶은 대학에 내신이나 학종으로 지원할 수 없어 복권을 사는 심리로 도전해 보는 전형입니다.
다음으로 수시 6개를 수능 이전과 수능 이후로 나누어 지원하는 것도 고려할 수 있습니다. 평가원 모의고사 성적이 좋게 나오면, 수능 이후에 전형이 진행되는 대학을 지원합니다. 수능을 아주 잘 봤다면 지원했던 수시 대학에 응시하지 않으면 됩니다. 자녀에게 가장 좋은 전형을 선택하는 것도 중요하고 6개의 수시 카드를 적정하게 분배하는 데도 전략이 필요합니다.

Q 학생부종합전형을 어떻게 준비하나?

A 학생부종합전형은 학교생활기록부에 기재된 교과 성적, 비교과 활동, 교사의 평가, 면접 등을 종합적으로 반영하여 신입생을 선발하는 전형입니다. 교과전형과 학종의 내신 차이가 대략 0.5등급 정도 차이 납니다. 예를 들어 A 대학 교과전형의 평균 합격점수가 2.0등급이라면 학종은 2.5등급 정도이고, 심지어 최종 등록자의 내신 등급이 너무 낮아 수시 대박으로 통하기도 합니다. 수도권 대학 정원의 35%를 선발하는 전형이어서 상위권 학생들이 관심을 가질 수밖에 없습니다. 학종의 대표적인 자료가 학교생활기록부이기에 3년간 학생부를 잘 관리하는 것이 합격 전략입니다.
학종의 서류 평가는 기존의 '학업역량', '전공적합성', '인성', '발전가능성'의 4가지에서 '학업역량', '진로역량', '공동체역량'의 3가지로 재편될 것으로 예상합니다. 학업역량은 학업을 충실히 수행할 수 있는 기초 수학 능력이고, 전공적합성은 전공에 관한 관심과 노력을 의미합니다. 인성은 공동체의 일원으로서 필요한 바람직한 사고와 행동이고, 발전가능성은 질적으로 더 높은 단계로 향상될 가능성을 의미합니다. 학종의 평가 요소는 대학마다 다르게 제시하고 있습니다. 예를 들어 서울대는 학업역량, 학습태도, 학업 외 소양이라고 했고 고려대는 학업역량, 자기계발역량, 인성으로 분류했습니다. 학종으로 지원할 때는 대학 홈페이지에서 평가 요소와 반영비율을 확인하는 것이 필요합니다. 학업역량을 중시하는 대학이 있고 전공적합성을 높게 평가하는 대학이 있기 때문입니다.

학종은 지원한 학생들의 성적과 활동이 비슷하기에 1단계에서 합격했다면, 면접고사 준비를 잘해야 합니다. 학종은 내신 성적이 가장 중요하고 지원 학과와 관련된 교과 성적과 활동이 좋아야 합니다. 내신 관리와 함께 진로와 관련된 활동을 자기 주도적으로 하면서 학생부에 잘 기록하기 위해 3년 동안 꾸준히 노력해야 합니다.

Q 논술과 면접 준비는 어떻게 해야 하나?

A 논술과 면접고사는 대학이 자체 기준에 의해 관리하고 시행하기에 대학별 특징을 파악해야 합니다. 논술과 면접이라고 해도 학교마다 출제 형식과 내용이 다르기에 준비하는 방식에도 차이가 있기 때문입니다.

논술고사는 서울 소재 대학을 중심으로 36개 대학에서 실시하는데 학교와 계열에 따라 문제의 유형이 다릅니다. 내신을 반영하는 대학이 있으나 명칭에서 알 수 있듯이 논술 실력이 당락의 결정적 요인입니다. 논술고사를 실시하는 대학은 연세대를 비롯하여 학생들이 선호하지만, 모집 비율의 3.2% 정도여서 무작정 달려들 수만은 없습니다. 경쟁률이 높은 만큼 합격 가능성도 작아서, 논술과 수능을 병행하는 것이 좋습니다. 학생부와 내신이 좋지 않고 수능에서 일부 영역이 우수하다면 최저학력이 있는 논술전형을 선택하는 것도 좋은 전략입니다. 논술고사를 시행하는 대학은 입학처 홈페이지에 논술 유형과 답안 작성 요령 등을 안내하고 모의시험과 평가 피드백까지 제공하고 있습니다. 인문·사회 계열은 학원에 다니면서 논술 능력을 향상시킬 수 있으나, 자연·이공 계열 논술은 수학과 과학 실력이 부족하다면 합격 가능성이 거의 없습니다.

면접고사는 1단계에서 일정 배수의 학생을 선발한 후 합격자를 가르기 위해 실시하는 경우가 많습니다. 이미 특정 대학 선발의 일정 배수 안에 들었으니, 그 대학과 학과를 잘 파악해야 합니다. 입학처 홈페이지에 공개된 면접의 유형과 기출문제로 연습하는 것이 좋습니다. 면접의 유형에 따라 서류 기반 확인, 제시문 구술, 집단 토론, 일반 면접 등 다양한 유형이 있습니다. 제시문 면접이 까다로운 편이고 의대에서 진행하는 다중 미니면접은 개인의 능력이 그대로 드러납니다. 유형은 달라도 면접의 태도와 자신감이 중요합니다. 학교에서 선생님이나 친구들과 함께 연습하고, 자신의 면접 영상을 찍어서 스스로 자신을 평가해 보며 실전 경험을 쌓는 것이 도움이 됩니다. 학생부를 펼쳐놓고 고교 3년간의 활동을 짚어보면서 예상 질문을 만들고 답변을 해봅니다. 그리고 면접 당일 면접장에서 자신의 미래를 당당하게 표현하면 됩니다. 자신을 믿고 싸움터에 나가면 승리할 가능성이 큽니다.

Q 입시 자료는 어디서 보고 입시 컨설팅을 받아야 하나?

A 입시 자료는 학교에 가장 많습니다. 과거에는 사교육 기관이 많은 정보를 가지고 있었지만, 지금은 학교가 유의미한 자료를 가장 많이 가

지고 있습니다. 과거에 학교 간 정보 차이가 컸고 교사 간 지도 역량에 차이가 있었지만, 지금은 고등학교가 입시 자료를 공유하고 있고 학생 지도 역량도 평준화됐습니다. 지역교육청에서 관내 고등학교 자료를 모두 통합하였고, 대교협을 통해 고등학교의 표본을 모아 정확한 정보를 제공하고 있습니다. 그런데 학부모님들은 학교를 그리 신뢰하지 않는 것 같습니다. 자녀의 입시 지도는 자녀의 담임이 가장 잘할 수 있다고 믿고 학교를 방문하실 것을 권합니다.

학부모님 입장에서 자녀가 좀 더 좋은 대학에 진학하면 좋겠고 입시제도는 너무 자주 바뀌고 복잡해서 모르는 내용도 있을 것입니다. 거기에 주변에 누가 대학을 잘 갔다는 소식이 들리면 마음이 쉽게 흔들릴 겁니다. 업체의 선전용 문구나 유튜버들의 이야기는 지나가는 바람이라고 생각하세요. 대학과 입학 정보가 궁금하시면 대입정보포털 어디가(www.adiga.kr)에서 정확한 정보를 확인할 수 있습니다. 그리고 자녀의 진학 희망 대학 입학처에 문의해 보세요. 대학교 입학처는 책임 있는 상담과 정확한 정보를 제공합니다. 특히 '선행학습영향평가보고서'라는 문서를 입학처 공지사항에서 확인해 보세요. 그 학교 입시의 모든 것을 상세하게 공개하고 있습니다. 내용 중 의문이 가는 사항은 전화로 문의하면 친절한 답변을 들을 수 있습니다.

자녀의 대입 전략을 수립하고 싶다면 대교협(1600-1615, 평일 09:00~18:00)이나 지역교육청 진학정보센터를 이용해 보세요. 전화와 방문 상담 모두 가능합니다. 입시 전문가들이니 믿고 이용하시면 좋겠습니다.

Q **대학 진학이 어려울 때 다른 방법은 없나?**

A 대학 진학 자체가 어려운 것은 아닙니다. 대학은 다 가니까요. 학부모님들이 생각하시는 수준에 미치지 못하는 대학은 보내고 싶지 않다는 말씀일 겁니다. 주로 수도권 고교 학부모님들이 자녀를 지방대로 보내지 않겠다고 말씀하십니다. 그런데 수도권의 고등학생 수가 서울 경기권의 대학생 수보다 훨씬 많으니, 지방으로 진학해야 하는 학생이 생길 수밖에 없습니다. 학벌 중심의 사회가 영원하지는 않을 것입니다. 우리 사회의 인식이 바뀌고 학부모님들의 발상 전환이 일어나면 좋겠는데 아직은 아닌 것 같습니다.

수도권만 생각하시면 수도권 전문대학이 있습니다. 과거와는 달리 수도권 전문대의 문턱이 많이 낮아졌습니다. 그리고 서울 소재 학점은행제도를 운영하는 전산원이라는 이름의 사회교육 기관이 있습니다. 대학교 내에 설치되어 있어서 대학생들과 같은 시설을 이용하고 복지 혜택에도 차이가 없습니다. 2년 동안 학점을 취득하여 취업하기도 하고, 3년 차에 대학교로 편입을 할 수도 있습니다. 이때 편입은 학점은행을 취득한 학생들만의 경쟁이어서 대학교를 옮기는 형태의 편입보다 쉽습니다. 서울의 사립대학 중 전산원을 내실 있게 운영하는 대학들이 많습니다. 숭실대 전산원은 IT 관련 학과가 좋고, 동국대 전산원은 4년제 대학으로의 편입 실적이 우수합니다. 성적이 너무 낮고 서울 소재 대학을 목표로 했다면, 2년간 전산원에서 공부하고 3년 차에 서울 소재 대학으로 편입하는 방법도 고려할 수 있습니다. 전산원에서는 온·오프라인으로 입학과 진로 그리고 취업과 편입까지 상세한 상담을 하고 있습니다.

Q 대학과 학과 중 무엇을 우선해야 하나?

A 학생들은 막연하게 좋은 대학과 학과를 희망하다가 고3 원서를 쓸 때 대학과 학과 중 무엇을 우선시할 건지를 고민합니다. 같은 대학에서 학과를 선택하는 것은 문제가 되지 않습니다. 다양한 전공 제도가 있고 다전공을 권장하는 시대이기 때문입니다. 문제는 좋은 대학의 비인기 학과와 학생이 원하는 지방대 학과에서 선택하는 상황입니다. 학부모님은 내심 자녀가 좋은 대학을 선택해 주기를 바라고, 학생은 뭔가 선택의 명분이나 핑계를 만들려는 경향이 강합니다. 좋은 대학이란 사회적 인식과 평판을 고려한 것이고, 학과는 학생의 기호와 적성을 반영한 것입니다. 남들의 시선과 자신의 욕구 중 무엇이 중요한지, 어떤 선택이 자녀의 행복을 실현하는 데 도움이 될지 진지하게 고민할 필요가 있습니다.

좋은 대학을 우선하여 선택할 경우, 대학 진학 이후 자신이 원하는 전공을 찾아갈 수 있을지 확인해야 합니다. 부전공, 복수전공, 다전공, 전과 제도 등을 살펴야 합니다. 뚜렷한 진로 목표가 있다면 대학 이름보다는 학과를 중심으로 선택하는 것이 좋습니다. 4차 산업혁명 시대에 전망이 밝고 일자리가 창출될 것으로 기대되는 AI, 스마트 보안, 데이터사이언스, 반도체, 로봇공학, 정보공학 등의 학과를 긍정적으로 검토할 필요가 있습니다.

자신이 원하는 학과를 위해 지역 거점대학도 좋습니다. 강원대, 충남대, 전북대 등 각 지역을 대표하는 국립대는 교육 여건이 양호하고 지역 인재 전형으로 취업하는 사례가 늘고 있습니다. 일자리가 계속 늘어날 것으로 예상되는 지방 대학의 특성화 학과와 세종권 대학, 서울 사립대의 제2캠퍼스 등에서 취업과 편입을 동시에 준비하는 것도 생각해 볼 수 있습니다. 지방에서 삶의 터전을 마련하는 장기적인 비전을 구상할 수도 있습니다. 자연과 조화를 이루며 삶의 질을 중시하는 인생도 의미가 있습니다.

고등학생의 하루는 어떨까요?

Chapter 2

한눈에 볼 수 있는 고등학교 생활

등교 전엔 단순하게 행동하자

하루의 계획은 아침에 세우고, 1년의 계획은 연초에 세우며, 인생의 계획은 청소년기에 세운다는 말이 있다. 좋은 출발은 반 이상의 성공적인 결말을 예고하는 셈이다. 그만큼 아침을 어떻게 맞이하는가는 중요한 문제이다. 자녀가 스스로 제시간에 일어나 하루를 시작한다면 부모의 하루도 힘겹지 않다. 그러나 대부분의 고등학교 학생들은 아침부터 부모와 감정싸움을 하고 그 싸움은 3년간 지속된다. 어쩌면 한 지붕 아래 사는 한 감정의 골이 깊어지거나 적당 선에서 포기하는 경우도 많을 것이다.

그렇다면 늦게 일어나는 자녀를 어떻게 대해야 하는지 생각해 보자. 피해야 할 몇 가지 사항이 있다. 훈계, 비난, 비교하는 일은 하지 않는 것이 좋다. "아침에 일찍 일어나는 새가 벌레는 잡는다" 부지런해야 뭔가를 이룬다는 식의 가르침은 아침부터 자녀를 짜증스럽게 한다. "누구를 닮아서 그리 게으른지, 어쩜 그리 네 ○○를 닮았니?" 이 정도면 자식을 통해 어느 한쪽 부모를 욕 먹이는 상황까지 간다. “야, 네 친구 ○○ 좀 봐라. 걔는 학원에서 공부하고 늦은 밤에 들어와서 새벽에 운동까지 나간다” 이렇게 비교하다 보면 “차라리 소로 태어나는 것이 좋을 뻔했다. 강아지도 벌써 움직이는 것 안 보이니. 평생 밥이나 빌어먹겠니” 등 전생과 미래를 오가는 도를 넘는 원색적인 말까지 나온다. 부모의 기분에 따라 표현의 수위가 좌우된다면 더 곤란하다.

늦게 일어나는 자녀를 보고 싶지 않다면 늦잠의 원인을 파악하는 것이 필요하다. 문제는 단기 처방으로 해결되지 않을 것이며 장기적인 노력과 인내가 필요하다는 것을 숙지해야 한다. 늦은 밤에 잠을 자는 것이 원인이라면 잠자는 시간을 정해야 할 것이다. 휴대폰, 게임, 채팅, 공상 등 늦은 시간까지 무엇을 하는지 파악하고 정해진 시간에 잠자리에 들도록 시간 약속을 할 필요가 있다. 유독 체력이 약하다면 체력 증강을 위한 보약을 먹여야 하고 특정한 신체 부위가 약하다면 의약적 도움을 받아야 한다. 학원이 너무 늦게 끝난다거나 과제가 너무 많다면 적정한 수준에서 조정할 필요가 있다. 아침에 일어나지 못하는 것은 자녀의 단순한 습관이고 대부분 의지가 부족한 탓이다. 반복되는 일상과 재미없는 학교생활이 원인이 되기도 한다.

부모나 자녀의 노력으로 해결할 수 있는 것과 개인이 어찌할 수 없는 사회 구조적인 문제가 있다. 우리나라 교육정책과 입시제도가 그런 성질의 것이다. 피상적으로 드러난 문제가 있고 보다 근본적인 해결 방안을 찾아야 하는 것들도 있다. 학부모가 당장 교육정책과 제도를 바꾸는 것은 불가능하니 단순하게 자녀의 기상 문제만 생각하자. 늦잠의 원인을 부모와 자녀가 함께 공유하고 좋은 습관을 갖는 것이 성공을 만든다는 장기적인 자세로 접근하는 것이 좋다. 학생마다 상황의 차이는 있겠으나 고교생이면

6시간 내외의 취침 시간을 확보하는 것이 좋다.

기상을 하고 등교하기 전의 시간과 행동은 단순한 것이 좋다. 아침부터 허겁지겁 허둥대지 않으려면 전날 잠자기 전 다음 날에 필요한 것을 미리 챙기는 것이 좋다. 아침에 일어나 식사를 하는 것은 적극 권장할 사항이다. 균형 잡힌 식사는 고교 3년을 버틸 체력을 쌓는 것이고 잠자던 뇌를 깨우는 의미 있는 일이다. 집에서 출발하여 학교까지 갈 때는 가능하면 동행하는 사람이 있어야 좋다. 자녀의 정서적 안정과 안전을 위해서도 좋다. 가장 좋은 것은 도보로 친구와 등교하는 것이다. 친구와 이야기하는 가운데 자신의 문제를 쌓아두지 않게 되고 학교 가는 길이 즐거워질 수 있다. 그런 면에서 고등학교를 선택할 때 집과의 거리도 중요한 선택의 요인이다. 집에서 학교까지 어느 정도 거리가 있다면 시간을 아낀다는 의미에서 부모의 차량을 이용할 수 있지만, 근처에 사는 친구와 만나서 대중교통을 이용할 것을 권하고 싶다. 3년간 같이 등교하는 친구가 있다면 인생의 좋은 동행자를 얻을 수도 있다.

조종례와 쉬는 시간을 이렇게 활용하자

학생들은 교문을 통과한 후 교실로 입실하게 되는데 입실 시간을 기준으로 지각을 적용한다. 예를 들어 8시 50분 등교라면, 그 시간에 담임교사가 조례하면서 출석 체크를 한다. 교사와 학생 모두 정신없는 시간이기에 조례는 5분 정도로 길지 않다. 그렇지만 하루의 중요한 일정을 전달하는 시간이기에 담임의 조례를 잘 들을 필요가 있다. 교사가 학급 학생들에게 전달한 많은 내용을 학생들이 흘려듣고 못 들었다고 하는 경우가 많다. 그리고 학교에서 가정으로 보내는 통지문과 소식을 전달하는 학생은 거의 없다. 그런 면에서 학부모가 담임과의 소통 통로를 유지하는 것이 좋다. 담임이 강조하고 확인을 하지 않는다면 학부모에게 전달하라는 공지 사항은 배달 사고가 날 가능성이 크다.

고등학교 학생들은 주로 교실에서 8시간 정도 생활한다. 아침 8시 30분에 시작하면 오후 4시 30분까지 교실에 있는 셈이다. 지역, 학교, 요일 그리고 학생마다 차이는 있다. 학교에서 가장 많이 생활하는 공간이 학급 교실이다. 공식적인 출발은 담임의 조례이고 종례로 일과가 마무리된다. 학교, 담임에 따라 아침 시간에 개인 발표, 그룹 활동, 독서 등 학급 특색 사업을 하고 학생부에 기록해 주는 경우가 있다. 좋은 담임을 만나는 것은 복이다. 원치 않는 담임이라고 해서 불편한 관계를 유지하면 결국 학생이 피해를 본다. 담임과 학생이 좋은 관계를 유지하면 자녀의 아침이 즐겁게 시작되고 학생부 기록이 충실해질 가능성이 크다.

쉬는 시간은 이전 수업 교과와 이후 수업 시간 그리고 학생에 따라 천차만별이다. 다음 시간 준비하기, 화장실 가기, 숙제하기, 친구들과 수다 떨기, 다른 반 친구 찾아가기, 음악이나 영상 보고 듣기, 잠자기, 운동하기 등 학생들의 다양한 모습을 볼 수 있다. 쉬는 시간을 유용하게 활용하기를 바라는 학부모의 마음과는 달리 학생들은 쉬는 시간을 허비한다. 수업 종료 후 3분 복습 그리고 다음 시간 3분 예습은 드라마에 나오는 이상적인 이야기이거나 별종의 사례이다. 쉬는 시간을 이용해서 수학 문제 풀기, 영어 단어 외우기, 학원 숙제하기 등 시간을 알차게 이용하는 학생이 있기는 하다. 그렇지만 많은 학생은 목적의식 없이 10분을 흘려보낸다. 쉬는 시간에 뭔가 하기를 바라기보다는 다음 수업 시간을 잘 대비하는 정도만이라도 나름 선방이다. 그러나 쉬는 시간을 모아 놓으면 꽤 많은 시간이 된다는 것도 엄연한 사실이다. 조각 시간 10분은 짧다고 할 수 있지만, 그 시간이 모이면 상당한 시간이 되고, 점심시간도 1시간 정도 되므로 쉬는 시간을 효율적으로 관리하는 것도 고려해 볼 일이다.

수업 시간에 이런 행동은 하지 말자

학교는 교육 기관이고 학교에서 이루어지는 본질적인 활동은 수업이다. 만약 수업 시간에 하는 일이 없다고 말한다면, 그 학생은 학교 다니는 의미를 찾기 어렵고 덩달아 자존감도 떨어질 가능성이 크다. 팥 없는 단팥빵, 감자 없는 감자전, 닭 없는 삼계탕을 상상할 수 없듯 수업 없는 학교는 상상하기 어렵다. 수업의 형태와 방식, 교수법 등 많은 변화가 있어도 기본적으로 학교는 수업이 이루어지는 장소이다. 그런데 요즘 수업을 듣지 않는 학생들이 많아지고 있고 대학 입시와 관련 없는 수업을 방치하는 경향이 강해지고 있다. 학교 밖에서 배우는 것이 많고 다양한 매체나 동료에 의해 배움이 이루어진다고 해도 대학 진학을 위해서 가장 기본이 되는 활동은 수업이다.

수업 시간에 하지 말아야 할 몇 가지 유형의 행동이 있다. 잠을 자거나 장난치고 수업을 방해하는 등 누구나 판단 가능한 행동을 제외하고 요즘 학생들이 범하는 잘못을 짚어본다.

첫째, 수업 교과목이 아닌 다른 교과 공부를 하는 학생들이 의외로 많다. 국어 수업 중에 수학 문제를 풀고 수학 시간에 영어 단어를 외운다면 학습이 제대로 이루어질 리 없다. 그런데 의외로 해당 수업이 아닌 교과학습을 하는 학생들이 많다. 카드 돌려막기가 위태롭게 보이듯 수업 돌려막기도 지켜보기 불안하다.

둘째, 수업 시간에 학원 공부나 숙제를 하는 경우가 있다. 학교는 학원의 숙제를 하는 곳이 아니다. 학교에서 학원 갈 준비를 하고 학원에서 부여받은 숙제를 다시 학교에서 해결한다면 학습의 악순환이 발생한다. 그런 학생이 학원에 가서 학교 숙제를 안 한다고 보장할 수도 없다.

셋째, 수업을 취사선택해서 임하는 것이다. 자신의 진로와 관련이 깊은 과목은 열심히 듣고 입시에 반영되지 않는 교과를 버리는 경우이다. 그것이 전략 같지만 결국 그런 방식의 학습이 고3 때 선택의 문을 좁히고 자기 발등을 찍는 것임을 뒤늦게 알게 된다. 매시간 수업에 진지하게 임하고 배우려는 태도가 중요하다.

일반 교과 수업은 주로 학급 교실에서 이루어지고 특별 수업은 별도의 교실로 이동해서 수업한다. 교과 교실이 확대되는 추세이고 특별실에는 해당 교과 활동을 원활하게 진행할 수 있는 자리 배치와 준비물이 완비되어 있다. 모든 수업은 나름의 의미를 지니고 있다. 식사할 때 맛있는 음식만 먹을 수 없고 필수 영양소만을 골라서 섭취하는 것도 불가능하다. 국, 영, 수가 대학 입시에 중요한 과목이라고 말한다면 음, 미, 체는 인생의 풍미를 더하고 정서를 순화하며 건강한 삶을 위해 필요한 교과이다. 이공 분야로 진로를 정한 학생도 인문학적 소양을 갖추는 데 필요한 수업이 있고 인문 분야를 전공하려는 학생도 수리 논리력이 필요하다. 그리고 수업에 임하는 자세는 마주하는 사람, 즉 교사에 대한 기본적인 예의이고 자신의 성실성과 겸손을 배양하는 일이다. 대학교 입시에서 수시의 비중이 높다는 것은 그만큼 학교 수업이 중요하다는 의미를 내포하고 있다. 학교 수업을 소홀히 하면서 좋은 대학 진학을 생각할 수 없다. 또한 청소년기에 형성해야 할 인성과 자아정체성을 생각한다면 수업을 대하는 올바른 자세와 태도는 그 자체로 의미가 있다.

비교과 활동을 제대로 알고 준비하자

학교는 자연인을 사회 구성원으로 편입시키는 사회화 기관이다. 당당한 구성원으로서 경쟁력을 갖추려면 교과적 지식만이 아니라 비교과 지식도 갖춰야 한다. 교과 활동이 수업을 중심으로 이루어지는 학습활동이라면 비교과 활동은 그 이외에 학교에서 이루어지는 모든 활동이다. 그런 면에서 교과 활동에 비해 비교과 활동이 다양하지만, 지금 고교 교육이 입시를 준비하는 기관으로 전락했기에 교과 활동에 비해 상대적으로 홀대 받고 있다.

비교과 활동은 자율활동, 동아리 활동, 봉사활동, 진로활동으로 구분한다. 활동 앞에 붙어 있는 단어를 생각하면 그 의미를 짐작할 수 있다. 수시 학생부종합전형에서 교과 이외의 영역, 즉 비교과 영역에서 이루어지는 활동이다. 학교에서는 창의적 체험활동이라고 불리며, 보통 일주일에 4시간 정도를 편성하고 있다. 4개 영역으로 나뉜 활동이 무엇이고 어떻게 준비해야 하는지 차례대로 살펴보자.

자율활동

자율활동은 학교와 학급에서 이루어지는 활동이다. 학교 교육 계획에 의해 운영되지만 학생이 자율적으로 참여하는 활동으로 학생회, 학급회, 학급 행사 등이 있다. 학교에서 주최하는 강연, 체험활동 등은 학생의 자율적 참여라는 취지가 약해서 큰 의미가 없다. 학교 학생회, 대의원회, 학년 조직 활동, 각종 도우미 활동 등이 있는데, 중요한 것은 그 자리와 역할이 아니라 학생이 자율적으로 활동을 하게 된 동기와 과정 및 활동을 통한 성장이다.

자율활동은 주로 학급에서 이루어진다. 학급회 조직에서 반장, 부반장, 부장, 부원 등 맡은 일을 수행하는 활동이다. 형식적인 편성과 직책은 의미가 없고 학급 친구들과 협력해서 이뤄낸 창의적인 활동이 있다면 좋다. 학급에서 꿈과 진로가 비슷한 친구들과 모둠을 만들고 활동하는 것은 학생부 기록을 빛나게 하고 학급 생활에 활력을 준다. 학급 단합 행사, 청소, 체육대회, 축제 등에 참여하는 활동도 있다. 그리고 학급에서 정보, 보건, 환경, 학습, 급식, 멘토링 등 각종 도우미로 활동하는 것도 의미가 있다. 요즘은 학급 단위로 특색 사업을 강조하는 추세이다. 예를 들면 매주 월요일 7교시 또는 금요일 아침 8시 30분 등 특정한 시간을 정해 '나의 진로 발표하기', '독후 감상 발표하기', '버킷리스트 영상 만들기' 등 다양한 활동을 할 때 적극적으로 참여하는 것이 좋다.

동아리 활동

동아리 활동은 학교 교육 계획에 의해 편성되는 정규 교육과정 동아리와 학생들이 자율적으로 조직하여 운영하는 자율 동아리로 나뉜다. 정규 동아리는 하나의 부서에만 편성되고 1주에 2시간 정도 일과 중에 이루어진다. 동아리 활동 부서명과 이수 시간, 부서별 활동을 동아리 지도교사가 학생부에 기록한다. 반면 자율 동아리는 가입에 제한이 없으나 학생부에 하나의 자율 동아리 이름만 올라가고 활동을 기록할 수 없으며 대입에 반영되지 않아 유명무실해지고 있다.

동아리 활동은 학생의 활동 중심으로 운영되어야 하지만 아직도 교사와 교과 중심으로 편성된 학교가 있어서 아쉽다. 과거에 학생들은 친한 친구들과 취미 중심으로 동아리를 선택했지만, 지금은 대학 입시나 진로를 고려하여 동아리를 결정한다. 동아리 활동으로 자기 주도적 학습 능력과 탐구 능력, 협업과 문제 해결력 등을 보여줘야 한다. 미사여구식 표현이 아니라 실제 그런 능력을 신장하는 구체적인 활동 사례가 있어야 하고 배움과 진로의 확장을 증명하는 것이 중요하다.

봉사활동

봉사활동은 언제, 어디서, 어떤 활동을 몇 시간 했는지를 학생부에 기록했다. 교내와 교외 봉사활동으로 구분했으나 지금은 교내 활동 시간만 학생부에 반영하고 이마저도 입시에 반영하지 않게 되었다. 최소 필요한 봉사활동 시간이나 봉사활동을 총 누계한 합계도 의미가 없어졌다. 학교 교육 계획에 의해 실시하는 청소 몇 시간만 반영하는 추세로 바뀌었다.

봉사활동은 인성의 중요한 영역이다. 다른 사람을 배려하고 어려운 사람을 돕고 협력하는 것은 교육적으로 대단히 의미가 있는 활동이다. 그러나 배움과 나눔, 협력의 가치는 이제 학교가 아니라 가정과 사회에서 개인이 배우고 실천할 영역이 되었다.

진로활동

진로활동은 학교에서 주최하고 주관한 진로활동과 관련된 활동이다. 진로지도와 관련된 상담 및 관찰과 평가 내용으로 진로 검사, 특별 강연, 진학 프로그램, 진로 체험활동 등이 포함된다. 진로활동은 학생의 전공적합성과 자기주도성을 볼 수 있고 학업능력과 탐구능력 등이 드러난다. 1학년 때 진로와 직업 교과를 통해 진로 검사와 진로 진단을 하고 학교 교육 계획에 의해 입시와 직업을 탐색하는 프로그램을 시행한다.

진로활동에서 무엇이 되고자 하는 진로 희망 분야는 이제 학생부에 기록하지 않고 진로와 관련된 개인의 특기사항을 담임교사가 학생부에 기록한다. 좁게 보면 창의적 체험활동의 한 영역이지만, 자신의 진로를 개척하는 적극적인 의미로 해석하고 다양한 활동을 능동적으로 개척할 필요가 있다. 수업과 연관된 진로활동, 학급에서 진로를 개척한 자율활동 그리고 진로 분야를 심화 탐구한 동아리 활동, 독서와 자료 수집 활동 등 다양한 분야에서 진로와 연결하여 학생부에 반영하는 방법을 생각해야 한다.

방과후 활동에 적극적으로 참여하자

방과후 활동은 학교에서 정규 교과 교육과정이 끝난 이후의 활동을 말한다. 종례가 끝나고 귀가를 하거나 학교에 남아서 방과후 활동을 한다. 하교 후 개인 용무를 보거나 독서실이나 스터디카페를 이용하기도 하고 학원 공부나 과외를 하는 학생도 있다. 학교에 남아서 방과후 활동을 하는 것과 집에서 자습하는 것 중에 어떤 것이 더 좋을까? 일장일단이 있겠지만 집에 가서 스스로 공부한다는 것은 거의 불가능하다. 이미 학교 수업에 지쳤고 공부에 질렸는데 별 재미도 없는 공부를 스스로 할 것이라 기대할 수는 없다. 방과후 활동은 학생의 눈높이에 맞춰 수준별로 교과 수업이 개설되거나 특기 능력 신장 수업 형태로 운영된다. 철저하게 개인의 선택으로 이루어지는 수업이기에 참여 학생이 많지는 않다.

학교에 남아서 이루어지는 방과후 활동은 주로 야간 자습이다. 흔히 말하는 야자를 잘 관리해 주는 학교가 있는데 강제성이 없기에 학생 대부분은 귀가하거나 학원으로 향한다. 야자를 하는 학생과 학원에서 또 다른 수업을 듣는 학생 중 누가 더 효율적으로 학습하는 것일까? 좋은 학원과 유능한 과외 교사에게 지도를 받는 만큼 실력이 향상된다면 좋겠는데 투자한 만큼의 성과가 나오지 않아 답답해 하는 학부모도 많다.

학교에서 하는 공부가 싫고 뚜렷한 목표가 없는 학생이라면 학원에 등록했어도 공부를 하는 것은 아니다. 학습(學習)은 배우고 익히는 것이다. 누군가에게 배운 것이 있다면 그것을 자신의 것으로 익히는 시간과 노력이 필요하다. 학교에서 배우고 또 학원에서 배우고 그걸 다시 학교로 가져오는 일이 반복된다면 학생과 학부모 모두 지치는 일이다. 학(學)의 계속된 반복으로 학생은 헉헉 숨이 막힌다. 공부할 방법을 찾는 자녀에게는 그에 맞는 지원을 해도 된다. 그러나 부모의 의지와 계획에 의해 자녀를 또 다른 사교육 기관으로 내모는 것은 권하기 어렵다. 이도 저도 아니라면 차라리 안전한 학교에서 친구와 자습하면서 즐거운 학교생활을 하라고 유도하는 것이 낫다. 아니면 본인의 진로를 찾아 의미 있는 활동을 찾아볼 것을 권하는 것이 좋다. 아르바이트는 권장하지 않는다. 지금 필요한 아르바이트는 삶에 필요한 기본 소양과 지식을 통해 학습 경험을 쌓아가는 것이다.

학원과 과외가 의미 없다는 것은 아니다. 최소한 그 시간만큼은 학습에 노출되는 것이고 자신에게 적합한 방법이라면 오히려 권장할 수도 있다. 다만 공부는 자신이 하는 것이므로 타인에게 의존하는 것은 바람직하지 않다는 것이다. 학습과 평가받는 주체는 학생 본인이고 평생 자기 인생을 책임져야 하는 것도 학생 자신이기에, 스스로 학습하고 책임지는 자세를 배우는 것은 좋은 일이다.

야간 자습이 가장 잘 이루어지는 학교는 기숙형 학교이다. 학습 시간이 확보되고 학습 이외의 일에 신경을 덜 쓰기 때문에 학습 집중력도 높다. 더구나 주변의 친구들과 선의의 경쟁을 하기에 기숙형 특목고와 자사고의 학습 능력은 높을 수밖에 없다. 그들은 이미 선행학습을 했기에 입시 출발선에서 앞서있다고 볼 수 있지만, 고교 입학 이후 그 격차는 더 벌어질 가능성이 크다. 그만큼 더 많이 공부하고 방과후 시간을 잘 활용하기 때문이다.

요즘 방과후 활동으로 적극적으로 권장할 수 있는 것이 학교 간 연계 교육과정이다. 주변의 학교를 묶어서 교육과정을 구성하거나 온라인으로 수업을 진행하는 방식이 늘고 있다. 대학과 연계한 수업도 다수 개설되고 있다. 개별 단위 학교에서 개설하기에 어려움이 있는 진로 심화 수업을 교육청 단위로 주변 학교를 묶어서 교육과정을 운영한다. 주로 저녁 시간이나 주말을 이용해서 수업이 이루어진다. 이 책 Chapter 4 '교육과정 이해가 진로를 결정한다'에서 자세하게 설명할 것이다. 학교에서 답을 찾지 못했다면 학교 밖 교육과정에도 관심을 돌려보기 바란다.

memo

맞춤식 대입 전략을 알아볼까요?

Chapter 3

제대로 알고 준비하자! 대학 입시 전략 세우기

입시에 대한 이해가 대입을 좌우한다

고교 학부모의 최대 관심사는 자녀의 대학 진학일 것이다. 그로 인해 너무나 많은 대입 정보가 난무하여 학부모의 혼란과 불안이 가중된다. 교육기관, 학원, 컨설팅 회사, 개인 사업자에 유튜버까지 저마다 대단한 합격 비밀의 열쇠를 쥐고 있는 것처럼 교육 소비자를 현혹한다. 식자우환(識字憂患)이라는 말이 있다. 입시의 과한 지식과 정보는 오히려 독이 될 가능성이 있다. 정보 공급자의 상술에 지갑을 열고 시간이 지나고 나서야 별것이 아니었음을 알게 된다. 여기서는 학부모가 중심을 잡고 대학 입시 전략을 세울 수 있는 안목을 갖추도록 도울 것이다. 입시에서 기본이 되는 사항부터 차례대로 짚어보자.

수시와 정시 구분

대학이 학생을 선발하는 시기에 따라 수시, 정시, 추가 모집으로 나뉜다. 수시에 합격하면 정시에 도전할 수 없다. 설사 수시에 합격한 대학보다 정시에서 더 좋은 대학에 합격해도 의미 없는 일이다. 정시로 합격한 대학에 등록하면 부정 입학으로 대학 등록이 취소된다. 대학교는 우수한 학생을 선점하고 안정적으로 정원을 채우기 위해 수시 모집에 비중을 두고 있다. 수도권 대학은 교육 정책과 지원금 때문에 수시 비율이 다소 줄어들었으나 여전히 경쟁하는 대학보다 우위를 유지하기 위해 수시 비율을 축소하기는 쉽지 않다. 예를 들어 정시에서 연세대 경영학과 최상위권에 합격한 학생들은 서울대 경영학과에 복수 합격했을 가능성이 크다. 결국 연세대 경영학과 상위권에 합격한 학생들이 서울대에 등록하게 되면, 연세대는 경쟁하는 다른 대학에 비해 우수 학생을 선발하지 못하는 결과가 발생할 수 있다. 이런 상황은 서울 소재 대학의 공통된 고민 사항이다. 지방 대학과 전문대학은 수시에서 사활을 걸고 최대한 정원을 확보하고자 노력한다. 추가 모집은 2월 말 고등학교 졸업 이후에 이루어지기에 교사의 지도가 없고 학생들이 그냥 지나치는 경우가 많다. 고등학교 정원에 비해 대학교 정원이 더 많기 때문에 일부 대학은 정원을 채우지 못해 결국 추가 모집을 할 수밖에 없다. 수도권 대학은 학생들이 선호해서 추가 모집하는 학생 수가 적지만 지방 소재 대학은 3월이 오기 전 막바지 정원 충원에 애를 먹는다. 각 모집 시기별 특징을 표로 정리하면 다음과 같다.

	수시 모집	정시 모집	추가 모집
선발 비율	70%	30%	미충원 인원
모집 시기	9월 초 ~ 12월 중순	12월 말 ~ 1월	2월 말
선발 방법	교과, 학종, 논술, 실기	수능, 실기	수능
지원 횟수	6회(횟수 미적용 대학 있음)	3회(가, 나, 다군)	제한 없음
특징	• 특목고 강세 • 일반고 우수자 적극 지원 • 오랜 기간 준비와 노력	• 수능에 강한 재수생 상존 • 상위권 대학 반수생 증가 • 눈치와 요행이 통하지 않음	• 모집 인원 변동 • 상위권 대학 모집 인원 극소

* 이해를 돕기 위해 대략적인 내용을 간략하게 정리한 것이므로 정확하고 자세한 사항은 대학교 홈페이지나 입시 관련 정보를 확인해야 함.

대학별 고사

대학별 고사란 대입 수시에서 대학교가 자체 기준에 의해 시험을 시행하는 것이다. 시험의 출제, 관리, 시행 등 모든 과정을 대학교가 주관한다. 수능이 한국교육과정평가원에서 관리하여 모든 대학이 같은 방식으로 점수를 활용하는 것과 대비되는 개념이다. 서울대, 고려대, 경기대, 인천대, 부산대, 순천대, 청주교대, 경찰대…. 각 대학은 각기 다른 기준에 의해 대학별 고사를 주관한다.

대학별 고사의 유형은 면접고사, 논술고사, 실기고사 등이 있다. 면접고사는 학생부종합전형과 교과전형에서 1단계에 선발한 일정 배수의 인원을 판별하기 위해 실시한다. 면접의 유형과 난이도는 대학별로 큰 차이가 있다. 서울대와 카이스트의 면접은 난해하고 지방 대학 중에는 면접 문항을 사전에 공개하는 방식으로 진행하기도 한다. 인·적성 고사인 대학별 고사는 교대와 사범 계열 학과에서 실시하는데 면접과 유사한 형태라고 볼 수 있다. 논술고사는 수도권 대학을 중심으로 36개 대학에서 실시하는데 과거에 비해 모집 정원이 많이 줄었다. 대학별로 문제의 유형과 수준에 차이가 있고 인문 계열과 자연 계열의 문항 형태도 다르다. 실기고사는 음악, 미술, 체육, 정보 등 실기 위주 전형에서 시행한다. 고등학교에서 실기고사를 대비하는 것이 어려워 학원에 의존하는 경향이 크고 일반적으로 학생의 실기 능력에 따라 지원 대학을 정한다.

절대평가와 상대평가

절대평가는 어떤 절대적인 기준에 의해 학생의 성적을 평가하는 것이고 상대평가는 다른 학생과 비교하여 성적의 위치를 부여하는 평가이다. 예를 들어 어떤 학생이 90점을 맞았다고 가정해 보자. 절대평가에서 90점 이상은 'A'를 부여한다면, 90점 이상의 학생이 1명이든 100명이든 90점이라는 절대적인 기준을 통과했기에 모두 A라는 평가를 받는다. 그렇지만 90점을 받았는데, 전체 응시자 100명 중에 50등을 했다면 상대적으로 좋은 성적이라고 할 수 없고 상대평가 백분위로 표시하면 50등/100명으로 50%라는 평가를 받는 것이다.

절대평가는 학생이 절대적인 기준에 얼마나 도달하였는지 알 수 있다. 예를 들어 수능에서 영어, 한국사, 제2외국어는 절대평가 방식이다. 영어

1등급의 기준은 90점이기에 90점 이상을 받은 학생이 몇 명이든 상관없이 1등급을 부여받는다. 즉 100점부터 90점까지 받은 학생 모두 1등급으로 평가된다. 학교 내신도 학생이 받은 점수를 기준으로 성취도 3단계 또는 5단계로 평가되는 과목이 있다. 5단계는 과거의 '수우미양가'처럼 'ABCDE'로 평가하는 것이고 진로 선택 과목은 성취도에 따라 아래와 같이 3단계인 'ABC'로 평가된다.

<table>
<tr><th>성취율</th><th>성취도</th><th>비고</th></tr>
<tr><td>100%~80%</td><td>A</td><td rowspan="3">• 학생의 진로 선택을 권장하기 위해 성취도 ABC로 절대평가
• 대학교는 자체 기준으로 변환하여 대입에서 반영</td></tr>
<tr><td>80% 미만~60% 이상</td><td>B</td></tr>
<tr><td>60% 미만</td><td>C</td></tr>
</table>

등급	백분위	100명 기준	40만 기준 누적 수
1	96% 이상(상위 4%)	1~4등	16,000명
2	96% 미만 ~ 89% 이상(상위 11%)	5~11등	44,000명
3	89% 미만 ~ 77% 이상(상위 23%)	12~23등	92,000명
4	77% 미만 ~ 60% 이상(상위 40%)	24~40등	160,000명
5	60% 미만 ~ 40% 이상	41~60등	240,000명
6	40% 미만 ~ 23% 이상(하위 40%)	61~73등	308,000명
7	23% 미만 ~ 11% 이상(하위 23%)	74~89등	356,000명
8	11% 미만 ~ 4% 이상(하위 11%)	90~96등	384,000명
9	4% 미만(하위 4%)	97~100등	400,000명

상대평가는 집단 속에서 학생의 성적이 어느 정도인지 서열에 의해 상대적인 위치를 드러내는 평가이다. 대학에서는 학생이 부여받은 상대적인 위치를 정확하게 파악하여 선발하는 데 편하다는 장점이 있으나, 집단의 수준을 반영할 수 없다는 단점이 있다. 수능과 같은 시험은 학생의 등급, 백분위, 표준점수로 학생의 서열을 평가할 수 있지만, 각 학교의 1등급을 모두 동일하게 평가할 수 없다는 문제가 있다. 수능과 학교 시험에서 등급이 무엇을 의미하는지 이해할 필요가 있다.

일반전형과 특별전형

일반전형은 일반 수험생을 대상으로 보편적인 교육적 기준에 따라 공개적으로 경쟁하는 전형이다. 특별한 자격조건이 없는 일반학생들을 대상으로 학생부, 수능성적, 대학별 고사 등으로 합격생을 선발한다.

특별전형은 대학마다 특별한 전형 요소 또는 자격 기준을 마련하여 학생을 선발하는 전형으로 정원 내 특별전형과 정원 외 특별전형으로 나뉜다. 고른기회대상자, 사회적배려대상자, 국가보훈대상자, 다자녀, 다문화, 특기자, 만학도, 산업체위탁생, 특성화고, 북한이탈주민, 농어촌지역 등 대학이 정한 기준에 부합하는 학생이 지원할 수 있다.

특별전형으로 지원하는 수험생은 특별한 자격 기준을 증명할 수 있는 서류를 대학에 제출해야 한다. 일반전형에 비해 특별전형이 경쟁률이 낮고 합격할 가능성이 크지만, 특별전형의 자격을 갖췄다고 합격이 쉬운 것만도 아니다.

수시와 정시 전형은 현명하게 선택하자

수시와 정시 중 어떤 것을 선택해야 할까? 예체능, 특기생, 실기고사 등 특별한 경우를 제외하고 일반적인 상황으로 가정하고 풀어서 생각해 보자. 수시는 다양한 방법으로 학생을 선발하고 정시는 수능으로 선발한다. 수능을 잘 볼 수 있다면 정시 모집에 응시하면 된다. 그런데 수능은 1년에 한 번뿐인 기회이고 재수생까지 합세한 경쟁이며 상위권 대학의 경우 수시에서 50% 이상의 학생을 미리 선발했다는 것을 고려해야 한다. 여기서는 수시 모집에서 교과전형과 학생부종합전형을 중심으로 설명하고 다음 장에서 수능과 논술 그리고 학생부에 대해 살펴보자.

수시와 정시 비교

재학생이라면 수시 모집에 응시하는 것이 유리하다고 말하고 싶다. 자신의 상황을 고려하여 수시에서 어떤 전형을 대비할 것인가를 고민하고 준비하는 것이 좋다. 수시가 국가대표 선발전 같다면 정시는 올림픽에서 메달을 따는 것과 같은 느낌이다. 내신 성적이 좋지 않고 논술이나 다른 특기 능력이 없어서 정시를 선택한다고 말하는 학생에게 "수능 성적 잘 나와요?" 하고 물으면 "예!"라고 자신 있게 답할 수 있는 학생은 극소수이다. 그런 학생이라면 정시를 지원하는 게 현명하다. 그런데 학교 내신이 좋지 않으면서 수능을 잘 보는 학생은 찾아보기 어렵다. 수능을 적당히 잘 보는 것이 아니라 아주 잘 봐야만 정시에서 좋은 대학에 진학할 수 있다.

정시는 수능을 잘 보면 된다. 내신은 의미가 없다. 단순하다는 장점이 있다. 수능 1등급(4%)은 18,000명(45만 명 응시로 계산)이다. 서울, 연세, 고려대에서 정시로 선발한 학생의 합계는 약 4,000명이다. 1등급도 어렵지만 1등급이어도 서울 최상위 대학 합격은 어렵다는 것이 수치로 증명된다. 이해를 돕기 위해 단순하게 계산해 보자. 대학교 일반전형 선발 학생수는 3,000명, 이 중 정시가 40%이면 1,200명이다. 전국 고등학교의 전교 1등 학생만 모으면 2,000명이다. 여기에 극상의 학원에서 재수하는 학생, 최상위 대학 반수생, 전국 단위 자사고 학생 등은 성적이 매우 높다. 이런 학생들이 대학의 좁은 문에 들어가려고 경쟁하는 것이 정시이다.

수시가 쉬운 것도 아니다. 그렇지만 미리 전략을 세워 선택과 집중으로 승부를 보는 것은 권장할 수 있다. 목표를 이루기 위한 기나긴 노력의 과정에서 배우는 것도 있고 세상을 살아갈 경쟁력을 키우게 된다. 수시에서 6개의 카드를 어떻게 활용할 것인지 생각해야 한다. 6개 전형을 어느 한

전형, 예를 들어 모두 논술전형에 응시하는 것은 합격 가능성이 작다. 합격할 수 있는 대학과 합격하고 싶은 대학을 적정하게 분배해야 한다. 수시에서 합격하면 등록과는 무관하게 정시에 지원할 기회가 주어지지 않는다. 예비 합격을 하고 그 대학이 마음에 들지 않아 등록하지 않아도 정시 기회는 없다. 그러므로 수시에서 과하게 낮은 대학을 지원하는 것은 어리석은 일이다. 6회 지원에 해당하지 않는 대학도 있다. KAIST, GIST, DGIST, UNIST, 한국에너지공대, 경찰대와 사관학교, 한국전통문화학교, 한국예술종합학교, 산업대, 전문대는 횟수 제한에 포함되지 않는 학교이다.

수시 교과전형

수시 교과전형은 합격 예측이 쉬운 편이다. 변수가 적고 정량 평가이기 때문이다. 대학 입학처에서 공개한 전년도 합격자와 등록자의 평균을 참고하면 된다. 공지한 점수와 학생의 점수를 비교하면 합격선을 가늠할 수 있다. 대학교 입학처에 접속하여 점수를 입력하거나 입학처에 직접 전화로 문의하면 학생의 점수를 계산해서 어느 정도의 위치인지도 알려준다. 일반적으로 같은 대학을 기준으로 볼 때, 교과전형이 학종보다 내신 성적이 0.5등급 이상 높고 점수대가 조밀하게 분포한다. 그만큼 내신 등급이 좋은 학생은 교과전형을 선호한다는 것이다.

교과전형은 교과 성적이 절대적이다. 간단하게 말해 고교 내신이 좋으면 합격 가능성이 큰 전형이다. 대학마다 반영하는 교과가 다르고 학년별 반영비율도 차이가 있다. 상위권 대학으로 갈수록 반영과목이 많고 지방대학으로 갈수록 반영하는 과목 수가 작은 경향이 있다. 전문대학은 주로

1년 또는 1학기 모든 교과 성적을 반영한다. 교과전형에서 경쟁률이 3대 1 이하라면 추가등록으로 합격의 기회가 주어지기도 한다. 수시 6회 지원이기에 예비 번호를 부여받은 학생이 돌고 돌아 합격하는 경우도 있다. 원서접수 기간에 경쟁률을 살피는 것도 필요하고 끝까지 수능 공부를 하면서 좋은 등급의 성적을 거두기 위해 노력하는 것도 전략이다.

교과전형은 전국 모든 고교의 내신 등급을 있는 그대로 반영하기에 학교 간의 격차를 반영할 수 없다는 단점이 있다. 대원외고와 지방 외고의 차이, 강남 자사고와 지방의 학력이 낮은 학교의 내신을 구분하지 않고 단순 수치로 선발한다. 그래서 1단계에서 일정 배수의 학생을 선발하고 2단계로 면접이나 수능에서 최저학력을 요구하는 경우가 있다. 최저학력은 학교마다 차이가 있기에 지원하고 싶은 대학의 입학처 홈페이지에서 확인해야 한다. 수도권 대학의 경우 국, 영, 수, 탐구(1과목) 영역 중 2개 영역의 합이 5등급~7등급 정도로 분포한다. 예를 들어 수도권 대학이 최저학력을 2개 영역 6등급이라고 했다면, 영어 4등급과 생활과윤리 2등급을 받으면 자격 기준을 통과한 것이다. 내신이 낮거나 수능 중 일부 과목을 잘한다면 수시 교과전형을 지원하고 수능 최저등급을 맞추기 위해 노력하는 것도 전략이다. 실제 최저학력을 맞춰서 고교 내신과는 무관하게 합격한 사례도 해마다 발생하고 있다.

대학교에서 고교별 추천 인원을 제시하는 학교장추천전형이 있다. 지역균형이나 고교추천전형이라고 하는데 선발 방식은 거의 비슷하다. 예를 들어 서울대 2명, 연세대는 3학년 재적수의 5%, 고려대 4%, 성균관대 10%, 서강대는 10명, 중앙대 20명, 카이스트 2명, 육사는 재학생 3명과 졸업생 2명 등 다양한 형태로 추천 인원수를 제한하고 있다. 사실상 1등급 초·중반이 아니면 고교에서 추천되어도 합격 가능성은 작다. 고교에서 추천되는 것이 중요한 것이 아니라 지원하는 대학을 잘 살펴야 한다. 학교장추천전형은 사실상 교과전형의 변형 정도이다.

수시 학생부종합전형

학생부종합전형은 교과전형에 비해 복잡하다. 학생부종합전형은 학생의 학교생활기록부에 기재된 교과성적, 비교과 활동, 교사의 평가, 면접 평가 등을 종합적으로 반영하여 신입생을 선발한다. 교과성적만으로 선발하거나 수능 성적으로 선발하는 전형과 대비되는 전형이다. 교과전형과 수능전형이 객관적 정량 평가로 선발하는 전형이라면, 학생부종합전형(이하 학종)은 학생의 다양한 가능성과 역량을 종합적으로 평가하는 전형이다. 학생의 교과성적이 학생의 능력과 발전 가능성을 평가하는 데 한계가 있고, 해당 학교의 수준과 집단의 특성을 반영할 수 없다는 이유에서, 학종은 주요 대학의 입시에서 가장 중시되는 전형 중 하나이다. 수도권 대학의 경우 학종의 선발 비율은 정원의 35%에 가깝기에 정시와 거의 비슷한 정도의 비중이다. 학종은 각 대학의 건학 이념과 인재상을 반영하여 다양한 방식으로 진행하고 있고, 학종 서류 평가에 활용되는 대표적인 자료가 학교생활기록부이다. 따라서 3년간 학생부를 잘 관리하는 것이 학종으로 합격하는 전략이다.

학종의 서류 평가는 4가지 평가 요소 '학업역량', '전공적합성', '인성', '발전가능성'을 중심으로 이루어졌다. 각각의 평가 요소는 세부의 평가 항목으로 구성되어 있다. 학업역량은 학업을 충실히 수행할 수 있는 기초 수학 능력을 의미하고, 전공적합성은 지원 전공(계열)과 관련된 분야에 관한 관심과 이해 및 노력과 준비 정도를 의미한다. 인성은 공동체의 일원으로서 필요한 바람직한 사고와 행동을 의미하며, 발전가능성은 현재 상황이나 수준보다 질적으로 더 높은 단계로 향상될 가능성을 의미한다. 학종의 평가 요소는 대학마다 다르고 같은 대학 내에서도 전형에 따라 평가 비율에 차이가 있다. 예를 든다면 그동안 서울대는 학업역량, 학습태도, 학업 외 소양으로 분류했고, 고려대는 학업역량, 자기계발역량, 인성으로 서강대는 학업역량, 성장가능성, 인성으로 분류했다. 한국외대는 학업역량, 계열적합성, 발전가능성, 인성으로 분류했는데, 면접형은 학업역량 20%, 계열적합성을 40% 반영하고 서류형은 학업역량을 40%, 계열적합성 20%를 반영했다. 학종을 쓸 때는 대학교 홈페이지에서 평가 요소와 전형에 따른 반영비율을 확인하는 것이 합격에 좀 더 가까이 가는 방법이다.

학종을 둘러싼 공정성 논쟁과 학생부 기재 내용의 대폭적인 축소로 학종의 평가 요소도 변화가 있다. 교사추천서에 이어 자기소개서도 폐지되고 수상·독서·개인 봉사활동은 대학에 제공되지 않는다. 이에 5개 대학(건국대·경희대·연세대·중앙대·한국외대)이 공동 연구를 통해 「학생부종합전형 공통 평가 요소 및 항목 개선 연구」(2022)를 발표했다. 연구 결과 학종 공통 평가 요소는 기존의 '학업역량', '전공적합성', '인성', '발전가능성'의 4가지에서 '학업역량', '진로역량', '공동체역량'의 3가지 역량 중심 평가 요소로 개정하였다.

학업역량의 '학업태도와 학업의지'는 '학업태도'로, '탐구활동'은' 탐구력'으로, 진로역량의 '전공 관련 교과목 이수 및 성취도'를 '전공(계열) 관련 교과 이수 노력'과 '전공(계열) 관련 교과 성취도'로 분리하고, 기존 연구의 평가 항목인 '전공에 대한 관심과 이해'와 '전공 관련 활동과 경험'을 통합하여 '전공' 대신 '진로 탐색 활동과 경험'으로 변경하였다. 공동체역량에서는 기존의 인성 및 발전가능성 평가 항목 중 '협업과 소통능력', '나눔과 배려', '성실성과 규칙준수', '리더십'으로 재구성하였다. 세부 평가 요소를 정리하면 아래와 같다.

1) 학업역량(대학 교육을 충실히 이수하는 데 필요한 수학 능력)

평가 요소	정의	세부평가내용
학업성취도	고교 교육과정에서 이수한 교과 성취 수준이나 학업 발전 정도	• 대학 수학에 필요한 기본 교과목의 교과 성적은 적절한가? 그 외 교과목의 교과 성적은 어느 정도인가? 유난히 소홀한 과목이 있나? • 학기별/학년별 성적의 추이는 어떠한가?
학업태도	학업을 수행하고 학습해 나가려는 의지와 노력	• 성취동기와 목표의식을 가지고 자발적으로 학습하려는 의지가 있나? • 새로운 지식을 획득하기 위해 자기주도적으로 노력하고 있나? • 교과 수업에 적극적으로 참여해 수업 내용을 이해하려는 태도와 열정이 있나?
탐구력	지적 호기심을 바탕으로 사물과 현상을 탐구하고, 문제를 해결하려는 노력	• 교과와 각종 탐구활동 등을 통해 지식을 확장하려고 노력하고 있나? • 교과와 각종 탐구활동에서 구체적인 성과를 보이고 있나? • 교내 활동에서 학문에 대한 열의와 지적 관심이 드러나고 있나?

2) 진로역량(자신의 진로와 전공(계열)에 관한 탐색 노력과 준비 정도)

평가 요소	정의	세부평가내용
전공(계열) 관련 교과 이수 노력	자신의 진로와 전공(계열)에 관한 탐색 노력과 준비 정도	• 전공(계열)과 관련된 과목을 적절하게 선택하고, 이수한 과목은 얼마나 되나? • 전공(계열)과 관련된 과목을 이수하기 위하여 추가적인 노력을 하였나? (예: 공동교육과정, 온라인수업, 소인수과목 등) • 선택과목은 교과목 학습 단계(위계)에 따라 이수하였나?
전공(계열) 관련 교과 성취도	고교 교육과정에서 전공(계열)에 필요한 과목을 수강하고 취득한 학업 성취 수준	• 전공(계열)과 관련된 과목의 석차등급/성취도, 원점수, 평균, 표준편차, 이수단위, 수강자 수, 성취도별 분포 비율 등을 종합적으로 고려한 성취 수준은 적절한가? • 전공(계열)과 관련된 동일 교과 내 일반선택과목 대비 진로선택과목의 성취 수준은 어떠한가?
진로 탐색 활동과 경험	진로를 탐색하는 과정에서 이루어진 활동이나 경험 및 노력 정도	• 자신의 관심 분야나 흥미와 관련한 다양한 활동에 참여하여 노력한 경험이 있나? • 교과 활동이나 창의적 체험활동에서 전공(계열)에 대한 관심을 가지고 탐색한 경험이 있나?

3) 공동체역량(공동체의 일원으로서 갖춰야 할 바람직한 사고와 행동)

평가 요소	정의	세부평가내용
협업과 소통능력	공동체의 목표를 달성하기 위해 협력하며, 구성원들과 합리적인 의사소통을 할 수 있는 능력	• 단체 활동 과정에서 서로 돕고 함께 행동하는 모습이 보이나? • 구성원들과 협력을 통하여 공동의 과제를 수행하고 완성한 경험이 있나? • 타인의 의견에 공감하고 수용하는 태도를 보이며, 자신의 정보와 생각을 잘 전달하나?
나눔과 배려	상대를 존중하고 이해하여 원만한 관계를 형성하며, 타인을 위해 나누려는 태도와 행동	• 학교생활 속에서 나눔을 실천하고 생활화한 경험이 있나? • 타인을 위하여 양보하거나 배려한 구체적 경험이 있나? • 상대를 이해하고 존중하는 노력을 기울이고 있나?
성실성과 규칙준수	책임감을 바탕으로 의무를 다하고, 공동체의 윤리와 원칙을 준수하는 태도	• 교내 활동에서 자신이 맡은 역할에 최선을 다하려고 노력한 경험이 있나? • 자신이 속한 공동체가 정한 규칙과 규정을 준수하고 있나?
리더십	공동체의 목표 달성을 위해 구성원들의 상호작용을 이끌어가는 능력	• 공동체의 목표를 달성하기 위해 계획하고 실행을 주도한 경험이 있나? • 구성원들의 인정과 신뢰를 바탕으로 참여를 이끌어내고 조율한 경험이 있나?

대학별 고사는 맞춤형 준비가 필요하다

대학별 고사는 대학이 자체 기준에 의해 고사를 관리하는 것으로 논술, 면접, 실기 고사가 대표적이다. 여기서는 수시 논술전형에서 시행하는 논술고사와 교과전형과 학종전형에서 시행하는 면접고사에 대해 알아보려 한다. 실기 고사는 별도의 특화된 능력을 소유한 학생을 선발하는 시험이다. 음악, 미술, 체육, 정보, 어학, 연기, 기술 자격 등 세분화한 영역을 제한된 지면에서 다루는 것에 한계가 있다. 실기 고사에서 실기 능력이 절대적으로 중요하다고 해서 학교생활과 내신을 버리는 것은 바람직하지 않다. 실제 실기 고사의 경쟁률은 매우 높아서 평가 요소의 아주 작은 차이가 당락이라는 큰 결과로 나타난다. 학교생활에 불성실한 학생이 실기로 합격하는 사례를 찾아보기 힘들다.

논술고사

논술고사는 36개 대학에서 실시하는데 학교와 계열에 따라 문제의 유형이 다르므로, 지원하는 대학을 정하고 준비해야 한다. 논술고사에서 내신을 반영하는 대학과 수능 최저학력을 요구하는 대학이 있다. 논술고사라는 명칭에서 알 수 있듯이 논술 실력이 당락의 결정적 변수이다. 그렇다고 내신 6등급 정도의 학생이 지원한다고 합격하는 것은 아닐 것이다. 논술전형에서 최저학력이 없는 대학의 지원자는 최저학력을 요구하는 대학보다 2배 이상 경쟁이 치열하다. 예를 들어 최저학력을 요구하는 대학의 경쟁률이 25대 1이라고 할 때, 지원자 중 최저학력을 통과했다면 그만큼 합격 가능성이 커진다. 드문 경우지만 과거에 수능이 어렵게 출제됐을 때, 최저학력을 통과한 것만으로 논술고사에서 합격한 사례도 있었다.

논술고사를 실시하는 대학은 서울이 22개교로 가장 많다. 가톨릭대, 건국대, 경희대, 광운대, 동국대, 서강대, 서울시립대, 성균관대, 세종대, 숭실대, 연세대, 중앙대, 한국외대, 한양대, 홍익대, 덕성여대, 서울여대, 성신여대, 숙명여대, 이화여대 등이다. 수도권에서는 인하대, 가천대, 가톨릭대, 경기대, 단국대, 수원대, 아주대, 한국산업기술대, 한국항공대 등이 논술고사를 실시한다.

논술고사를 실시하는 대학은 학생들이 선호하는 대학이지만 모집 인원 총원이 11,000명이고 모집 비율의 3.2% 정도여서 무작정 달려들 수만은 없다. 경쟁률이 가장 높은 전형이기에, 논술에 모든 것을 거는 것보다는 수능과 병행하는 전략이 좋다. 학생부와 내신이 좋지 않고 수능에서 일부 영역이 우수하다면 최저학력이 있는 논술전형을 선택해 볼 수 있다. 서울 소재 여대의 경우 최저학력을 맞추고 그 대학 홈페이지에서 논술의 유형을 미리 익힌다면 합격 가능성이 커진다. 과거 적성을 실시했던 고려대(세종), 수원대, 가천대의 논술은 학교 시험의 서답형 문제와 비슷하고 난도가 낮은 수능과 유사하다. 따라서 이런 학교는 EBS를 중심으로 수능을 공부하면서 논술을 응시하는 것도 전략이다.

논술고사를 실시하는 대학은 학교 입학처 홈페이지에 모의 문제와 답안 작성 요령 등을 친절하게 안내하고 있다. 그리고 사전에 모의 논술을 보고 채점하여 결과까지 피드백한다. 따라서 애매하게 논술 공부를 하는 것보다는 지원 대학의 유형에 맞게 전략적으로 글쓰기를 연습해야 한다. 논술 전형은 수능 이전과 이후에 실시하는 대학으로 구분된다. 논술을 잘한다고 생각하는 학생은 수능 공부에 집중하고 수능을 마치고 나서 논술에 몰입해서 도전해 볼 수도 있다. 인문·사회 계열 논술은 어느 정도 학업 능력이 있는 학생이 글을 쓰는 기능을 익힐 수 있지만, 자연·이공 계열 논술은 상황이 좀 다르다. 학교에서 수학과 과학이 부족한 학생이 논술로 합격할 가능성은 거의 없다. 대학교에서 지정한 과학 과목과 수학을 좋아하는 학생은 도전해 볼 만하다. 학교에서 배운 교과적 지식을 실전에 응용하는 서답형 문제와 비슷한 유형이다. 수리 과학적 개념을 창조적으로 실생활에 적용해 보는 탐구 능력과 문제 해결력이 중요하다.

면접고사

면접고사는 1단계에서 일정 배수의 학생을 선발한 후 합격자를 가르기 위해 실시하는 경우가 많다. 일단 면접 대상자가 됐다는 것은 다른 전형에 비해 합격 가능성이 크다는 것이다. 1단계에서 2배수를 뽑은 대학은 합격

후 이탈자가 적다는 것이고 5배수 이상을 면접 대상자로 올렸다면 합격 후 다른 대학으로 이동할 가능성이 크다는 것이다. 이미 어느 대학 어떤 학과에 일정 배수 안에 들었으니, 그 대학과 학과에 관해 탐구해야 한다. 대학 입학처 홈페이지에 공개된 면접의 유형과 기출 문제를 연습하는 것이 좋다. 친구들과 함께 연습하거나 동영상을 찍어서 면접하는 자신을 평가하면서 구술 능력을 키우는 것도 좋은 방법이다. 고등학교나 지역교육청 등에서 실시하는 면접 프로그램에 적극적으로 참여하는 것도 좋다.

면접고사는 교과전형과 학종전형의 면접이 중심이다. 그리고 면접의 유형에 따라 서류 기반 확인, 제시문 구술, 집단 토론, 교직 인·적성, 일반 면접 등 다양한 유형이 있다. 서류 기반 면접에 비해 제시문 면접이 까다로운 편이고 의대에서 진행하는 다중 미니면접은 개인의 능력이 고스란히 드러난다. 유형은 달라도 면접이기에 기본적으로 면접 대상자의 바른 태도와 자신감이 중요하다.

인성 면접은 시사 문제나 기본 소양 평가를 일부 곁들여 학생이 최대한 편안한 가운데 자기 내면을 토로하도록 유도한다. 이때의 면접은 정답이 없고 반영률 역시 미미한데 일부 지방 대학이 이런 형태를 유지하고 있다. 심층 면접은 끝없이 그렇게 생각하는 근원을 파헤쳐 학생의 실력을 바닥까지 확인하는 경향이 있다. 이때는 복수의 정답이 있고, 어느 입장을 선택하든 자기 의견을 논리적으로 전개하는 능력을 평가했다. 인문·사회 계열 면접에서 자주 사용하는 유형이다. 자신이 알고 있는 바를 글로 표현하는 것이 지필고사라면 구술 면접은 말로 표현하는 본고사에 가깝다. 대부분 정답은 여러 방법이 있더라도 결국은 하나이다. 수학, 과학 실력을 체크하는 자연계 면접은 구술시험의 성격이 강하기 때문에 당락이 분명히 갈리면서 변별력은 인문 계열의 심층 면접에 비해 매우 높은 편이다.

면접고사는 말 속에 논리가 들어 있어야 한다. 수험생이 얼마나 알고 있는지, 인성과 가치관은 학문을 하는 데 적절한지, 건전한 상식과 창의적인 태도를 지니고 있는지, 전공에 대해 기본 지식이 있고 공부할 자격이 있는지 등 여러 관점에서 학문적 자질을 살핀다. 면접은 보통 기본 소양 평가와 교과 적성 평가로 나뉜다. 기본 소양 평가는 인성 평가(개별적인 품성, 학문을 할 수 있는 인성)와 시사 교양 문제가 주를 이루는데 시사 문제 자체를 묻기보다 시사 문제에서 논의될 수 있는 쟁점을 가지고 학생의 인성, 가치관, 세계관을 측정하려는 경향이 강하다. 교과 적성 평가는 적성 부합 정도, 전공 수학 능력, 전공 관련 지식을 측정한다.

면접고사에서 중요한 것은 자신감과 당당함 그리고 여유를 갖는 것이다. 자신감 없이 면접장에서 실력 발휘를 하기는 어렵다. 위축될 필요가 없다. 지나치게 걱정하거나 떨지 말고 자기의 생각을 아는 대로 최선을 다해서 대답한다고 생각하고 여유를 가지려 노력해야 한다. 질문의 핵심을 정확히 파악하고 핵심 대답을 먼저하고 그 이유나 구체적 실례로 부연 설명한다. 분야별로 예상되는 질문을 생각해 보고 거기에서 연상되는 문제에 대한 대답을 연습해 본다. 다음으로 전공하고자 하는 학문을 포괄적(본질적)으로 이해한다. 예를 들면 전공하고자 하는 학문의 상위 개념인 자연과학, 사회과학, 생활과학, 의학 등의 기본적 속성을 정리해 본다. 마지막으로 전공하고자 하는 학과에 대한 이해가 필요하다. 자기가 전공하고자 하는 학과의 주요 개념들에 대한 정리, 근본적인 문제들에 대한 검토(정의, 분야, 관련 학문, 미래의 발전 방향, 연구방법론, 대표적 학자), 그 학문 분야의 주요 쟁점들에 대한 논쟁의 초점 이해 및 자신의 의견 정리, 지원동기 및 향후 계획 등을 조용히 생각해 본다. 서류 기반 면접은 학교생활기록부를 면밀하게 파악해야 한다. 고교 3년간의 활동을 다시 짚어보면서 예상 질문을 만들고 답변하면서 자신의 과거와 현재 그리고 미래를 그려보며 자신 있게 면접장에 들어서야 한다.

면접에서의 기본자세를 정리해 보면 다음과 같다. 두발과 복장은 단정하게 한다. 면접관은 보수적인 경향이 강하다. 인사를 할 때 손을 모아 2~3초 고개를 숙인 다음 밝은 표정을 짓는다. 질문하는 사람을 응시하되 부드럽고 자신 있게 미간과 눈 바로 밑을 본다. 말의 뒤 끝을 흐리지 않으며, 자신 있는 말투로 답변한다. 예상치 않은 질문을 받더라도 당황하지 않고 차분한 어조로 간단명료하게 대답하려 노력한다. 보충질의를 받았을 때는 면접관의 의도를 다시 파악하되 내용의 일관성을 유지한다.

면접고사에서 중요한 것은 평소에 자신의 인생관, 자아관, 세계관 등이 확립되어 있고 사회 문제에 관심이 있으며, 진학하려는 분야에 대한 배경지식이 충분해야 한다. 하지만 현실적으로 이 모든 것을 학생들에게 요구하기는 힘들다. 따라서 고3 입시 철에 면접 대상자가 됐을 때 단기간에 최선을 다해 몰입해서 실전처럼 연습하는 것이 필요하다.

대학수학능력시험 평가는 이렇게 한다

대학수학능력시험(大學修學能力試驗)은 대학에서 수학할 수 있는 능력이 되는 자를 선발하기 위하여 교육부에서 해마다 실시하는 시험이다. 한국교육과정평가원에서 주관하고 매년 11월 3주 목요일에 전국에서 시행한다. 1년에 한 번뿐인 기회이기에 수험생은 긴장하고 수능 성적에 따라 대학 입시 특히 정시에서 어느 대학을 입학할지가 좌우된다.

수능 응시 영역과 출제 문항 구성은 아래와 같다.

영역	문항 수	배점	시험 시간	출제 범위(선택과목)	비고
국어	45	100점	80분	• 공통: 독서, 문학 • 선택: 화법과 작문, 언어와 매체 중 택1	• 상대평가 • 선택 교과에 따라 표준점수 산출
수학	30	100점	100분	• 공통: 수학I, 수학II • 선택: 확률과 통계, 미적분, 기하 중 택1	• 상대평가 • 선택 교과에 따라 표준점수 산출
영어	45	100점	70분	• 영어I, 영어II 바탕 • 듣기 17문항, 다양한 지문	• 절대평가 • 90점 이상 1등급, 10점 간격으로 등급 부여
한국사	20	50점	30분	• 필수 응시 (미응시의 경우 성적 처리가 안 됨)	• 절대평가 • 40점 이상 1등급, 이하 5점 간격으로 등급 부여
탐구	과목당 20	과목당 50점	과목당 30분	• 사회탐구, 과학탐구 중 최대 택2 • 직업탐구 최대 택2	• 상대평가 • 선택 교과에 따라 표준 점수 산출
제2 외국어/한문	과목당 30	과목당 50점	과목당 40분	• 9과목 중 택1	• 절대평가 • 40점 이상 1등급, 이하 5점 간격으로 등급 부여

1교시 국어영역에서 화법과 작문과 언어와 매체 중 어떤 과목을 선택했는가에 따라 유불리를 완화하기 위해 '공통과목 점수를 활용한 선택과목 점수 조정' 방식을 거쳐 최종 표준점수를 산출한다. 마찬가지로 2교시 수

학영역에서 확률과 통계, 미적분, 기하 중 선택 교과에 따라 점수를 조정한 표준점수를 부여한다. 어려운 식으로 점수를 산출하여 설명을 들어도 잘 이해가 가지 않는다. 결론은 확률과 통계를 선택한 학생이 미적분을 선택한 학생보다 점수가 낮게 조정된다는 의미이다. 인문 계열 학생은 확률과 통계로 시험을 보고 자연 계열 학생은 미적분을 응시하면, 원점수가 같더라도 자연 계열 학생의 표준점수가 높게 산출된다. 그렇다면 미적분을 선택하면 된다고 하지만, 인문 계열 학생이 미적분을 선택하는 것은 현실적으로 어려움이 많다.

영어, 한국사, 제2외국어는 절대평가이다. 즉 다른 수험생과 상대적으로 비교하지 않고 일정 점수를 받으면 그 점수에 맞는 등급을 부여한다. 영어는 90점 이상이면 1등급이고 89점부터 80점까지가 2등급, 79점부터 70점까지가 3등급이다. 영어 교과가 쉽게 출제되면 1등급의 비율이 10% 이상 나오게 된다. 한국사는 40점 이상이 1등급이고 39점부터 35점까지가 2등급, 34점부터 30점까지가 3등급이다. 한국사는 응시하지 않으면 다른 과목 자체의 성적이 처리되지 않게 필수로 지정되어 있다. 한국사는 4등급 정도부터 차등 감점 형식이다. 문제는 평이한 수준에서 출제되고 원점수가 높을 필요가 없는데, 한국사 점수를 40점 이상 받았다고 좋아하는 학생도 있다. 제2외국어도 한국사와 같은 방식으로 점수를 부여한다. 인문 계열 최상위 일부 대학에서만 활용하는 정도로 바뀌어 입시에서 변별력을 거의 잃은 상태이다.

수능을 보고 12월 10일 전후에 아래와 같은 성적 통지표를 받는다. 학교에서 받거나 한국교육과정평가원에서 일정 기간 내에 수험생이 필요에 따라 직접 출력할 수 있다.

〈2023학년도 대학수학능력시험 성적통지양식〉

수험번호	성명		생년월일	성별	출신고교(반 또는 졸업연도)		
영역	한국사	국어	수학	영어	탐구		제2외국어/한문
선택과목(예시)		화법과 작문	확률과 통계		생활과 윤리	지구 과학 I	독일어 I
표준점수							
백분위							
등급							

수능에서 원점수는 제공되지 않는다. 개인이 받은 원점수를 가공하여 표준점수, 백분위, 등급을 제공한다. 대학은 수능 성적에서 필요한 정보를 활용하여 정시로 학생을 선발한다.

표준점수는 시험에 응시한 학생 중에 개인이 받은 원점수를 상대적 서열로 나타낸 점수이다. 선택과목별로 정해진 평균과 표준편차를 갖도록 변환한 분포상에서, 개인이 획득한 원점수가 어느 위치에 해당하는가를 나타내는 점수이다. 국어, 수학의 평균은 100점, 탐구영역은 50점이며 점수가 클수록 상대적으로 우수한 점수이다.

백분위는 영역, 과목 내에서 개인의 상대적 서열을 나타낸 수치이다. 즉 해당 수험생의 백분위는 응시 학생 전체에 대한 그 학생보다 낮은 점수를 받은 학생 집단의 비율을 백분율로 나타낸 수치이다. 쉽게 표현하면 100명 중에서 몇 등을 했는지를 나타낸 점수이다. 백분위가 클수록 좋은 성적이다. 100명 중 2등이면 백분위는 98, 5등이면 백분위가 95, 10등이면 백분위가 90, 20등이면 백분위가 80, 30등이면 백분위가 70이다.

등급은 과목별 표준점수에 근거하여 수험생을 9등급으로 나누어 수험생이 속해 있는 해당 등급을 표시한다. 전체 수험생의 상위 4%까지를 1등급으로, 그다음 7%까지를 2등급으로 하여 학생부와 같은 방식으로 순차적으로 등급을 부여한다.

등급	1	2	3	4	5	6	7	8	9
비율(%)	4	7	12	17	20	17	12	7	4
누적(%)	4	11	23	40	60	77	89	96	100

1등급은 100명일 때 4%, 즉 4명이다. 그렇다면 45만 명이 응시했을 때는 18,000명이 되는 것이고 2등급은 누적 11%이니 49,500명이 된다. 결국 2등급 정도는 되어야 서울권 대학에 진입하는 것이고, 3등급 정도면 수도권 대학에 도전할 수 있다. 정시에서 등급을 반영하여 학생을 선발하지는 않고, 수시 전형에서 최저학력을 요구하는 대학이 수능 등급을 활용한다.

학교생활기록부를 꼼꼼히 관리하자

학교생활기록부는 학생이 학교생활을 어떻게 했는지에 대해 기록한 문서이다. 학교에서 같은 교육과정을 이수했어도 개개인의 학교생활기록부는 분명한 차이가 있다. 대학은 일차적으로 학생을 보는 것이 아니라 학생이 학교에서 생활한 기록을 보는 것이다. 따라서 학생이 학교생활을 어떻게 하느냐, 학교생활기록부의 내용이 어떻게 펼쳐지느냐에 따라 입시 결과가 달라진다. 특히 학생부는 학생부종합전형에서 가장 중시되는 자료이고 대학별 고사에서 자신을 드러내는 보물 창고이다. 나아가 졸업 이후 50년 동안 보관하는 장부이기에 졸업 이후 취업이나 성인이 되어 다양하게 활용될 여지가 남아 있다.

학생부는 3년간 공들여야 한다. 저학년 때 좀 더 일찍 목적의식을 갖고 활동하고, 활동한 내용을 잘 기록해야만 대학 입시에서 좋은 결과를 기대할 수 있다. 대입에서 공정성이 화두가 되면서 학생부 작성의 변화가 있었다. 2022년 현재 고2를 기준으로 학생부 기재 사항의 변화를 살펴보고 학생부에는 어떤 내용들을 기록하는지 알아보자.

<table>
<tr><th>연번</th><th colspan="2">항목</th><th>기재 사항</th></tr>
<tr><td>1</td><td colspan="2">인적사항</td><td>부모 정보 및 특기사항, 가족 변동 사항 삭제</td></tr>
<tr><td>2</td><td colspan="2">학적사항</td><td>인적사항과 통합</td></tr>
<tr><td>3</td><td colspan="2">출결상황</td><td>질병, 미인정, 기타로 구분하여 결석, 조퇴, 결과 기재</td></tr>
<tr><td>4</td><td colspan="2">수상경력</td><td>교내 수상을 기록하나 대입 미반영</td></tr>
<tr><td>5</td><td colspan="2">자격증 및 인증 취득상황</td><td>대입 자료로 미반영</td></tr>
<tr><td>6</td><td colspan="2">진로희망 사항</td><td>항목 삭제(창체 진로활동 특기사항에 기재)</td></tr>
<tr><td rowspan="4">7</td><td rowspan="4">창의적
체험
활동</td><td>자율활동</td><td>학교 교육 계획에 의한 학교와
학급에서의 활동 500자 기록</td></tr>
<tr><td>봉사활동</td><td>봉사 특기사항 미기재, 개인 봉사활동 실적 대입 미반영</td></tr>
<tr><td>동아리 활동</td><td>학교교육계획 이외의 청소년단체 활동 미기재</td></tr>
<tr><td>진로활동</td><td>진로활동 특기사항의 진로 희망 분야 대입 미반영</td></tr>
<tr><td>8</td><td colspan="2">교과학습 발달상황</td><td>방과후 활동, 영재, 발명 실적 미반영
* 교과 활동 상황 중요</td></tr>
<tr><td>9</td><td colspan="2">독서활동 상황</td><td>도서명과 저자 기재하나 대입 미반영</td></tr>
<tr><td>10</td><td colspan="2">행동특성 및 종합의견</td><td>500자로 축소, 누가기록 기재 관리 방법은 시도에 위임</td></tr>
</table>

고등학교 학교생활기록부(2022학년도 예시)

졸업 대장 번호				
구분 / 학년	학과	반	번호	담임성명
1				
2				
3				

사진
3.5×4.5cm

1. 인적·학적사항

학생	성명: 성별: 주민등록번호 : 주소 :
학적사항	년 월 일 ○○ 중학교 졸업 년 월 일 □□ 고등학교 제1학년 입학
특기사항	

2. 출결사항

학년	수업일수	결석일수			지각			조퇴			결과			특기사항
		질병	미인정	기타	질병	미인정	기타	질병	미인정	기타	질병	미인정	기타	
1														
2														
3														

3. 수상경력

학년(학기)		수상명	등급(위)	수상연월일	수여기관	참가대상
1	1					
	2					

4. 자격증 및 인증 취득상황

구분	명칭 또는 종류	번호 또는 내용	취득연월일	발급 기관
자격증				
연증				

5. 창의적 체험활동사항

학년	영역	시간	특기사항
1	자율활동		
	동아리 활동		
	진로활동		

6. 교과학습발달상황

교과	과목	1학기				2학기			
		단위수	원점수/과목평균(표준편차)	성취도(수강자수)	석차등급	단위수	원점수/과목평균(표준편차)	성취도(수강자수)	석차등급
이수단위 합계									

과목	세부능력 및 특기사항

〈진로 선택 과목〉

학기	교과	과목	단위수	원점수/과목평균	성취도(수강자수)	성취도별 분포비율	비고

과목	세부능력 및 특기사항

〈체육 · 예술〉

학기	교과	과목	단위수	성취도	비고
1					
2					

과목	세부능력 및 특기사항

7. 독서활동상황

학년	과목 또는 영역				독서 활동 상황				

8. 행동특성 및 종합의견

학년	행동특성 및 종합의견
1	
2	
3	

학교생활기록부에 채워 갈 내용들을 정리하면 다음과 같다.

사진

최대한 단정하게 찍는다. 보통은 입학 후 학교에서 찍는 사진으로 등재하고 3학년 1학기에 학교에서 수능 원서용 사진 또는 졸업앨범용 사진으로 업그레이드한다.

인적사항과 생년월일

간혹 동명이인이나 자동 입력을 하면서 생년월일이 다른 경우가 있다. 학생이 직접 정확하게 학생부의 인적사항을 확인해야 한다.

수상 경력

재능과 능력을 보여주는 곳이다. 학업의 우수성(교과우수상), 인성(봉사상, 선행상 등), 다양한 소질과 적성(대회 수상)의 기록으로 채워진다. 교내 수상만 기록이 되는데 2024학년도 대입부터 대학에 제공하지 않는다. 수상을 위해 많은 대회에 참가하면서 시간 낭비할 필요는 없다. 그러나 관심 분야이고 진로를 확장하는 데 도움이 된다면 즐겁게 참여하는 것도 나쁘지 않다.

창의적 체험활동

창의적 체험활동은 대학 진학에 영향을 미치는 분야이다. 대학 학과를 목표로 통일성 있고 일관성 있게 다양한 활동을 해 온 것에 대한 검증이 필요하다. 조그만 노트에 활동 건마다 세부 활동 내용이나 느낀 점 등을 기록해 놓으면 좋다. 3년간 활동을 지속하면서 심화해 나가고 다른 활동과 연계하거나 교과학습과 연결하면 더욱 의미가 있다.

자율활동	동아리 활동	봉사활동	진로활동
자발성에 바탕을 둔 변화 환경 대응 및 공동체 구성원으로서의 역량 형성	취미 및 특기 계발, 협동적 학습 능력과 창의적 태도 형성	나눔과 배려, 실천, 자연환경 보존, 생활 습관 형성을 통한 삶의 가치 이해	자아 정체성 확립과 진로 탐색 설계, 진로 결정 및 준비

교과학습 발달 상황

학생부 기록이 대폭 축소되면서 더욱 중요해진 분야이다. 학업성취도가 드러나는데 학년으로 올라가면서 성적이 상승하면 더 좋을 것이다. 그러나 하락이 있다면 원인을 분석하고 개선하려는 대책을 세워야 한다. 평소에 어떠한 방법으로 공부해 왔는지 생각하고 성적이 하락할 때 해결책을 세워야 한다. 학종에서 대학은 학생의 성적 변화를 중시한다. 전공 학과와 관련이 있는 교과성적이나 세부 활동이 우수해야 한다. 내신 성적 때문에 전공과 관련이 있는 교과를 기피하거나, 등급이 잘 나올 수 있는 쉬운 과목을 선택하는 것도 좋지 않다. 또한 전공과 거리가 멀다고 던져 버리는 과목이 있어도 곤란하다. 3년간 지속적인 노력을 해야 한다.

교과별 세부능력 및 특기사항

교과 담당 교사가 성적이나 교과 활동이 우수한 개인의 특성을 기록해 주는 부분이다. 성적이 상위권인 학생들의 기록이 좋지만, 수행평가나 수업 시간에 활동한 모든 학생의 특별한 사항을 관찰하고 기록해 준다. 교과 활동에 소홀하면서 교과 담당 교사가 좋게 기록해 줄 것을 기대하는 것은 어리석은 일이다. 수업 시간에 질문과 토론에 적극적으로 참여하고 친구들과 프로젝트를 수행한 활동도 의미가 있다. 진학하고자 하는 분야에 대한 언급이 있다면 학종에서 더욱 유용하게 활용된다.

독서활동 상황

다양한 독서는 사고력과 배경지식을 증명하는 중요한 활동이다. 인문, 사회, 과학, 예술 등 다양한 분야에 걸쳐 독서활동을 하는 것이 바람직하다. 거기에 자신의 진로와 관련된 독서활동의 집중도 필요하다. 독서활동 상황이 대학교에 제공되지 않지만, 교과학습 발달이나 창의적 제험활동 등에 독서 경험과 배움을 기록하는 것이 좋다.

행동특성 및 종합의견

학생을 객관적으로 평가하고 보여주는 기준이 된다. 학생의 전반적인 학교생활의 우수함과 아쉬움이 드러나는 부분이다. 담임교사의 기록으로 대학 입시에서는 일종의 추천서 형식을 띤다. 담임교사가 잘 써 주기를 바라기보다는, 학교생활을 잘해야 좋은 행동 특성 및 종합의견이 된다는 것을 명심해야 한다.

memo

진로와 진학 여행을 떠나볼까요?

Chapter 4

멀리 보고 크게 그리자!
진로와 진학 설계하기

교육과정 이해가 진로를 결정한다

고교 교육과정은 교육목표를 달성하기 위한 고등학교의 계획이다. 다양한 교육활동의 기준을 체계적으로 선정하고 조직하여 실행하는 일련의 계획이다. 교육과정(curriculum)은 교육활동의 출발과 도착이 있는 길(course of study)이다. 좁은 의미로는 학생이 이수할 교과목들의 목록이다. 나아가 교육목표를 달성하는 데 필요한 계획-실행-평가-개선에 이르는 '교육의 과정(過程)'이다. 교육과정 자체가 너무나 복잡하고 다양하기에 학부모님은 자녀가 다니는 학교의 교육과정으로 한정하여 이해하는 것만으로도 충분하다.

교육과정의 기본 질문은 "학교가 무엇을 가르칠 것인가? 학생이 무엇을 배울 것인가?"이다. 이 질문은 '왜' 그것을 가르치고 배우는가의 교육목표, '어떻게' 가르치고 배울 것인가의 교수학습이나 수업, 그리고 '제대로' 가르치고 배운다는 교육 성과 평가 및 개선과 연결된다. 즉 교육과정은 교육목표 달성의 수단이고 교수학습을 위한 계획이자 준비이며, 교육평가의 대상이 되는 것이다.

학습자들이 배우는 교육과정은 기본적인 것에서 점차 전문적인 것으로 이동한다. 학교의 교육과정은 공통 필수에서 서로 다른 것 중에서 선택하여 이수하는 상이 선택으로 옮아간다. 현행 2015 개정 고등학교 교육과정의 주요 특징은 문·이과 통합교육과정이고 학생의 선택을 보장하고 소프트웨어(software) 수업을 강화하는 것이다. 각 교과목은 아래와 같이 일반선택과 진로선택으로 나뉘며 반드시 이수해야 할 필수 단위(시간)를 지정하고 있다. 학교가 마음대로 특정 교과를 선택하고 증감하는 것을 제한하고 있다는 의미이다.

교과(군)	공통과목	일반선택	진로선택	필수 이수 단위
국어	국어	화법과 작문, 독서, 언어와 매체, 문학	실용 국어, 심화 국어, 고전 읽기	10
수학	수학	수학Ⅰ, 수학Ⅱ, 미적분, 확률과 통계	기하, 경제 수학, 실용 수학, 수학과제 탐구	10
영어	영어	영어Ⅰ, 영어Ⅱ, 영어 회화, 영어 독해와 작문	실용 영어, 영미 문학 읽기, 영어권 문화, 진로 영어	10
사회	통합사회, 한국사	한국지리, 세계지리, 세계사, 동아시아사, 경제, 정치와 법, 사회·문화, 생활과 윤리, 윤리와 사상	고전과 윤리, 여행지리, 사회문제 탐구	통사10 한국사6
과학	통합과학, 과학탐구 실험	지구과학Ⅰ, 생명과학Ⅰ, 화학Ⅰ, 물리학Ⅰ	지구과학Ⅱ, 생명과학Ⅱ, 화학Ⅱ, 물리학Ⅱ, 융합과학, 과학사, 생활과 과학	12
체육		체육, 운동과 건강	스포츠 생활, 체육 탐구	10
예술		음악, 미술, 연극, 무용	음악 연주, 음악 감상과 비평, 미술 창작, 미술 감상과 비평	10
생활 교양		기술·가정, 제2외국어, 한문, 교양		16

위의 교과목은 일반고를 기준으로 제시한 것이고 전문 교과를 편성하고 있는 특수목적고의 교육과정은 생략한다. 자사고는 일정 범위에서 교육과정 운영의 재량권을 가지고 있다. 대학 입시에서 절대 강자로 군림하고 있는 특목고 중 일부 학교를 제시하면 아래와 같다. 대략적으로 고3 학생 수를 계산해 보고 해마다 상황은 다르지만 대학 입시를 가늠하기 위해 계열별로 제시해 보았다. 대학 정원을 생각하면 일반고의 어려움도 예측할 수 있다.

과학고(영재 8개교, 과학 20개교 / 약 2,300명)
(영재고) 경기과학고, 광주과학고, 대구과학고, 대전과학고, 서울과학고, 세종과학예술영재학교, 인천과학예술영재학교, 한국과학영재학교 (과학고) 세종과학고, 한성과학고, 부산과학고, 부산일과학고, 대구일과학고, 경기북과학고, 인천과학고, 인천진산과학고, 강원과학고, 대전동신과학고, 충남과학고, 충북과학고, 경북과학고, 경산과학고, 경남과학고, 창원과학고, 울산과학고, 전북과학고, 전남과학고, 제주과학고

외국어고(30개교 / 약 5,700명)
대원외고, 대일외고, 명덕외고, 서울외고, 한영외고, 이화여자외고, 부산외고, 부일외고, 대구외고, 미추홀외고, 인천외고, 대전외고, 울산외고, 수원외고, 동두천외고, 성남외고, 고양외고, 김포외고, 과천외고, 안양외고, 경기외고, 강원외고, 청주외고, 충남외고, 전북외고, 전남외고, 경북외고, 경남외고, 김해외고, 제주외고

국제고(8개교 / 약 1,000명)
서울국제고, 부산국제고, 인천국제고, 세종국제고, 동탄국제고, 고양국제고, 청심국제고, 대구국제고

전국 단위 자립형사립고(10개교 / 약 2,500명)
광양제철고, 김천고, 민사고, 북일고, 상산고, 외대부고, 인천하늘고, 포항제철고, 하나고, 현대청운고

체육고(17개교 / 약 1,300명)
서울체고, 부산체고, 대구체고, 인천체고, 광주체고, 대전체고, 울산스포츠과학고, 경기체고, 강원체고, 충북체고, 충남체고, 전북체고, 한국바둑고, 함평골프고, 전남체고, 경북체고, 경남체고

예술고(28개교 / 약 5,100명)
국립전통예고, 덕원예고, 서울예고, 선화예고, 서울공연예고, 부산예고, 한국조형예고, 브니엘예고, 경북예고, 인천예고, 광주예고, 대전예고, 울산예고, 세종예고, 경기예고, 고양예고, 계원예고, 안양예고, 강원예고, 충북예고, 충남디자인예고, 충남예고, 전주예고, 진도국악고, 한국창의예고, 전남예고, 경남예고

고교 학점제와 선택 과목은 전공적합성을 따져보자

고교 학점제는 고등학생들이 적성과 희망 진로에 따라 필요한 과목을 선택하고 기준학점을 이수하면 졸업을 인정받는 제도이다. 고등학생이 대학생처럼 수강 신청한 교실을 찾아다니며 수업을 듣고 학점을 채우면 졸업한다는 것이다. 현재 우리나라 고등학교 교육이 입시에 따라 획일적으로 운영되는 문제점을 해결하고 학생 개인의 진로와 적성에 따라 맞춤식 교육과정을 제공한다는 취지이다. 그렇지만 고교 학점제를 정착시키기 위해서는 해결해야 할 많은 문제점이 있어서 교육 현장과 학부모의 혼란은 계속될 것으로 예상된다.

고교 학점제는 수업방식과 학교 시설 확충, 교원 수급 등의 문제뿐 아니라 대입전형, 특목고 폐지, 정시 확대 등과 맞물려 있고 교육 정책 입안자들의 생각이 달라 당분간 추진력이 약해질 가능성이 크다. 따라서 학부모들은 미리 걱정하지 말고 자녀가 다니는 학교에서 제공하는 교육과정을 이해하고 선택과목을 결정할 때 좀 더 신경을 쓰면 된다. 학생과 학부모의 고민은 선택과목에 따라 달라지는 평가와 대입에서의 영향일 것이다.

현재 고등학교는 원점수·평균·표준편차 등 상대평가 점수와 절대평가에 따라 산출된 학업성취도를 학생부에 동시에 기록하고 있다. 그런데 고교 학점제가 시행되면 수강 인원이 적어질수록 좋은 등급을 받기 어려워지고, 성적이 높은 학생들이 몰리는 과목은 수강 신청을 피하는 현상이 나타나게 될 것이다. 교육부는 내신을 현행 9등급 상대평가에서 절대평가인 성취평가제로 바꾸기 위해서는 대입제도의 개선과 고교 체제를 연계해서 종합적으로 검토한다고만 말하고 있다. 어떻게 흐를지 예단할 수 없고 방향을 잡기 위해 당분간 논쟁은 지속될 것이다.

고교 학점제는 고등학교에서는 2025년 전면 시행이고, 대입에서는 2028년에 적용된다. 고등학교 현장에서 느끼는 고교 학점제는 학생의 선택권이 늘어나고 있다는 정도이다. 자녀가 다니는 고등학교 교육과정을 잘 살펴보고 3년간 이수할 과목을 미리 설계하는 것이 좋다. 학부모가 직접 밥상을 차리는 것이 아니라 차려진 밥상에서 원하는 것을 균형 있게 선택하면 되는 것이니 너무 걱정할 필요는 없다.

실제 학교에서는 과거 문과와 이과라는 구분은 없어졌지만 인문·사회 계열을 희망하는 학생은 영어와 사회 교과에 가중치를 두고, 자연·이공 계열 학생은 수학과 과학 과목에 치중하고 있다. 대부분의 학교에서는 1학년 때 공통과정을 운영하고, 2학년 때 계열에 따라 교과목 군에서 과목을 선택하고 세분화한 심화 진로 과정을 결정한다. 고교 학점제의 시행에 따라 자녀의 교과목 선택이 걱정된다면 같이 자녀가 다니는 고등학교의 교과과정을 미리 살펴보는 것도 의미가 있다. 고교를 선택할 때, 미리 몇 개 고등학교의 교육과정을 살펴보는 것도 좋다. 학교 알리미 사이트(www.

		학교 공통 지정 수업(수업시수)	개인 선택 수업(수업시수)
1 학년	1 학기	국어(4), 수학(4), 영어(4), 통합사회(3), 세계지리(2), 통합과학(3), 지구과학I(2), 과학탐구실험(1), 운동과 건강(2), 음악(2), 미술(2), 진로와 직업(1)	
	2 학기	국어(4), 수학(4), 영어(4), 통합사회(3), 세계지리(2), 통합과학(3), 지구과학I(2), 과학탐구실험(1), 운동과 건강(2), 음악(2), 미술(2), 진로와 직업(1)	
2 학년	1 학기	문학(4), 수학I(4), 영어독해와 작문(4), 한국사(4), 스포츠생활(2)	기술·가정/정보 택1(2) 환경/논술 택1(1) 중국어I/일본어I 택1(2) 심화국어/기하/영어권문화 택1(2) 세계사/정치와 법/윤리와 사상/사회문제탐구/지역이해/고전과 윤리/물리I/화학I/생명과학I/과학과제연구/융합과학탐구 택2(3)
	2 학기	문학(4), 수학II(4), 영어I(4), 한국사(4), 스포츠생활(2)	기술·가정/정보 택1(2) 환경/논술 택1(1) 중국어I/일본어I 택1(2) 심화국어/기하/영어권문화 택1(2) 세계사/정치와 법/윤리와 사상/사회문제탐구/지역이해/고전과 윤리/물리I/화학I/생명과학I/과학과제연구/융합과학탐구 택2(3)
3 학년	1 학기	화법과작문(5), 확률과 통계(5), 영어II(4), 체육탐구(1)	음악감상과 비평/미술창작 택1(1) 중국어II/일본어II 택1(1) 철학/논리학 택1(1) 한국지리/생활과 윤리/사회문화/동아시아사/여행지리/비교문화/현대세계의 변화/물리II/화학II/생명과학II/지구과학II/생태와 환경 택3(3)
	2 학기	언어와 매체(4), 실용수학(4), 심화영어I(4), 체육탐구(1), 인문학적 감성과 역사이해(2)	음악감상과 비평/미술창작 택1(1) 중국어II/일본어II 택1(1) 철학/논리학 택1(1) 한국지리/생활과 윤리/사회문화/동아시아사/여행지리/비교문화/현대세계의 변화/물리II/화학II/생명과학II/지구과학II/생태와 환경 택3(3)

schoolinfo.go.kr)나 고등학교 홈페이지에서 교육과정을 쉽게 찾아보고 다운로드할 수 있다. 가능하면 자녀가 자료를 직접 검색하여 3년간의 교육과정을 기록해 가면서 숙지하는 것이 좋다.

자녀의 3년간 교육과정을 예비로 선택해 보고 대학 입시와 장래 진로를 설계해 보는 시간을 갖는 것도 좋은 일이다. 만약 자녀가 다니는 학교에 원하는 과목이 개설되지 않았다면, 방과후 활동이나 학교 간 연계 교육과정, 대학과 연계한 교육과정이 많이 개설되어 있으니 이를 적극적으로 활용할 것을 권한다. 주로 평일 늦은 시간이나 휴일에 수업을 진행하고 있고 온라인으로 운영하는 강의도 많아지고 있다. 프로그램을 시작하기 전에 학교에서 학생에게 설명하고 가정통신문을 발송하는 절차를 거친다. 눈앞에 있는 학원 일정보다 연계형 교육과정을 우선 고려하면 좋겠다.

학생들은 선택과목이 어느 정도 입시와 관련이 있을지 고민한다. 하지만 대입 정시는 이와 관련이 없다. 오히려 고교 학점제와 무관하게 수능 공부에만 매달리면 된다. 고교 학점제와 수능 정시 비율 증가는 엇박자로 맞지 않는다. 단 수능 위주의 정답 고르기 공부가 미래 사회에 필요한 경쟁력을 키울 수 있는지는 논외이다. 수시는 정시와 좀 다르다. 수시 교과전형의 경우 교과를 선택한 학생 수와 평가방식에 영향을 받는다. 지금처럼 좋은 등급을 받기 위해 학교 시험을 대비하는 방식으로 공부해야 교과전형에 유리하다. 그러나 학생부종합전형에서는 선택과목이 중요하다. 생명공학을 전공하려는 학생이 생명과학 교과를 선택하지 않는 것이 이상한 것과 같은 이치이다. 선택한 교과에 따라 동아리와 진로활동으로 이어지기도 한다. 학생의 선택이 전공적합성, 자기주도성, 발전가능성을 평가하는 중요한 지표로 활용된다.

진로탐색과 진학상담을 적절히 활용하자

수험생이 일차적으로 도움을 받을 수 있는 곳은 학교이다. 기본적으로 학교는 교육이 목적이고 학원은 영리가 목적이다. 학교는 학생을 대상으로 돈벌이하지 않는다. 그보다 더 중요한 것은 학교가 학생을 지도하고 있고 교사가 자녀를 가장 잘 알고 있다는 것이다. 입시에서 기본이 되는 학교 시험은 자녀의 지도교사가 출제한다. 자녀의 학생부는 담임교사와 해당 영역 지도교사가 기록한다. 일반적인 수험 정보만이 아니라 그 학교 학생들의 누적된 입시 자료를 갖고 학생의 수준과 특성을 고려하여 맞춤식 입시 상담을 할 수 있다. 문제는 학부모가 학교를 별로 신뢰하지 않는다는 것이다. 학교도 책임이 크지만, 학부모도 학교를 믿고 학교를 찾아갈 필요가 있다.

학교에서 이루어지는 상담은 학급 담임, 진로진학실, 상담실 등이 있는데 여기서는 담임과의 입시 상담을 중심으로 살펴보려 한다. 담임을 잘 만나야 한다고 말한다. 그러나 담임을 선택할 수는 없다. 그렇지만 담임과 자녀가 좋은 관계를 유지할 수는 있다. 자녀와 학부모가 담임과 상담하는 대략적인 내용은 다음과 같다. 자녀의 진로가 궁금하다면 학기초와 학기 말에는 담임과 대면 또는 유선으로 상담할 것을 권한다. 대부분의 학교는 학기당 1회 정기적인 상담주간을 운영하고 있고, 학부모의 학교 방문을 기다리고 있다.

시기(월)	주요 일정	1, 2학년 상담 내용	주요 일정	3학년 상담 내용
3	• 학부모 총회 • 모의고사	• 학생 기본 신상	• 학부모 총회 • 모의고사	• 학생 기본 신상
4			• 모의고사	• 진로와 목표 대학 설정
5	• 중간고사	• 학습과 지필 평가	• 중간고사	• 내신 성적과 수시 목표
6	• 모의고사		• 모의 수능	• 모의고사와 정시 목표
7~8	• 기말고사 • 1학기 학생부 마감 • 모의고사	• 성적과 진로 희망 • 학생부 작성과 관리	• 기말고사 • 모의고사 • 1학기 학생부 마감 • 모의 수능	• 내신과 모의고사 분석 • 대입 전형과 대학 결정 • 학생부와 수시 서류 준비
9		• 2학기 학교생활	• 학교 지필고사	• 수능 원서작성 • 수시 원서작성
10	• 중간고사	• 진로 과목 선택과 입시	• 모의고사	• 수시 전형과 수능 목표
11	• 모의고사	• 내신과 대입전형	• 수능	• 수시 전형 준비
12	• 기말고사	• 방학중 학습계획	• 정시 원서접수	• 정시 대학 상담
1~2	• 2학기 학생부 마감	• 학생부 확인 및 수정	• 정시 충원 마감 • 추가 모집	• 정시, 대학별 고사 대비

* 2022년 기준으로 일정을 작성, 변동이 가능하고 학교마다 일정이 다름.

고등학교 1, 2학년 때는 주로 학교 내신 성적과 모의고사를 분석하여 진로와 목표 대학을 설정한다. 학생의 대부분은 기대한 만큼 성적이 나오지 않아 자존감이 낮아지고 사교육 기관을 의지하는 경향이 커진다. 학교 내신과 모의고사 성적 상담을 통해 수시와 정시로 지원 가능한 대학을 가늠해 본다. 이때 학생은 자신의 상황을 합리화하는 선택을 하려 구실을 찾기도 하고 학생 나름의 대입 전략을 수립한다. 고2 겨울방학과 고3 학기초에는 자녀에게 맞는 대입 전략을 결정하기 위해 진로 전문가의 도움을 구하게 된다.

진로와 직업에 대해 궁금할 경우, 커리어넷(www.career.go.kr)이나 워

크넷(www.work.go.kr)을 이용해 무료로 진로 검사를 할 수 있다.

대학과 입학 정보가 궁금하다면 대입 정보 포털 어디가(www.adiga.kr)에서 정보를 확인할 수 있다. 또는 대학교 홈페이지 입학처에서 자료를 찾을 수 있다. 입시 결과뿐만 아니라 대학별 고사와 입시 상담을 안내하고 있다. 공지 사항 중에 '선행학습 영향평가 보고서'를 확인하면 실제 입학 전형이 어떻게 진행되고 있는지에 대한 상세하고 정확한 정보를 얻을 수 있다.

대학이나 입학 상담을 하고 싶으면 한국대학교육협의회나 지역교육청 홈페이지를 방문하면 입시 상담 방법을 확인할 수 있다. 자녀 학교 담임과의 상담 이외에 대교협 대입 상담 콜센터(1600-1615, 평일 09:00~18:00)에서 전화 상담을 할 수 있다. 수시와 정시 원서를 쓰는 기간에는 늦은 밤까지 상담이 이루어진다. 우리나라 전국에 있는 모든 교육청은 자체적으로 진로 진학 정보를 제공하고 있고, 전화와 대면 상담을 진행하고 있다. 전화 상담을 하고 필요할 경우 상담 시간을 예약하여 방문하면 만족스러운 상담을 할 수 있을 것이다. 해당 교육청 진로 정보를 이용하고 대학정보 알리미 '어디가' 그리고 관심 있는 대학의 입학처 홈페이지에 있는 정보만으로도 충분하니 더 이상 컨설팅을 받거나 유튜브를 찾을 이유가 없다. 그 이상의 정보 검색은 시간 낭비이고 혼란만 가중될 가능성이 크다. 아래와 같이 서울진로진학정보센터(https://www.jinhak.or.kr), 인천진로교육센터(http://jinhak.ice.go.kr)를 활용해도 좋을 것이다.

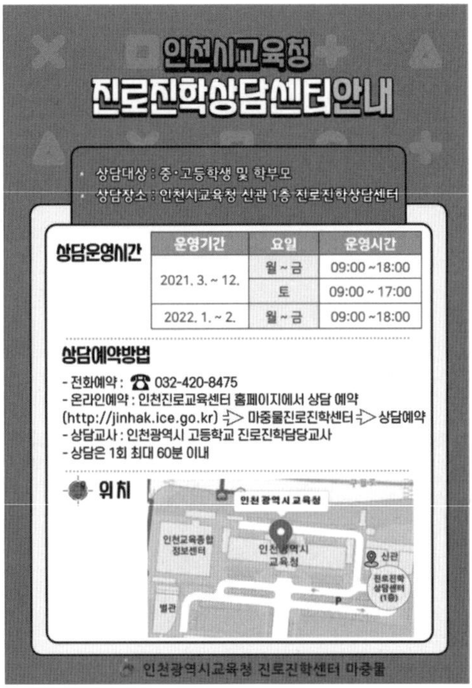

대학 계열과 학과 정보를 꼼꼼히 살펴보자

진로 목표를 정하고 계획하고 실현하는 시기가 고등학교 재학 기간이다. 고교 3년간 무엇을 좋아하고 어떤 분야에 재능이 있는지 탐색해야 한다. 목표가 명확해지면 준비하는 데 시간을 효율적으로 사용할 수 있다. 좋은 대학과 유망한 학과라고 말하기 이전에 전국에 있는 대학과 학과에 대한 기본 정보를 먼저 살펴보자.

전국의 4년제 대학교는 국립대 29개, 교대 10개, 산업대 2개, 특별법 설치대학(KAIST, 경찰대, 사관학교 등) 12개를 포함하여 204개이다. 전문대는 136개이다. 4년제 대학교 입학정원은 약 35만 명이고 전문대 정원은 20만 명으로 해마다 55만 명 정도를 선발하는 셈이다. 학령인구는 해마다 변화가 있으나 고3 학생은 대략 35만 명으로 생각하면 된다.

대학 이름은 알지만, 대학교 안에 어떤 학과가 있는지 모르는 경우가 많다. 계열 구분은 대학에 따라 그 명칭이나 분류가 다를 수 있다.

인문학 계열	철학, 역사, 종교학, 신학, 미학
어문학 계열	어학, 언어학, 어문학, 문예창작
법정 계열	법학, 행정, 경찰행정, 정치, 외교
경상 계열	경제, 경영, 통상, 무역, 통계, 정보
사회과학 계열	사회학, 언론홍보, 사회복지, 지역개발, 신문방송, 문헌, 인류, 심리, 지리
이학 계열	수학, 물리, 생물, 화학, 지구과학, 환경, 우주과학, 전산통계
공학 계열	전자, 컴퓨터, 건축, 기계, 섬유, 유전, 산업, 원자, 재료, 자원, 토목, 조선, 항공
가정 계열	의류, 식품, 영양, 가정관리
농림 해양 계열	농학, 임학, 축산, 원예, 조경, 해양, 수산, 농산가공
의약학 계열	의예, 한의학, 간호, 보건, 약학, 제약
예체능 계열	음악, 미술, 체육, 연극, 영화, 작곡, 기악, 성악, 회화, 디자인, 공예, 무용, 사진
사범 계열	교육학, 특수교육, 종교교육, 예체능교육, 어문·사회교육, 수리·자연교육

학생들은 막연하게 좋은 대학과 학과를 희망하다가 고3 원서를 쓸 때 대학과 학과 중 무엇을 우선시할 것인지 고민하게 된다. 특성과 적성을 고려하면 진학 희망 학과를 전국의 모든 대학에서 찾아봐야 한다. 예를 들어 초등학교 교사가 되고 싶다면 전국의 교대와 초등교육과가 있는 대학을 모두 찾아 목표로 삼아야 한다. 특정한 대학을 목표로 삼는다면 그 대학교 내의 학과를 조사하고 학생의 상황에 맞는 과에 입학하기 위해 준비해야

한다. 그런데 학부모들은 서울에 있는 대학 또는 통학 가능한 대학이라는 기준을 자녀에게 제시하면서도, 정작 서울에 몇 개 정도의 대학이 어느 정도의 학생을 선발하는지 알지 못한다.

서울에 있는 대학, 의대, 교대에 진학하려면 어느 정도의 성적을 유지해야 하는지 알아보자. 해마다 학령인구와 대학 정원에 변화가 있으나 이를 고려하지 않고 단순하게 제시해 보면 다음과 같다.

- 고3 학생 350,000 + 재수생 100,000 〈4년제 입학정원 350,000 + 전문대 200,000〉
- 수도권 131,000(서울권 86,000, 경인권 45,000)
- 서울 12개 대학 42,000(건국, 경희, 고려, 서강, 서울, 서울시립, 성균관, 연세, 이화, 중앙, 한국외, 한양)
- 의약학 6,740(의예 2,900, 치의예 640, 약대 1,950, 한의예 730, 수의예 520)
- 초등교육 4,320(서울·경인·부산·대구·광주·춘천·진주·전주·청주·공주교대, 이화·제주·한국교원대)
- 과학기술원 1,800(KAIST, GIST, DGIST, UNIST) *포항공대, 한국에너지공대 제외

(단위 : 명)

고3 원서를 쓰는 시점에서 좋은 대학을 선택할지, 원하는 학과를 선택할지 고민하게 된다. 좋은 대학이란 사회적 인식과 평판을 고려한 것이고, 원하는 학과는 학생의 기호와 적성을 반영한 것이다. 그런데 많은 학생이 사회적 시선을 고려하여 대학을 선택하지만, 대학 생활의 만족도가 낮아

다시 공부하는 사례를 자주 경험한다. 타인의 시선과 자신의 욕구 중 무엇이 중요하고 어떤 선택이 행복을 실현하는 데 도움이 될지 진지하게 고민할 필요가 있다.

좋은 대학을 우선하여 선택할 경우, 대학 진학 이후 자신이 원하는 전공을 찾아갈 수 있을지 확인해야 한다. 부전공, 복수전공, 다전공, 전과 제도 등을 잘 살펴야 한다. 부전공은 대학 입학할 때의 주전공 이외에 다른 전공을 부가적으로 이수하는 것이다. 예를 들어 사회복지학을 주전공으로 하는 학생이 경영학을 부전공하면 졸업할 때 '사회복지학(부전공 경영학)'으로 표기된다. 복수전공은 8학기(보통 4년)에 제1전공을 이수하고 졸업을 하지 않은 채 2~3학기 동안 다른 전공을 추가로 이수하는 것이다. 연계전공이란 제1전공을 이수하면서 동시에 3학기 정도 이후에 학과와 연계한 다른 전공을 이수하는 것이다. 전과는 지원한 학과를 바꾸는 것이다. 대부분의 대학이 위와 같은 제도를 운용하고 있지만, 일정 기준과 비율을 명시하고 있으며 보건 계열이나 사범대학은 전과가 되지 않는 대학이 대부분이니 미리 살펴봐야 한다.

뚜렷한 진로 목표가 있다면 대학 이름보다는 학과를 중심으로 선택하는 것도 좋다. 4차 산업혁명 시대에 전망이 밝고 일자리가 창출될 것으로 기대되는 학과를 긍정적으로 검토할 필요가 있다. 예를 들면 인공지능, 스마트 보안, 데이터 사이언스, 반도체공학, 융합에너지, 융합인재 로봇공학, 정보공학 등이다. 대학교에서 신설하는 학과는 초기 장학제도가 잘 되어 있고 미래의 먹거리와 관련이 있으니 적극적으로 검토해 볼 만하다.

최근에는 정부나 기업에서 출신 지역에 소재한 대학의 졸업생을 일정 비율 선발하는 제도가 늘고 있다. 강원대, 충남대, 충북대, 경북대, 경상대, 전남대, 전북대, 제주대 등 지방 거점 대학은 교육 여건이 안정적이며 지역 인재 전형으로 취업하는 사례가 늘고 있다. 세종권이나 지방 대학의 특성화 학과는 교육부 지원 사업에 선정되어 학교에서 사활을 걸고 막대한 지원을 하고 있으니 고려해 볼 필요가 있다. 체력이 좋고 단체생활을 선호하면 군사학과도 눈여겨 볼 수 있다. 육·해·공군 등과 협약을 맺고 군 장학생으로 학비 지원을 받은 후 장교나 부사관으로 임용되는 학과를 운영하는 대학이 있다. 그리고 '제2 캠퍼스(분교)'로 불렸던 지방의 대학에서 취업과 편입을 동시에 준비하는 것도 생각해 볼 수 있다.

자기주도적 학습법으로 진정한 공부를 시작하자

고등학생을 자녀를 둔 학부모는 "이제 고등학생이 되었으니 스스로 알아서 자기 주도적으로 공부를 했으면 좋겠다"라는 기대를 가질 것이다. 그런데 자녀들은 왜 공부를 하는지, 어떤 자세로 어떻게 공부를 해야 하는지 그 답을 찾기가 쉽지 않다. "지치면 지고 미치면 이긴다"라는 말이 있다. 흔히 미쳐야 미친다고 한다. 아침 이른 시간부터 학교에서 많은 수업을 하고, 방과후 학습이나 학원에서 공부하고, 늦은 시간까지 과제와 복습을 하는 것에 학생들은 지쳐가고 있다. 가혹한 현실 앞에서 지치지 않으려면, 넘어진 자신을 다시 일으켜 세우는 내적 동력이 필요하다. 회복 탄력성이라는 말도 있다. 학생이 생각한 만큼의 결과를 만들지 못하고 실패를 거듭해도 다시 일어서는 동력을 만들어야 한다. 그것이 행복한 미래, 이루고 싶은 꿈, 부모님의 생각 등 무엇이든 학생 스스로 공부할 의미를 찾는 것이 필요하다. 공부하는 자녀를 바란다면 우선 수업이 가장 중요하다는 것에 대해 자녀와 이야기를 나눠 보자. 그리고 자녀의 학습 단계를 진단하고 지금 수준에서 한 단계씩 발전시켜 보자.

학습 자세

학습의 기본은 수업 시간을 충실하게 보내는 것이다. 기본이 안 된 상태에서 다른 것을 강조해도 효과를 거두기는 어렵다. 수업 시간에 집중을 위한 바른 자세부터 강조해야 한다. 수업은 듣고(Listening), 질문하고(Asking), 이해하고(Understanding), 답변하는(Answer) 네 단계가 있다. 수업 시간에 교사의 설명에 귀 기울여 들었는지, 질문을 했는지, 이해했는지, 친구들에게 설명해 줄 수 있는 수준으로 공부했는지를 과목마다 체크해보자. 바른 자세는 수업 성공의 기본이다. 의자에 앉을 때는 깊숙이 앉되 양발은 바닥에 붙이고 다리를 꼬거나 앞으로 쭈욱 내밀면 안 된다. 양손은 책상 위에 있어야 하며 손을 꼬거나 잡아서는 안 되고, 한 손에는 필기구를 쥐고 수업 내용을 정리하며 들어야 한다. 허리, 손, 발이 제 자리를 잡게 된다면 그 자체로 절반 이상의 성공이다.

학습 단계

공부의 단계는 엉덩이 → 눈 → 손 → 머리 → 가슴으로 발전한다고 한다.

① 엉덩이로 공부하는 단계가 기본이다. 일단 책상에 앉는 습관, 자리에 앉으면 80분은 공부할 수 있는 집중력, 120분 동안 문제를 풀 수 있

는 끈기가 필요하다. 30분이 넘으면 다리가 떨리고 자습 시간이면 밖으로 나가고 싶은 학생이 의외로 많다.

② 엉덩이가 자리에 붙어 있다면 다음은 눈으로 공부하는 단계이다. 자리에는 앉아 있으나 잠을 자는 학생도 많고 음악을 들으며 공부한다고 한다. 그러나 눈은 감각기관이기에 안다고 생각했던 것을 곧 잊게 된다. 사람은 자신의 의지와는 관계없이 듣거나 볼 수 있다. 눈으로 공부하는 것은 자신의 뇌를 자극하는 의식적인 활동이 아니기에 공부한다고는 하나, 사실 공부하는 것이 아니라 시간을 물처럼 흘려보내는 것이다.

③ 손으로 공부를 해야 공부하는 초기 단계에 들어섰다고 할 수 있다. 영어단어를 눈으로 외우고 수학 문제를 눈으로 푸는 학생들이 있다. 진정한 천재가 아니라면 손에 펜을 들어야 한다. 뇌가 명령하지 않으면 손은 움직이지 않는다. 손을 움직여 뇌를 자극하고 손을 이용해 정리하는 습관은 이해력을 높이고 논리적 사고력을 갖게 해 준다.

④ 머리로 공부를 해야 진짜 공부다. 공부를 좀 하는 학생들은 손으로 공부하는 수준에 도달해 있다. 어떤 학생들은 손으로 공부하는 단계를 뛰어넘어 머리로 공부하는 학생들도 있다. 부모와 교사가 보기에는 열심히 공부하는 학생인데 성적이 나오지 않는다면 이 학생은 중학교 수준에서 눈과 손으로 이해하고 암기만 반복하는 것으로 한 단계 발전하기가 어렵다. 머리를 써서 생각하면서 개념, 원리를 탐구해 나가야 공부하는 것이다.

⑤ 가슴으로 공부하는 단계가 최상의 상태이다. 꿈과 목표가 있기에 오늘도 자신의 길을 가는 것이다. 하루 일을 마치고 집으로 돌아설 때 가슴 뿌듯한 성취감을 느끼고 새벽에 일어나 '남들이 다 자는 시간에

공부한다'는 기쁨을 느끼는 단계이다. 자신의 공부에 스스로 감동하며 공부하는 것이다.

자기를 알아 가는 학습

공부는 자기 자신을 알아 가는 과정이고 평생을 살아갈 지적 자산을 쌓는 일이다. 여기서 '자기'란 타인과 구별되는 개인의 고유한 특성이나 능력, 즉 자아정체성(自我正體性, ego-identity)을 의미한다. 자아정체성은 인간관계를 맺으며 가지게 되는 '나는 누구인가'에 대한 해답이다. 자아정체성은 자아라는 개념이 발달하면서 자기 스스로 자신의 독특성을 자각한 상태를 말한다. 타인이 바라보는 자신에 대한 표현이 아니라 스스로 자신에 대해 알고 표현한 자신의 특성이다. 학생에게 "자신의 특성을 가장 잘 드러내는 단어를 3가지 말해 보고, 그렇게 말한 근거를 구체적으로 표현해 보세요"라고 요청하면 답을 하지 못한다. 그 이유는 평소 자신에 대해 생각해 본 적이 거의 없기 때문이다. 청소년기에 자신에 대해 많이 생각해 봐야 하는데도, 학생들은 자기 내면을 돌아볼 여유를 갖지 못하고 있다. 수학 문제를 잘 푸는 학생은 많은 수학 문제 풀이를 통한 수리적 개념이 형성되어 있다. 수학을 잘하는 학생에게 수학 문제를 물어보면 답변을 잘한다. 그런데 그 친구에게 "너는 누구니?" 하고 물으면 답변이 궁색하다. 수학 문제는 많이 풀어 봤지만, 자신에 대해서는 질문하고 풀어 본 경험이 없기 때문이다. 내가 나에 대해 잘 모르는데, 누가 나에 대해 해답을 제시하는 것은 어려운 일이다. 학생들은 자신에게 닥친 문제가 있으면 부모님이나 친구, 교사, 인터넷 등에 묻게 되고 타인에게 의존하려는 경향이 강하다. 학생 스스로 공부하면서 자기를 알아 가는 진정한 학습이 필요하다.

공부의 의미

공부는 자신과 사회를 알아 가는 과정이자 세상을 살아갈 힘을 키우는 것이다. 그래서 더더욱 자기 주도적으로 학습 경험을 쌓아야 한다. 타율적인 학습, 강요된 공부가 아니라 자발적인 탐구력과 문제 해결력을 갖춘 학생으로 성장해야 한다.

"질문을 통해 문제를 해결하는가?, 개념을 이해하기 위해 다른 자료를 찾아보는가?, 학습 목표를 기반으로 확산시키는 공부를 하는가?, 다양한 문제를 풀며 핵심을 분석하는가?, 예습과 복습을 철저히 하며 학습하는가?, 나만의 질문 노트나 오답 노트는 어떤 식으로 정리하고 해결하는가?…" 고등학교 3년 동안 자발적으로 공부한 학생이라면 분명 다양한 학업 성취를 경험할 것이고 상황에 맞는 학습 방법을 숙지하고 효율적인 학습을 진행할 수 있을 것이다. 공부를 학교에서 배우는 것으로 한정하지 말고, 삶 자체가 공부이며 자기 삶에 대한 예의라는 것을 체득해 가야 한다.

memo

선배들의 특급 비법을 소개합니다!

Chapter 5

대학에 성공적으로 진학한 선배들이 들려주는 지혜로운 고교생활 팁

다양한 학습 경험을 쌓자

공부의 정석이나 학습의 왕도는 없습니다. 하지만 학습의 향상을 위해 노력한 사람은 다양한 학습 경험을 쌓아 가며 대학 진학 이후에도 웃게 됩니다. 능력이 있는 자는 노력하는 자를 이기지 못하고, 노력하는 자는 즐기는 자를 이길 수 없다는 말이 있습니다. 학습 과정에서의 어려움을 이겨내고 학업의 향상을 이룬 긍정적인 경험은 성공적인 학교생활로 이어집니다. 학습 경험이 풍부하고 자기 주도적으로 성취한 결과는 관성처럼 작용하여 학업역량을 키워줍니다. 수업 시간에 어떤 태도로 학습에 임했는지, 부족한 교과를 어떻게 해결하며 돌파했는지, 과제와 수행평가를 통해 무엇을 배웠는지, 학습한 지식을 어떤 영역으로 확산시켜 나갔는지 등 학습 경험을 쌓아 갑니다. 지식을 습득하여 나누는 즐거움을 알고 학습의 목적과 의미를 체득해 갑니다. 학습의 결과만이 아니라 스스로 학습을 성취해 가면서 아는 것 자체의 즐거움을 추구할 수도 있습니다. 성적의 향상만을 위한 학습 노력이 아니라 탐구의 즐거움을 습득하는 과정으로서의 경험이 라면 더욱 의미가 있습니다.

학업에 기울인 노력과 학습 경험은 수업 시간에 이루어지는 활동이 기본입니다. 수업 시간에 새로운 지식을 얻기 위한 능동적인 태도와 자발적인 동기 그리고 배운 지식을 확장하면서 경험을 쌓습니다. 동아리 활동, 교내 탐구활동 등은 물론이고 교과 담당 교사에게 심화 개념을 질문하거나 친구들의 학습을 도와주면서 느끼고 성장합니다. 고교 3년간 학습하면서 변화한 자신을 발견하고 지원하려는 대학 학과와 연결해 가면서, 학습을 통해 교훈과 지혜를 얻고 인생관과 가치관을 형성해 나갑니다.

학습 경험은 생각하는 힘을 길러 줍니다. 사고력은 세상을 살아갈 수 있는 근력을 키우는 일입니다. 학습은 자기 주도적으로 이루어질 때 학업 성취도가 높고 학업역량도 커집니다. 자기주도성은 지적 호기심과 탐구력으로 연결되어 창의적 체험활동을 통해 학업역량이 커집니다. 자율활동, 동아리 활동, 진로활동 등에서 보이는 진취성과 능동적으로 배우려는 자세는 학문적 열정으로 이어집니다. 이를 바탕으로 교내 대회나 학술 활동에서 토론, 실험, 실습, 탐구, 연구 활동 등을 하면서 배움을 확장합니다. 고교 교육과정을 충실하게 수행하면서 쌓은 학습 경험은 삶을 대하는 자세를 익히게 합니다. 학습 경험은 학습 자세와 태도를 체득하게 하여 자기 삶을 능동적으로 개척하고 진취적으로 도전하는 힘을 길러 줍니다.

▣ 학습 경험을 쌓고 성공적으로 대학에 진학한 선배들의 경험담을 아래에 공유합니다.

자기 주도적인 학습으로 3등급 내신을 극복하고 서울대 경영학부 벽을 넘었어요.

《난문쾌답》을 보는 순간, 어려운 상황에서 답을 찾기 위해 노력했던 3년간의 경험이 떠올랐습니다. 지적 성장을 위해 5일 동안 밥을 굶으며 시험공부를 했고, 교과서를 정리한 개인 노트가 닳도록 공부했습니다. 교과학습에 충실히 하고자 물리학, 사회학, 철학 등 어떤 과목도 소홀할 수 없었습니다. 힘든 시간이었지만 모든 분야에 최선을 다하며 성장해 왔고, 융합경영이라는 인생의 밑그림을 그릴 수 있었습니다.

수업 시간에 배운 내용을 사회현상에 적용하는 것에 흥미가 있었는데, 그중 경제학이 가장 재밌었습니다. '시장 실패'를 배우며 경제학 도서를 탐독했고, 동아리 친구들과 '정보의 비대칭성'과 '역선택'을 현실에 적용하여 의류 대기업과 중소기업의 양극화 문제를 분석하고 해결 방안을 모색했습니다. 궁금한 것이 있으면 스스로 찾아보고, 끊임없이 질문하고 적용하며 문제를 해결하는 학습 습관을 형성했습니다. 경제가 좋아 참여한 TESAT 방과후 수업에서는 인수합병전략, 기업의 조업중단점 등 어려운 내용을 이해하고자 친구들과 토론하고 선생님께 질문했습니다. 이 과정에서 어려운 건 낯선 것일 뿐임을 알았고, 어려울수록 도전하여 알게 되었을 때 그 열매는 더욱 값지다는 것을 느꼈습니다. 심화 경제 경영 지식을 쌓으며 융합 경영이라는 진로에 기반을 다졌습니다.

경제를 공부하는 데 수리 분석 능력이 필요하여 수학 공부도 열심히 했지만, 오르지 않는 성적에 어려움을 겪었습니다. 원인을 분석한 결과, 문제풀이 위주의 반복 학습을 하며 제한된 공식에 매몰돼 다양한 방법으로 문제에 접근하지 못했음을 깨달았습니다. '수학심화동아리'를 만들어 문제를 변형해 보며 풀이 방법을 토론했고, 친구들의 접근법에 관심을 가졌습니다. 수학 성적이 오르며 자신감을 찾았고, 3학년 마지막 시험에서는 전교 2등을 하며 수학은 경제와 함께 가장 좋아하는 과목이 됐습니다. 이 경험으로 '나보다 더 나은 우리'라는 것을 배웠고, 삶의 모든 문제는 다양한 접근 방식이 있으며 새로운 시각으로 접근하려는 노력이 문제 해결에 도움이 된다는 것을 깨달았습니다.

내신 1점대 후반에 탐구력으로 서울대 생명과학도가 됐어요.

저는 '전 과목 1타 강사'라는 별명이 있습니다. 친구들의 질문에 흔쾌히, 주저 없이 설명하는 모습이 마치 강사 선생님을 닮았다는 까닭으로 지어진 별칭입니다. 한번은 세포 호흡과 광합성의 과정을 설명하던 중 친구가 해당 과정과 광합성 암반응의 유사성을 질문한 적이 있었습니다. 이에 정확히 설명해 줄 수 없었던 저는 친구의 궁금증을 해결하기 위해 자료 조사를 시작했고, 해답이 잘 보이지 않자 제가 더 오기가 생겨 매달렸습니다. 구글 학술 검색을 통해 자세히 알아본 결과 유사성을 보인 부분은 같은 효소가 작용했으며, 사실 많은 종류의 효소가 쌍방향으로 작용한다는 사실을 알 수 있었고, 친구의 의문을 해결해 줄 수 있었습니다.

또한 저는 항상 가르치며 배웠습니다. 삼투압을 단순한 압력으로 간주하는 설명을 들은 친구가 '압력'이라는 개념과는 달리 삼투압은 용매를 끌어들이는 힘이 아니냐고 질문한 적이 있었습니다. 그 질문에 궁금증이 생겨 친구와 함께 교과서를 찬찬히 뜯어보며 토론했습니다. 서로의 의견에 문제를 제기하고 보완하는 과정을 통해 '삼투압'에 대해 우리 나름의 정의를 내릴 수 있었고, 선생님께 질문하는 과정을 통해 타당성을 검증할 수 있었습니다. 친구와 함께 이야기하며 도출한 결론은 별것 아닌 발견이었지만 저에게는 토론을 통한 학습의 또 다른 즐거움이었습니다. 설명하면 할수록 친구들을 좀 더 쉽게 이해시키고 싶었습니다. 그로 인해 사고방식을 바꿔 보고, 다른 개념과 합하여 포괄적으로 생각해 보려고 노력했고, 저 역시 심도 깊은 이해를 할 수 있었습니다. 이처럼 '친구들에게 설명하기'는 저의 공부 방법의 하나로 자리 잡았습니다. 저를 믿고 궁금한 점이 생기면 찾아오는 친구들에게 더 잘 설명해 주기 위해 수업을 경청하고 스스로 질문하는 등 지식을 한 번 습득할 때 철저히 배웠습니다. '전 과목 1타 강사'라는 별명은 처음엔 낯부끄러웠지만, 진심으로 저를 인정하는 친구들의 마음을 알 수 있었고, 학습에 있어 저에게 또 다른 자신감과 애정을 심어주는 별명이 됐습니다.

문제 해결의 과정에서 경제 이론을 심화 학습하며 연세대 경제학과를 뚫었어요.

이론과 현실은 달랐습니다. '경제 수업에서 배운 소비 성향 이론이 실제 소비로 연결될까?' 하는 의문이 생겼습니다. 소비 성향은 제품 특성, 사회 문화적 배경 등에 따라 달라지고, 가격 상승은 수요를 감소시킨다고 배웠습니다. 그런데 '운동화를 중심으로 한 한국과 미국의 소비 성향에 대한 연구'를 진행하면서, 미국 운동화 시장은 가격 상승이 오히려 소비를 증진시킨다는 결과를 얻었습니다. 이메일을 통한 미국 학생들 설문 조사, 미국 동부, 서부 운동화 매장 분석, 도서와 논문 연구 등을 통해 미국 운동화 시장은 소비 성향 이론과 다름을 발견했습니다. 미국 사회가 운동화를 정상재가 아닌 사치재로 인식하는 것이 원인임을 밝혀냈고 이를 영문으로 전교생 앞에서 발표했습니다. 이론은 현실 속에서 검증되어야만 하고 보편 이론 속에 특수성이 존재함을 알게 됐습니다.

스스로 질문하며 고려대 철학과의 문을 열었어요.

'왜 그럴까?' 현상 너머 본질이 궁금하여 질문하는 습관이 있습니다. 세상에 당연한 것은 없으며, 당연시하는 시각이 존재한다고 생각했습니다. 저를 둘러싼 인간과 세계 그리고 생각하는 자신에 대해서 많은 질문을 던졌습니다. "인간은 어떻게 자신의 생각을 가질 수 있을까?" 이런 점이 궁금하여 독서와 토론을 하면서 저 자신의 세계관을 형성하고자 노력했습니다. 매주 목요일 점심시간이면 소강당에 모여 스토아 사상가들처럼 사유와 논변을 즐기는 '철학하자' 프로그램은 더 많은 의심을 갖게 했습니다. 화두를 던지고 다양한 관점에서 주장을 펼치는 학우들의 모습은 철학적 갈증을 증폭시켰습니다. 철학적 논제에 대해 스스로 답을 찾아가며 인류의 사유 과정을 탐구하고 싶어서 K-MOOC(온라인 강의 플랫폼)에서 철학사 강의를 수강했습니다. 동일한 현상을 다양하게 해석하는 철학자들의 주장을 비교하는 것이 재미있었습니다. 철학자들의 사상을 이해하고 사고의 폭을 확장할 수 있는 계기가 되었지만, 같은 문제에 대해 다른 주장을 할 수 있는 이유와 근거가 더욱 궁금하여 '왜'라는 질문을 던지며 학교 윤리 선생님과도 많은 대화를 나눴습니다. 계속되는 저의 질문에 선생님께서는 원전을 권해 주셨고, 원문을 찾아 읽고 이해하는 데 많은 도움을 주셨습니다. 원전을 읽으며 철학자와 대화하는 기분이 들 때도 있었고, 의문이 생기는 부분은 필담을 나누듯 가상의 편지를 쓰고 일정 시간이 지난 후 스스로 답신을 쓰며 더 넓은 사유의 세계와 마주했습니다.

학문적 호기심으로 난민 구호자의 문을 두드렸어요.

저의 꿈은 난민 구호자입니다. 저는 제 진로를 위해 다양한 학문을 익혔습니다. 난민 문제의 거시적 탐구를 위해 정치학과 외교학을 공부했습니다. 개념서부터 전문 서적까지 자료를 찾아가며 스스로 공부해 난민 문제 해결에 관한 에세이나 협약서를 작성했습니다. 난민 개개인의 인간다운 삶을 보장할 방법은 법학과 심리학에서 찾았습니다. 국내법과 국제법을 학습하며 법 체계를 파악했고 타국과의 비교 분석을 통해 한국 난민법의 개선 방안을 모색했습니다. 또한 난민들이 트라우마를 극복하고 새로운 환경에 적응하는 것을 도울 심리학 개념을 익혔습니다. 교과 공부 중 수업 외의 영역들을 학습하는 것이 부담되기도 했지만 꿈을 향한 열정과 다양한 학문에 대한 호기심을 갖고 탐구를 계속하니 오히려 교과목에 대한 이해도 깊어졌습니다. 이를 통해 학습에서의 능동성과 인내력을 기르고 탐구 정신을 체득했습니다.

영어 공부를 하며 언어학에 관심이 꽂혔어요.

"언어는 문명의 초석이자 사람을 묶어 주는 끈이며 모든 분쟁의 첫 무기다" 영화 〈컨택트〉의 대사입니다. 외계인의 언어를 분석해 내며 인간과 외계인의 대화가 가능해지는 모습을 보고, 소통의 도구로 언어가 가진 무한한 가능성을 느꼈습니다. 세계의 문화와 그 문화를 사람들에게 알려주는 것에 대해 관심이 많았지만 앞으로 어떤 방향으로 공부해야 할지 방황하던 시기에 이 영화는 언어가 소통과 문화적 경험의 매개체가 될 수 있음을 알려 주었습니다.

이를 위해 언어를 다양한 방식으로 접근하고 공부했습니다. 타국의 사회와 문화를 이해하는 출발은 해당 국가의 언어를 활용하는 것이라고 생각하여, 우선 회화 실력 향상에 초점을 두고 영어를 공부했습니다. 듣기 실력을 향상하기 위해 매일 아침 영어 듣기 문제를 풀고 흘려들은 부분을 찾아 다시 정확하게 듣는 습관을 들였습니다. 외국 영화와 인터뷰를 보면서 학교 수업 시간에 배우지 못한 일상적인 표현법과 나라마다 다른 영어 발음을 알아들을 수 있도록 연습했습니다. 외국 영화를 보면 영어 발음을 할 때 리듬이 있는 것처럼 느껴졌기에, 이 리듬을 듣고 대사를 따라 하는 연습을 했습니다.

어휘에 대한 지식을 토대로 의견을 명확히 전달하는 것도 중요하다고 생각했습니다. 이를 위해 《When my name was Keoko》라는 영어 원서를 읽었습니다. 일제강점기를 배경으로 하다 보니 내용을 이해하기 쉽지 않았지만 새로운 단어를 배우고 적용할 수 있었습니다. 친일을 의미하는 pro-Japanese를 통해 'pro-'는 대상에 대해 옹호하고, 협력한다는 의미의 접두사라는 것을 알게 되어, pro-US 등과 연결 지어 이해했습니다. 원서를 읽으면서 한국적인 것으로만 생각했던 우리나라의 역사가 타국가의 언어로 표현된다는 것이 새로웠고, 언어를 안다는 것은 자신의 생각을 많은 사람들과 공유할 수 있는 잠재력을 갖는 것이라고 느꼈습니다.

의견을 명확히 전달하는 데 신경을 쓰며 공부하다 보니 영어 쓰기 대회에서도 좋은 성적을 거두었고, 하나에 충실할 때 다른 것들을 부수적으로 이루어 낼 수 있다는 것을 배웠습니다.

독서에서 일어일문으로 나아갔어요.

꾸준히 독서하는 습관을 기르고자 시작한 독서 토론 동아리 ○○○을 통해 다양한 문학 작품을 접할 수 있었고, 견문이 넓어짐을 느꼈습니다. ○○○을 통해 문학에 흥미를 느꼈지만 학교 교육과정으로는 더 다양한 문학 작품을 접하는 데 한계가 있었습니다. 그러던 와중 ○○시교육청에서 '꿈두레 교육과정'이라는 프로그램이 개설되었다는 소식을 듣고 '고전문학의 감상과 비평' 강좌를 수강하게 됐습니다. 고전문학 작품에 대한 다양한 관점들 가운데, 무엇이 옳은 해석이라고 생각하는지 토론하는 시간을 가지며 논리적 설득력과 비판적인 시각을 키울 수 있었습니다. 작품이 창작된 일화를 찾아보고 기존 교육과정에서는 배울 수 없던 다양한 고전을 공부함으로써 배움의 정도를 넓히고 심도 있게 이해할 수 있었습니다.

한편, 일본어 교과 시간에 배운 하이쿠는 고전문학에 대한 관심을 더욱 증폭시켜 주었습니다. 불과 열일곱 자의 짧은 글에 서정과 계절이 펼쳐진다는 점이 매력적으로 다가왔습니다. 하이쿠에 대해 더 깊게 탐구하기 위해 고전문학 암송 대회에 참여했습니다. 여러 편의 하이쿠를 읽고 가장 인상 깊었던 마츠오 바쇼와 마사오카 시키의 하이쿠 작품을 암송했습니다. 암송할 때 가장 중요한 발음을 연습하기 위해 노력했습니다. 이 과정에서 잘 안되던 음독과 훈독에 대해 알아봄으로써 한자 사용에 있어 한국과 일본의 공통점과 차이점을 알 수 있었습니다. 이러한 점을 참고한 올바른 발음으로 하이쿠를 낭독하여 대회에서 좋은 결과를 낼 수 있었습니다.

스페인어를 공부하며 자존감을 키웠어요.

불안감과 떨림이 엄습해 오는 시험 기간에 유일하게 안심되는 과목이 스페인어였습니다. 스페인어를 누구보다도 열심히 재미있게 공부했기에 첫 스페인어 시험에서 전교 1등을 할 수 있었습니다. 하지만 스페인어 과목을 단순히 암기 과목으로 여겨 문법과 작문을 소홀히 다뤘습니다. 그 결과 다음 스페인어 시험에서 전교 1등 자리를 놓치게 되었고 다방면에서 스페인어 실력을 쌓을 수 있는 방법을 강구해 보았습니다.

우선, 작문 실력 향상과 교과서에 나오는 주요 표현들에 익숙해지기 위해 스페인어 일기를 쓰기 시작했습니다. 일기를 쓰면서 문장 구조에 대한 이해가 확립되었고, 저만이 읽을 수 있는 일기가 만들어진 것 같아 뿌듯함을 느꼈습니다. 스페인어 회화 실력까지도 늘리고 싶었기에 급우들과 스페인어 UCC를 제작했습니다. 제가 스페인어로 원고를 작성하였으며, 친구들이 대본을 읽을 때에도 발음 방법에 대해서 알려 주었습니다. UCC를 제작하며 급우들에게 스페인어 문법 및 어휘를 알려 주어 급우들의 스페인어 성적이 향상됐습니다.

뿐만 아니라 휴대폰 애플리케이션 '신문과 스페인 잡지'를 통해서 라틴아메리카의 경제적·정치적 상황을 파악했습니다. 기사 'La deforestación vuelve a acelerarse en la Amazonia'를 읽고, 선진국과 개도국이 각각 환경 파괴 문제에 대처해야 할 방안을 논설문으로 작성했습니다. 제가 작성한 논설문으로 제2외국어 말하기 대회에 참가하였고, 전교생에게 범세계적 환경보호를 이룰 수 있는 방안에 대해서 발표했습니다. 스페인 회화에 자신감이 생긴 저는 이후에 '장애인 인권 보호 국제심포지엄'에 참가하여 영어와 스페인어 통역 봉사활동을 했습니다.

문학 작품 속에 녹아든 스페인어 문체를 느껴 보고자, 스페인어로 번역된 소설《구운몽》과 가스띠야 서정시 및 궁정시를 영어로 번역하여 해석했습니다. 스페인어권 문학 작품을 통해 스페인어와 영어의 통사 구조를 동시에 분석했습니다. 문학 작품의 갈래별 주제 구현 방식과 형식상의 특징을 폭넓게 학습하며 즐겁게 공부했습니다.

개인 과제 연구에서 기상학을 발견했어요.

저는 학문에 대한 욕심으로 교과 수준을 뛰어넘는 공부를 해 보았습니다. 2학년 때 개인 과제 연구를 수행하면서 제가 하고 싶은 연구에서 학문적 희열을 느꼈습니다. '국기의 상징성에 대한 비교 연구-국기의 유사성과 차별성을 중심으로'를 수행할 때, 담당 선생님은 연구의 목적과 주제 및 내용의 참신함과 독창성에 대해 극찬해 주셨습니다. 국기의 모양과 의미가 문화권마다 어떻게 상이하고 유사한 요인이 있는지를 고찰함으로써, 다면적으로 사회문화적 의의를 발견하려 했던 것입니다. 제가 연구한 기장학(Vexillology)은 우리나라에 아직 제대로 소개되지 않은 학문 분야였고, 저는 연구 과제를 수행한 이후에도 해당 주제에 대한 연구를 대학교 이후에도 재개하겠다는 다짐을 했습니다.

동아리 활동에서 사고력과 문제 해결력을 키웠어요.

저는 동아리에서 '자유무역이 과연 모두에게 이로운가?'라는 주제로 토론하면서 하나의 경제 현상에 대해 여러 이론이 서로 타당성을 겨룬다는 사실에서 경제학에 매력을 느꼈습니다. 서로 대립되는 이론 중 어느 하나가 절대적으로 우위에 있기보다는 타당한 해석을 하는 것이 흥미로웠습니다. 고등학교에 입학하여 유네스코 동아리에서 경제, 경영과 관련된 일뿐만 아니라 세계 각지의 다양한 일들을 접하고 사회를 바라보는 다채로운 시각을 길렀고, 2학년 때 경제 경영 동아리에서 왕성한 활동을 했습니다. 또한 경제 토론과 경제 기사를 분석하는 자율 동아리를 구성하여 개괄적인 기업의 마케팅 방식에 대해 공부했습니다. 기업을 분석하고 모의 경영 프로젝트를 진행하면서 '경영'이라는 학문, 특히 '마케팅 전략'에 대해 심도 있게 탐구하고 싶었습니다. 국제경제 시간에 각 나라의 경영 환경을 고려하여 프랑스와 우리나라의 의류 시장을 파악하고, 개량 한복을 프랑스에 수출하는 글로벌 모의 창업 계획을 준비하고 발표했습니다. SWOT 분석을 통해 수출 전략을 세울 시 고려해야 할 많은 어려움이 존재함을 알게 됐습니다. 특히 시장 진입 장벽의 난점과 같은 수출 환경의 위험 요인을 보완하는 노력을 기울이면서 마케팅 전략의 중요성을 깨닫게 되었고, 점차 경영 컨설턴트, 마케팅 전문가라는 꿈을 키워 나가게 됐습니다.

다양한 동아리 활동과 학업을 동시에 병행하기 위해 많은 시간이 필요하였기 때문에 쉬는 시간을 이용하여 틈틈이 공부하였고, 30분 계획표를 만들어 일분일초를 아끼려고 노력했습니다. 수동적인 학습법에서 벗어나고자 언어 과목은 유사한 소재를 다룬 지문을 다양한 관점에서 비판적으로 읽으며 독해력을 신장하였고, 사회 교과목들은 교과 수업 내용을 서로 연관 지어 학습한 후 마인드맵, 인포그래픽으로 간단한 그림을 그려 개념을 머릿속에 구조화했습니다. 과목마다 학습 노트를 만들어 부족한 부분을 점검하면서 공부하다 보니 학습에 능률이 올랐고 사고력과 응용력도 기를 수 있었습니다.

나만의 노트법으로 국제정치를 정복했어요.

저에게는 저만의 '정치와 법' 노트가 한 권 있습니다. 정치와 법 과목을 너무나도 좋아하던 제가 개념과 기출문제의 선지를 모아 직접 만든 노트입니다. 저는 정치와 법 과목을 공부하며 민주사회에서 시민으로서 주체성을 확립하기 위해서는 법 그리고 정치에 대한 기초적인 이해가 필수적임을 깨닫고 관련 지식을 습득하기 위해 노력했습니다.

특히 국제정치에 대한 학습은 세계가 점차 하나의 공동체로 변모하고 있다는 사실을 깨닫게 해 주었고, 행위 주체들이 다원화되고 있다는 사실 또한 배울 수 있었습니다. 이러한 학습 경험을 계기로 저는 과제 연구 과목의 탐구활동에서 '다문화 가정 아동의 세계시민으로서의 주체성'을 주제로 연구를 진행했습니다. 연구 표본을 직접 선정해 면담과 온라인 인터뷰를 진행하고 이를 분석한 결과 다문화 가정 아동은 이중 언어능력, 문화이해 능력 등을 바탕으로 주체성을 갖는 세계시민으로 성장할 가능성이 다분하다는 결론을 내릴 수 있었습니다.

국제정치와 과제 연구 과목을 통해 처음 접하게 된 '세계시민'의 개념은 이후 저의 학습활동에서도 큰 부분을 차지했습니다. 세계시민에 대한 공부를 거듭할수록 우리나라뿐만 아니라 세계의 시민교육이 어떻게 이루어지고 있는지에 대해 의문이 생겼습니다. 이에 대해 조사하던 과정에서 세계시민교육에 관한 보편적인 규정이 아직 존재하지 않는다는 것을 알게 되었고, 기준 마련의 필요성을 느껴 사회 교과 시간에 '세계시민교육'을 주제로 한 국제 협약문을 작성하게 됐습니다. 학령기 아동의 세계시민교육에 대한 국제 사회의 공조 요청을 주된 내용으로 한 협약문을 작성하면서 다양성 존중의 필요성과 중요성에 대해 다시 한번 생각해 볼 수 있었습니다.

퍼즐링 학습으로 세상을 해석했어요.

'퍼즐링'은 각 과목들을 퍼즐의 한 조각으로 보고 과목 간의 연결점을 찾아 '세상'이라는 퍼즐을 완성하는 저만의 공부 방법입니다. 오래 걸리지만 단순 암기에 지쳐 있던 제게 공부에 집중할 수 있는 동력이 되어 주었습니다. 1학년 영어 수업 시간에 토의 시간이 부족하다는 생각을 하게 되어 STEAM 영자 신문 동아리를 조직하게 됐습니다. 동아리 부장으로서 논의할 만한 기사를 선정하고 친구들과 사회현상에 대해 토의한 것은 분석 능력을 길러 주었습니다. 이는 특히 국제정치 공부에 많은 도움이 됐습니다. 선생님은 수업 시간에 현실주의와 자유주의 관점에 따라 국제분쟁 해결 방안을 모색하라는 과제를 주셨습니다. 그런데 저는 국제사회를 그 두 가지 관점만으로 설명할 수 없다고 생각했습니다. 그래서 그 두 관점 외에 다른 관점들이 있는지 알아보기 위해 선생님의 추천을 받아《국제분쟁의 이해》라는 책을 읽게 됐습니다. 그리고 구조주의, 수정주의 등 다양한 관점들이 존재하고 있음을 알게 됐습니다. 특히 흥미로웠던 점은 국제

분쟁은 정치적인 요인뿐만 아니라 경제적, 종교적인 요인으로도 설명이 가능했다는 것이었습니다. 그래서 분쟁의 발생 원인을 분석하고 해결 방안을 도출하는 데 있어서 정치적인 관점에만 국한되지 않고 다양한 관점으로 분석해 봄으로써 깊이 있는 보고서를 작성할 수 있었습니다.

인덱스를 활용하여 쓸데없는 질문을 하는 용기 있는 사람이 됐어요.

만약 누군가 고등학교 3년 동안 가장 많이 사용한 필기류에 대해 묻는다면 저는 '인덱스'를 선택하겠습니다. 질문이 많은 탓에 적어 둔 메모를 모두 기억하려면 페이지마다 조그맣게 표시할 수 있는 인덱스가 꼭 필요하기 때문입니다. 심지어는 페이지 수보다 알록달록한 인덱스가 더 많아 보일 때도 있습니다. 친구들로부터 "넌 왜 그렇게 '쓸데없는' 질문이 많아? 그런 거 시험에 안 나와"라는 이야기도 많이 들었습니다. 그러나 고등학교 3년 동안 저를 성장할 수 있도록 만든 밑거름은 그런 '쓸데없는' 질문이었습니다.

그것은 단순한 학습 이상의 것을 가져다 주었습니다. 문학 시간 박지원의 《양반전》을 배우며 당시 대다수 사대부가 성리학적 명분 때문에 청의 문물을 거부했으나, 박지원은 백성의 삶을 위해서라면 오랑캐의 것이라도 배워야 한다고 주장했다는 선생님의 말씀을 들었습니다. 이를 통해 열린 관점으로 세상을 바라본 박지원의 삶에 대해 더 알아보고 싶다는 생각이 들었고, 이 궁금증은 그의 또 다른 저서 《열하일기》를 읽는 것으로 이어졌습니다. 《열하일기》를 통해 편견 없이 사물을 인지하는 유연한 사고에 감탄했으며 우리 사회에서 편협함이 드러나는 영역에 대해 생각해 보는 기회가 됐습니다. 동아리 활동에서는 친구들에게 현대사회의 편협함이 드러나는 문제를 찾아보고 여기에 대해 박지원이 어떤 평가를 내렸을지 기행문 형식으로 써 보는 '신 열하일기' 프로젝트를 제안했습니다. 이 프로젝트에서 언론의 편향성 문제를 제기하고 박지원의 열린 시각에서 비판해 보며 진로에 대해 진지한 자세로 고민할 수 있었습니다.

박지원의 삶에 대해 품었던 궁금증이 시험 성적과 직접적 연관이 있었던 것은 아닙니다. 《열하일기》를 읽어 볼 시간에 《양반전》의 문학적 장치를 외우는 게 더 효율적이었을지도 모릅니다. 그러나 그런 '쓸데없는' 질문들은 저를 흘러가는 대로 쓸려 가는 사람이 아니라 판단하고 생각하는 사람으로 만들어 주었습니다. 대학에 진학하고 사회에 나간 후에도 질문할 수 있는 용기를 가진 사람이 되고 싶습니다.

독서를 통해 학문적 소양을 쌓았어요.

수업 시간은 저의 학문적 소양을 키울 수 있는 유익한 시간이었습니다. 수업 시간에 제시되는 주제를 제 것으로 만드는 과정에서 많은 책을 읽었습니다. 서울대 권장 도서 100권을 포함한 독서 로드맵을 작성하여 계열을 넘나드는 독서를 했고, 다양한 생각을 접하며 고유한 관점을 가질 수 있었습니다. 경제학 원론에서 시작한 독서는 어느새 미래 사회의 인문학까지 확장되었고, 경제라는 학문을 다면적 분야에서 관찰할 수 있게 됐습니다. 지금까지는 확장시킨 학문적 관심을 토대로 '경제철학자'라는 꿈을 갖게 됐습니다. 고등학교 진학 이후 경제학에 관심을 가졌고, 다양한 방향으로 경제학에 접근했습니다. 자연스레 관련 교내 대회와 인증 시험을 준비하였고, 실력을 확인함과 동시에 제 이론적 지식을 확고히 할 수 있었습니다. 이 과정에서 경제학이 '성장'과 '효율'을 추구하는 사회에 묶여 있다는 생각에 회의감이 들었습니다. 저는 경제학자이기보다는 자본이 우선시되는 시장에서 '인간됨'을 실현하는 '시장의 철학자'이고 싶습니다. 그러기 위해 '경제철학'이라는 생소한 학문을 공부하며 저만의 '경제 정의(正義)'를 정의(定義)해 보고 싶습니다.

모의 유엔 활동에서 자신감을 얻었어요.

교내 모의 유네스코 총회에 스태프로 참여한 이후 모의 유엔에 흥미를 느껴 모의 유엔 동아리를 결성했습니다. 저는 동아리 대표로서 모의 유엔의 규칙과 표현들을 부원들에게 교육해야 했습니다. 하지만 동아리를 함께 결성한 다른 친구들과 달리 교외 모의 유엔에 참여한 적이 없어 활동에 대한 이해도가 낮은 상황이었습니다. 저는 경험이 많은 친구들과 선생님으로부터 도움을 받고 자료를 찾아가며 모의 유엔의 진행 규칙을 익혔습니다. 이를 기반으로 동아리 활동에 있어서의 규약과 방향성을 설정하였고 직접 교육 자료를 제작해 부원들에게 배포했습니다. 이후 동아리 활동과 교내 모의 유네스코 총회를 주도적으로 이끌었습니다. 부족하다는 점을 인정하지 않았거나, 인정만 하고 포기했다면 이런 결과가 없었을 것이라 생각합니다. 이 활동을 통해 부족함을 인정하고 배우려 하는 자세가 중요하다는 점을 알았습니다. 또 그 어떤 힘든 일이 닥쳐도 의지와 노력으로 책임감 있게 이겨 나갈 수 있다는 자신감이 생겼습니다.

‘Q’ 마크를 붙이며 과학 공부를 즐겁게 했어요.

저는 어릴 때부터 주변 환경에 관심이 많았고 주변에서 일어나는 현상에 대해서 항상 ‘왜?’라고 질문해 왔습니다. 학교에서 배운 많은 과목 중 과학이 제 질문에 대한 답을 가장 많이 제시해 주었기에 자연스럽게 화학에 매력을 느끼게 되었고, 가장 좋아하는 과목이 됐습니다. 과학에 흥미가 생긴 이후 저는 과학에 대해서는 남들보다 많은 지식을 쌓기를 원했습니다.

과학을 공부할 때 화살표로 인과관계를 나타내고 질문 사항이 생기면 ‘Q’의 표시를 달아 두는 등 간편한 기호를 이용해 긴 글을 읽지 않아도 바로 떠올릴 수 있도록 했습니다. 또한 과학 현상을 무작정 암기하지 않고 그 원인과 결과를 확인한 후 하나의 이야기로 ‘이해’하고자 노력하였고, 암기가 필요한 부분들은 백지에 이미지를 그리며 공부했습니다. 시간이 오래 걸리는 공부법이었지만 과학 과목에 특화된 저만의 학습법을 통해 많은 친구들이 암기 과목으로 간주하는 과학을 저는 손쉽게 받아들일 수 있었고 과학적 사고의 기틀을 마련할 수 있었습니다.

능동적인 학습 태도로 학업 성취도를 높였어요.

저는 무엇이든 긍정적인 사고로 포기하지 않고 공부하려는 근성을 가지고 있습니다. 저에게 영어는 어렵고 재미없는 과목이었습니다. ‘과학자에게 수학, 과학 이외에 영어가 무슨 필요가 있을까?’라는 의문이 종종 들었지만, 영어는 전공에 대한 이해도를 높이기 위해 꼭 필요한 학문이라고 생각했습니다. 그래서 아무리 피곤하고 힘들더라도 틈나는 대로 단원별로 단어를 정리해서 외우고, 내용을 요약하여 정리했습니다. 점차 어휘력이 향상되어 비록 영어 성적은 크게 향상되지 못했지만, 어휘 형성 평가에서 좋은 성적을 받을 수 있었습니다. 또한 영어로 각색한 연극 수업 시간에 생명 연구원 역할을 맡아 연기해 보면서, 전공에 대한 많은 애착이 생겨났고, 영어 원서 읽기 수업을 통해 과학 관련 영어 원서를 읽는 데에도 자신감이 생겨났습니다. 꾸준히 노력하면 한꺼번에 좋은 결과는 얻지 못하더라도 조금씩 향상될 수 있다는 긍정적인 생각이 저를 성장시켜 주는 원동력이 되었던 것 같습니다.

또한 학습에 있어서 스스로 '왜?'라는 질문을 자주 던지며, 능동적인 태도와 적극적인 문제 해결 능력으로 질문에 대한 답을 찾아가는 과정에서 즐거움을 느꼈습니다. 과학 시간에 '생명의 진화' 단원에서 지구의 최초 생물에 대해서 배우고 나니 '아직 남아 있을까?', '남아 있다면 무엇일까?'라는 의문이 생겼습니다. 각종 자료를 검색한 결과 동물성 플랑크톤이 대부분을 이룬다는 것을 알게 되었고, 이것을 좀 더 알아보고자 동물성 플랑크톤 중의 하나인 요각류를 더운 여름날 학교 근처 호수에서 직접 채취하고, 현미경을 이용해 종류별로 분류하는 활동 등을 성실히 수행하여 교내 과학 탐구 주제 발표 대회에서 우수한 성적을 거두었습니다. 몰랐던 부분도 그냥 지나치지 않고, 직접 실험을 설계하여 궁금증을 해결해 가는 과정에서 뿌듯함과 자부심을 느꼈습니다. 지나칠 수 있는 사소한 현상에도 관심을 가지고 살펴보게 되었고, 적극적으로 문제를 해결하려고 노력한다면 좋은 결과를 얻을 수 있음을 다시 한번 깨닫게 됐습니다.

과학 수업을 창의적 체험활동으로 확장하며 공부했어요.

1학년 때 과학 수업 후 포도당 1분자가 분해되어 나오는 ATP가 왜 38개인지 그리고 DNA로부터 단백질이 합성되는 전사와 번역 과정에 호기심이 생겼습니다. 이 호기심은 교과서의 간략한 내용으로 해결되지 않아서 책《DNA, 더블댄스에 빠지다》와 인터넷을 이용하여 탐구했습니다. 특히 wellcome genome campus에서 제공하는 영어 동영상을 반복 시청하며 자연스레 교과서에 있는 물질의 축약어와 같은 생명과학 전문 용어를 익힐 수 있었고 영어 실력도 향상됐습니다.

2학년 때 참가한 대학 하계 캠프에서 한 생명과학 교수님의 '세포의 구조'에 관한 강연을 들었습니다. 많은 학생들이 영어로 된 생명과학 전문 용어를 알지 못해 강의를 이해하지 못할 때 저는 인지질(phospholipid), 염색체(chromosome)와 같은 전문 용어를 알려 주었고 이때 자존감이 높아짐을 느꼈습니다. 캠프를 다녀온 후에는 생명과학 학습 동아리를 만들어 친구들에게 생명과학 속 다양한 현상을 무조건 암기하지 않고 각각의 현상에 대해 '왜'라고 질문하고 그 답을 찾아간다면 생명과학을 좀 더 논리적으로 수용할 수 있을 것이라 얘기했습니다. 호르몬 분비 조절 과정을 인과관계에 초점을 맞춰 칠판에 그림을 그리며 이야기로 엮어서 설명하자 친구들 모두 즐겁게 생명과학을 공부할 수 있었습니다.

생명과학2의 유전 단원은 많은 내용이 1학년 때 심화 학습한 내용이었습니다. 친구들과 함께 공부하는 방법을 찾던 중 서로 질문을 주고받으며 공부하는 하브루타 학습법을 알게 되어 이 방법으로 짝꿍과 함께 공부했습니다. 나눔의 즐거움을 느끼면서 관련 내용을 완벽하게 이해할 수 있었고 질문왕, 발표왕이라 불리며 수업에 적극적으로 참여한 결과 생명과학

1등을 하여 에이스상도 받았습니다. 호기심에서 그치지 않고 깊게 탐구하는 태도는 인체 해부학이나 약물의 효능을 배우는 데 큰 도움이 될 것으로 생각하고 앞으로도 혼자만이 아닌 함께 성장하는 학습을 이어나가고자 합니다.

스스로 탐구하는 재미로 과학 세상에 빠졌어요.

제 좌우명은 '스스로 탐구하지 않으면 재미없다'로, 좌우명처럼 다른 과목보다 탐구 과목인 과학을 특히 좋아합니다. 2학년 물리 시간을 통해 신·재생 에너지는 환경오염과 화석연료 고갈을 해결할 대안이지만, 열악한 설치 환경과 비용 문제에 부딪혀 현실적으로 확산되지 못함을 알게 됐습니다. 그래서 새로운 에너지원을 찾던 중 탄소를 포화해 화석연료를 대체할 수 있고, 바다에 다량으로 서식해 삼면이 바다인 우리나라가 이용하기 유리한 요각류에 대해 알게 됐습니다. 하지만 요각류의 잠재력에 비해 국내 연구가 미비해, 요각류의 번식력을 증가시킬 '요각류 최적의 서식 환경 연구'를 주제로 과학 발표 대회에 참가했습니다. 1학년 때 작성했던 요각류 관련 보고서는 연구에 도움이 되었지만 이해하기 어려운 전문 서적은 선생님의 도움으로 생물학과 교수님을 뵈어 궁금증을 해결했습니다. 더 정확한 연구를 위해 요각류 채집을 시도했으나 호수가 얼었던 겨울이라 채집이 어려웠고, 채집한 요각류도 실험에 필요한 양에는 미치지 못했습니다. 결국 실험으로 확인해 보고자 했던 계획과 달리 이론과 연구 자료에 기반을 둔 예측에 그쳤지만 요각류가 대체 에너지원으로서 가능성이 있다는 근거는 확인할 수 있었습니다.

화학 시간에 전기분해를 공부하다 화장품 화학공학자의 꿈을 품었어요.

화학 시간에 '전해질을 첨가한 물의 전기분해'를 공부하며 소금물의 전기분해수가 지닌 살균 효과에 흥미가 생겼습니다. 그래서 '소금물의 전기분해수와 손 소독제의 살균 효과 비교'를 주제로 학술제에 참가하였고 소금물 전기분해수의 잔류염소 농도에 따른 살균 효과의 변화를 분석했습니다. 온도, 전기분해 시간, 전류 세기 등을 달리하여 전기분해수의 잔류염소 농도 변화를 살펴보았고, 잔류염소 농도가 높을수록 살균 효과가 증가한다는 사실을 알았습니다. 저는 소금물의 전기분해수가 화학약품인 손 소독제보다 인체에 더 무해할 것이라고 생각하여 이를 이용한 손 소독제를 만드는 연구를 하고 싶었습니다. 그러나 실험 설계 과정에서 잔류염소의 농도가 증가할수록 발암성 물질인 $CHCl_3$의 생성 가능성도 높아짐을 알게 되었고, 잔류염소 농도를 높여서 살균 효과를 증대하려고만 했던 저의 생각이 위험했음을 깨달았습니다. 그리하여 소금물의 농도와 잔류염소의 농도 사이의 관련성을 고민해 보았고, 소금물의 전기분해와 관련된 책과 논문을 읽으며 소금물의 농도를 낮춤으로써 잔류염소의 농도를 통제할 수 있음을 알게 됐습니다. 그 뒤로 일상생활 속 화학 성분의 위험성에 대한 저의 관심은 계속됐습니다. 수돗물 내의 잔류염소가 피부에 흡수되면 임산부나 아토피에 치명적일 수 있다는 뉴스를 접하면서, 비타민 성분으로 잔류염소를 환원시켜 제거하는 샤워 필터의 원리를 이해해 친구들에게 설명해 주었습니다.

이러한 과정은 화학 성분을 제품에 접목하여 안전성 문제의 중요성을 일깨운 기회가 되었고, 꼬리에 꼬리를 무는 질문과 이에 대한 답을 찾고자 지속적인 학습을 통해 아직 모르는 것이 너무나 많다는 것을 느꼈습니다. 모르는 것을 부끄럽게 여겨 아는 척하며 넘어가기보다는 제가 몰랐다는 것을 인정하고 나니 화학에 대한 전문적인 지식이 필요함을 깨달았습니다. 이 열망을 동력으로 화학 수업에 적극적으로 임하였고 결국 '화장품 화학공학 기술자'라는 꿈을 갖게 됐습니다.

과학 시간에 신소재 공학에 관심이 생겼어요.

2학년 생명과학 시간에 시청한 해양오염 실태에 대한 다큐멘터리는 제게 환경에 관한 관심을 갖게 해 주었고, 이후 저는 환경 관련 뉴스를 지나치지 않고 꼭 챙겨 보았습니다. 특히 한반도 면적의 7배에 달하는 플라스틱 쓰레기 섬의 실태를 처음 알린 찰스 무어의 강연은 플라스틱이 왜 문제가 될 수밖에 없는지 연구하는 시발점이 됐습니다.

화학 시간에 배운 탄소화합물 개념을 발전시켜 고분자물질을 조사했습니다. 《일반화학》을 읽으며 플라스틱의 구조에 대해 학습하며 단단하고 생분해가 어려운 플라스틱의 성질은 중합 구조에서 비롯됨을 배웠고, 그 후 저는 합성 플라스틱의 생분해에 관한 보고서 작성을 통해 그 내용을 심화 학습했습니다. 또한 폴리머를 구성하는 분자 구조나 형태에 따라 플라스틱의 종류가 나뉘는 만큼, 플라스틱을 좀 더 세분화시켜 분리 배출한다면 효율적인 재활용이 가능할 것으로 생각했습니다. 이해가 쉽지 않았지만, 학교 수업을 벗어나 지적 호기심을 충족시키는 색다른 경험은 계속됐습니다. 플라스틱은 폐기 과정에서 많은 문제점을 지니는 만큼, 처음부터 생분해되는 플라스틱으로 생산하면 어떨까 하는 생각에 연구 보고서를 찾아 읽으며 플라스틱 대체재인 바이오 플라스틱을 공부했습니다. 분해 가능한 효소 등으로 이뤄진 모노모의 연결 사슬로 인해 생분해가 가능한 바이오 플라스틱이지만, 실제 상용화가 쉽지 않고 분해 과정에서 이산화탄소의 배출을 억제할 수 없는 점은 바이오 플라스틱 역시 플라스틱 문제 해결에 있어 임기응변에 지나지 않음을 알게 됐습니다. 결과적으로 삶의 방식을 변화시켜 플라스틱 소비를 줄이는 것만이 진정한 해결책임을 깨달은 저는 관련 보고서 작성을 통해 세분화된 분리수거의 필요성을 강조했습니다.

주근깨를 보고 유전학을 탐구하고 싶어졌어요.

주근깨를 만드는 유전자가 빨간 머리와 연관이 있다는 사실에 흥미를 느껴 유전학을 공부하고 싶었습니다. 이후 생명과학을 깊이 있게 공부하고자 저만의 생명과학 분석 노트를 만들었습니다. 특히 가계도 분석을 공부하며 혈연관계를 따져 유전병의 우열 관계를 찾고, 여러 경우의 수를 생각하며 유전병의 전달 경로를 알아보면서 다양한 문제 풀이 방법을 익혔습니다. 가계도 분석을 시작으로 유전의 흐름을 이해하면서 생명과학의 매력을 느끼고, 하나의 개념을 공부하더라도 그 안에 내포된 의미를 파악하는 것이 학문의 즐거움을 느낄 수 있는 방법이라고 생각했습니다. 이후 공부는 진정으로 즐길 때 가치가 있음을 깨닫고, 성적을 위한 공부가 아닌 학문 탐구를 통해 세상을 배우고 익히는 과정으로 인식하게 됐습니다.

유전학에 매력을 느껴 이를 심화 탐구하고자 학술 자료 읽기 자율학습 동아리를 조직했습니다. 특히 '태아 유전자 검사'에 대해 구체적으로 알아

보면서, 이전에 배운 개념을 더 분명히 이해할 수 있었고 자기주도학습의 즐거움을 느낄 수 있었습니다. 이는 심장 유전자 질환, MSG 혼합물 등 다양한 학술 자료를 찾아 공부하는 발판이 됐습니다. 과학 학술 자료를 해석하기 위해 일일이 사전을 찾으며 해석해 나갔지만, 해석이 어려운 부분이 있기도 하였고, 과학 용어를 찾기 힘든 까닭에 고등학생 수준으로 쉽게 이해하기는 어려웠습니다. 하지만 하나라도 완벽하게 '해 보자'라는 마음가짐으로 관련 과학 서적을 찾아보거나, 분야별 사전을 활용해 부족한 내용을 보충했습니다. 그 결과 부족하지만 노력 끝에 학술 자료의 내용을 조금씩 이해할 수 있었고, 이를 분석하는 경험은 수능 영어 지문에만 익숙했던 저에게 영어에 대한 접근과 두려움을 극복하게 해 준 새로운 시작이었습니다. 관심 있는 주제를 스스로 탐색하는 과정에서 다른 학술 자료를 읽어낼 수 있는 능력을 길렀고, 교과학습에서 알 수 없었던 새로운 사실을 알게 됐습니다. 이를 통해 유전학에 대한 이해뿐만 아니라 영어 능력도 향상되어 무엇이든 할 수 있다는 자신감을 얻게 됐습니다.

수학을 공부하며 교과 간 지식의 융합을 경험했어요.

저는 가축들이 전염병으로 인해 살처분되고 열악한 환경에서 사육되는 것을 보면서 많은 답답함을 느꼈습니다. 그리고 이 환경이 개선되려면 소비자들이 가축 사육 구조의 위험성을 인지하고 인도적으로 사육된 제품을 소비해야 한다고 생각했습니다. 그래서 이 분야를 복잡하게 느끼거나 아예 관심 없는 대중의 눈을 사로잡고 이해하기 쉽도록 설명하기 위해 표나 그래프로 나타내고자 했습니다. 그래서 1학년 때 수학 코딩 동아리에서 문제의식을 일으킬 만한 주제인 유기동물을 주제로 하여 월별, 연도별로 유기동물이 증가, 감소하는 양상을 엑셀 함수를 사용하여 나타내면서 '한눈에 알아볼 수 있는 자료로 표현하는 능력'을 길렀습니다. 이 활동은 이후 미적분1에서 수의사의 예방접종을 소재로 한 주제 탐구활동으로 이어졌습니다. 도함수, 연속성, 증가, 감소 등 함수의 특성과 연결 지어서, 항원을 주사하고 시간이 지남에 따라 항체가 생성되는 양상을 함수 그래프로 나타냈습니다.

미적분2 교과에서는 삼각함수와 기복 조절을 주제로 옥시토신과 자궁수축 사이의 양성 피드백과 항상성 조절의 개념을 삼각함수의 주기성과 연결하여 분만 시 진통과 수의사의 동물 분만 유도를 설명하기도 했습니다. 저의 관심사를 수학 과목의 함수로 표현하는 과정에서 다른 교과인 생명과학1의 내용도 깊이 있게 이해할 수 있었고, 3학년 때 생명과학2를 선택하여 효소에 의한 반응 그래프를 쉽게 해석할 수 있었습니다. 제가 좋아하는, 설명하고자 하는 주제를 수학이라는 학문에 적용하고 그것이 이후 생명과학 과목까지 연결되는 것을 보면서, 다른 교과 간 지식의 융합을 경험하였고 통합적으로 이해하는 능력을 갖추게 됐습니다.

사회와 과학 교과에서 생명을 존중하는 간호사의 꿈이 싹텄어요.

독서는 호기심 많은 제게 지적 호기심을 충족시키는 좋은 징검다리였습니다. 1학년 정치와 법 시간에 존엄사 논란을 듣고 근본적인 문제가 무엇일까 궁금했습니다. 이는 책《판결을 다시 생각한다》를 통해 존엄사 판결 사례와 소송을 둘러싼 각각의 쟁점을 살펴보고 해결할 수 있었습니다. 존엄하게 죽을 권리를 인정하는 것이 합당하다는 제 생각과 다른 친구들의 생각은 어떻게 다를지 궁금했기에 2학년 때 토론을 통해 각각의 견해를 나눴습니다. 그중 존엄사를 반대하는 친구가 한 말이 인상적이었습니다. '죽음에 관한 최종적 의사결정자가 환자 본인이 아니다'라는 친구의 주장을 통해, 삶과 죽음을 결정하는 주체가 본인이어야 한다는 중요한 사실을 고려하지 못했음을 깨달았습니다. 이 때문에 환자가 의사결정에 관여할 수 있는 방안에 대해 고민했고, 물리2 교과서 속 '뇌파 측정'과 뇌공학 관련 책에서 다룬 '뇌-컴퓨터 연결 기술'을 알게 됐습니다. 의식이 있는 감금증후군 환자의 경우 뇌파를 이용하여 존엄사에 관한 본인의 의사를 전달할 수 있게 되었다는 사실이 놀랍게 느껴졌습니다. 그리고 존엄사 결정에서 뇌파를 이용하면서까지 환자의 의사를 중요하게 고려하는 이유가 무엇일까 깊이 사유하던 시간은 《생명의료윤리》에서도 말하는, 생명을 귀히 여기는 마음 때문이라는 깨달음을 주었습니다. 이러한 사고는 간호사로서 갖추어야 할 생명 존중의 자세로도 이어졌습니다. '간호학과 선배와의 만남'에서 인식한 바와 같이 생명 존중의 태도로 환자를 대하는 것은 결국 환자 개개인을 하나의 인격체로 여기며 존중하는 마음과 같음을 깨달았습니다. 이는 영어 지문의 내용인 전문 의료 기술로 환자를 도울 수 있는 범위가 15% 내외라는 사실과도 연결됐습니다. 물리적인 치료 역시 중요하지만, 그보다 더욱 중요한 것은 지속적인 관심으로 환자를 대하는 것과, 그 아픔을 공감하며 간호하는 태도였습니다. 이러한 깨달음을 바탕으로 앞으로 각 환자를 섬기고, 정성된 간호를 통해 전인적인 치료를 이루어내는 간호사가 되고 싶습니다.

교과 지식을 세상 밖으로 적용하는 역량을 키웠어요.

'대한민국 보건의료비 지출 증가율은 OECD 평균의 2배 이상, 주관적 건강 상태 양호 비율은 OECD 국가 중 최저'라는 기사를 읽은 저는 '의료비 지출의 증가는 높은 병원 의존도 때문'이라고 추론하게 됐습니다. 더불어 청소년의 병원 의존도에 대한 궁금증에 청소년 200명을 표본으로 통계 보고서를 작성했습니다. SNS를 활용하여 표본 집단의 편향성을 해소하면서 빠르고 정확한 결과를 얻을 수 있었고, 보고서를 작성하며 가설 검증 및 분석에 필요한 조사법과 통계 관련 지식을 익히고 적용할 수 있었습니다. 이를 통해 청소년들 역시 몸이 아플 때 스스로 원인과 해결 방법을 찾는 능동적 참여보다 전문가의 의견을 절대적으로 수용하는 수동적 참여 비율이 더 높으며, 병원 의존도 또한 높음을 알게 됐습니다. 건강 주권의 주체가 환자가 아니라 병원이라는 것과 현대 의학이 환원주의적 대증요법에 매몰되어 있음을 알게 된 저는 보고서 발표를 통해 친구들에게 질병 치료에 있어 필요한 능동적 참여에 대해 알려 주며 보람을 얻었습니다. 관심 있는 보건 관련 주제로 보고서를 작성하며 확률과 통계 시간에 배운 통계 관련 지식을 실제 상황에 적용해 보고, 추가로 보건 수업 이수를 통해 건강 주권 회복에 대해 생각해 볼 수 있었습니다.

지구과학 시간에 배운 기압과 날씨 변화, 태풍과 악기상 개념을 토대로 태풍 5호 다나스 분석 보고서를 작성하며 교과 지식을 실생활에 연계시켜 보았습니다. 결과적 기상예보가 아닌 자료를 조사하고 분석하며 매시간 변화하는 우리나라의 기상을 이해하고, 태풍의 발생과 이동에 따른 변화를 설명하며 악기상의 대비책을 생각할 수 있었습니다. 특히 폭염, 폭우와 같은 재난 경보를 통해 기상 변화는 우리 건강에 영향을 미치는 외부적 요인으로 작용하며, 관련 지식은 재난 발생에 따른 응급 상황 대비에 효과적일 수 있음을 알게 됐습니다. 교과서의 지식을 교실 밖 관심 분야에 적용하며 자연스럽게 열의를 갖고 학습할 수 있었고, 교과 내용을 적재적소에 적용하는 학업역량이 향상됨을 느낄 수 있었습니다.

수업 시간 프로젝트를 수행하며 진취적인 학습 태도를 갖췄어요.

다른 사람들 앞에 나서기를 좋아하지 않던 제가 고등학교에 와서 가장 흥미를 가지고 적극적으로 참여했던 것은 역설적이게도 1학년 기술·가정 시간에 했던 '창작 동화 만들고 연극하기'였습니다. 처음엔 아동의 눈높이에 맞는 친근한 말투와 글을 쓰고, 그림을 그리며 창작하기가 쉽지 않았습니다. 그래서 다른 동화책을 읽어 보고 초안으로 만든 동화를 교회 유치부 아이들에게 들려주면서 완성도를 높일 수 있었습니다. 이후 가장 잘 만든 동화로 선정되어 연극으로 만들기도 했습니다. 연극에 대한 경험이 없던 제가 모둠 친구들을 이끌면서 연극을 만드는 일은 너무 큰 부담이었습니다. 그러나 친구들에게 동화 내용과 창작 의도를 설명해 주자 모두 좋다고 격려해 주어 자신감을 가지고 시작할 수 있었습니다. 친구들과 여러 차례 협의를 거듭하면서 6~7세 아이들의 말투와 행동, 호기심을 줄 수 있는 소품까지 세심하게 준비하여 성공적으로 연극을 마칠 수 있었고, 선생님과 친구들로부터 많은 칭찬과 환호를 받았습니다. 이러한 경험은 무엇보다 학습에 대한 큰 동기부여가 되었으며, 주어진 문제를 해결하기 위해 자료를 수집하고 정리하는 학습 습관과 발표에 대해 자신감을 갖는 계기가 됐습니다.

이러한 자신감으로 교과 시간마다 다양한 연구, 조사 발표에 더욱 적극적으로 참여하였으며, 3학년 때는 지역과 사회 탐구 사례 보고서 대회까지 도전하게 됐습니다. SNS 광고의 문제점을 주제로 정하고 자료 조사를 거쳐 3학년 친구들을 대상으로 이에 대한 인터뷰와 전후 설문조사를 했습니다. 또한 SNS 광고에 대한 올바른 인식을 갖도록 하기 위한 캠페인과 서명 운동을 하고 보고서를 제출하여 입상하는 결과를 얻기도 했습니다.

이처럼 다양한 프로젝트 발표를 통해 자료를 탐색하는 능력은 물론이고 어떤 문제든지 도전하며 해결하려는 태도와 자신감을 갖게 되었으며, 학습에 대한 성취감도 느끼게 됐습니다. 또한 주어진 문제에 대해 편견이나 선입견에서 벗어나 다양한 시선으로 바라볼 수 있는 안목도 갖게 됐습니다.

수학 교과 활동을 하다 수학 교사의 꿈을 갖게 됐어요.

1학년 수학 교과 심화 과정에서 '도형의 길이를 근으로 하는 이차방정식 만들어 보기', '도형과 함수의 관계식 찾아보기' 등의 활동을 통해 실생활 문제를 수학과 연결시켜 창의적으로 생각해 볼 수 있는 기회를 갖게 됐습니다. 이를 통해 원래 가지고 있었던 수학에 대한 관심을 더 키워 나갔으며, 논리적 사고력을 꾸준히 증진시킬 수 있었습니다. 또한 많은 학생들이 매년 수학 교과 시간에 자발적으로 시행한 '매일 7문제 풀기'를 끝까지 꾸준히 실천하고 적극적으로 참여하여 학기말에 노트를 제출함으로써 성실한 학습 태도를 유지하고자 노력했습니다.

그러나 2학년 수학 교과에서 노력한 만큼 원하는 성적을 얻지 못하여 크게 낙담하였고, 지금까지의 공부 방식에 대해 많이 고민했습니다. 하지만 포기하지 않고 수업 시간에 최대한 집중하려 했고, 자발적으로 발표하고 끈질기게 오류를 찾아 수정했습니다. 이를 통해 어떤 문제든지 끝까지 해결하려고 노력함으로써 뭐든 정확하게 알고 넘어가는 습관을 갖게 됐습니다. 그 결과 저는 수업 내용을 어려워하는 친구들이 먼저 찾아서 도움을 구하는 또래 선생님으로 활약하게 됐습니다. 그리고 혼자 공부하면서 중요하다고 생각하거나 실수할 수 있는 부분을 체크해 두었다가 모둠 활동 시간에 친구들에게 질문을 하는 식의 수준 높은 수학적 의사소통을 했습니다. 또한 저는 고등학교 3년 내내 수학 교과 또래 멘토링 활동을 하면서 멘티가 아닌 친구들의 질문에도 거리낌 없이 답해 주었고, 쉬는 시간, 점심시간을 가리지 않고 제가 설명해 줄 수 있는 것을 최선을 다해 알려 주었습니다.

저는 교외에서도 '한국자원봉사사회개발원'에서 하는 청소년 학습 멘토링 자원봉사에 지원해 6개월 동안 꾸준히 2명의 학생을 맡아 수학 교과뿐만 아니라 과목별 공부 방식, 영어 과목 등 다른 학습에 필요한 부분도 자원해서 멘토링 활동을 했습니다. 이를 통해 '수학 교사'라는 제 꿈을 간접적으로나마 체험할 수 있었고, 교사로서 필요한 지식이나 행동에 대해 깊이 있게 생각해 볼 수 있는 기회를 갖게 됐습니다.

'벡터'에서 문제 해결력과 자신감을 키웠어요.

3학년 때 '수학 용어 말하기 대회' 안내를 보고 바로 '벡터'가 떠올랐습니다. 벡터의 매력을 공유하고 싶었기 때문에 기본 개념을 빠짐없이 소개할 수 있는 시나리오를 작성해 보았습니다. 하지만 모든 내용을 설명하려 하다 보니 오히려 '재미'가 없었습니다. '수학 개념 설명을 통한 학생과 대중들의 소통'이라는 활동의 취지를 찾아본 후, 각 개념을 일상생활에 빗대어 표현했습니다. 예를 들어 서로 같은 벡터에 대해 "같은 교실에서 출발한 학생들이 각각 다른 층의 통로를 이용해도 같은 급식실에 도착하면 시점과 종점이 일치하는 같은 벡터로 볼 수 있지!"라고 설명했습니다.

활동 후, 함께 참여했던 인문 과정 친구가 자기도 벡터 공부에 대한 자신감이 생겼다고 말했습니다. 뿌듯함이 느껴지는 동시에 이 활동처럼 친구들과 함께 공부할 방법을 생각해 보고 싶었습니다. 그래서 '문제적 여자' 활동을 진행했습니다.

'문제적 여자'는 문제를 복도에 게시한 후 친구들이 아이디어를 붙이게 하는 것입니다. 문제를 찾기 위해 '수학 동아'와 '폴리 매스'를 참고했습니다. 마음에 드는 기하 문제를 발견해 풀이를 직접 생각해 보았지만, 정답만 게시되어 있어 제 풀이가 출제자가 의도한 풀이인지 알 수 없었습니다.

저는 도형의 변의 길이와 각도를 이용해 합동인 사각형을 찾아내어 답을 구했지만, 순수하게 각도를 하나하나 따져 가는 풀이를 제시한 친구도 있었습니다. 여기서 다른 친구의 풀이와 비교해 볼 수 있는 '문제적 여자' 프로젝트의 진가가 발휘된다고 생각했습니다. 고려하지 못한 풀이를 접했을 때 생각이 자극되는 느낌이었고, 생각을 나누는 것이 수학적 사고력에 중요한 역할을 한다는 것을 깨달았습니다. 그래서 동아리 '유.아.뉴'를 통해 수학 문제를 풀고 어려웠던 문제의 풀이를 함께 토의해 보는 시간을 가졌습니다. 친구들과 다양한 풀이를 토의해 보고 다양한 시각으로 문제를 바라봄으로써 무턱대고 문제에 접근할 때와 달리 전체 맥락을 파악하고 접근하는 능력도 기를 수 있었습니다.

자신의 진로를 스스로 개척하자

진로에 대한 관심은 학교 교육에서 교과 수업과 창의적 체험활동에서 나타납니다. 학생선택형 교육과정으로 발표, 토론, 주제탐구, 과제연구, 실험 등 학생참여형 활동이 활성화되면서 지원 전공과 관련된 교과 활동이 많아지고 있습니다. 과제나 수행평가 과정에서 자연스럽게 진로와 연관된 교과 활동을 하기도 하고 창의적 체험활동에서 자율적으로 진로를 탐구할 수도 있습니다. 교사가 창의적 체험활동 시간에 다양한 진로와 적성에 맞는 활동을 소개하고, 학생들은 자신의 진로 희망에 적합한 동아리에 가입하며 꿈이 비슷한 친구들과 자율활동을 하기도 합니다. 진로가 뚜렷한 학생이 대학 입학 후 해당 전공을 더 열심히 하고 대학 생활의 만족도가 높아질 것을 예상할 수 있습니다.

학생의 재능은 어떻게 발견할까요? 재능은 선천적으로 타고난 능력이지만, 때로는 무모한 도전과 예상치 못한 지점에서 발견해 나가기도 합니다. 재능은 특정 영역이나 특별한 활동으로 한정되지 않습니다. 친구들의 이야기를 잘 들어주는 것도 재능이고, 교실 정리를 잘하는 것도 특별한 능력입니다. 교실 밖에서 게임을 잘하고 화장으로 친구를 멋지게 꾸미는 것도 재능이 될 수 있습니다. 굳이 학업에 한정할 필요는 없습니다. 식물을 잘 기르고 동물을 사랑하는 것도 재능입니다. 그 재능을 펼칠 수 있는 진로를 찾아보고 진로에 적합한 특성이 무엇인지 탐색해 나가도록 합니다. 현재 친구들이 좋아하고 사회적으로 인정받는 직업을 따라가는 것보다는 자신의 특성과 미래에 유망한 직군에 눈을 돌리는 것도 좋습니다.

진로 적성을 찾는 데 유의할 사항은 갑자기 재능을 발견하는 게 아니라는 것입니다. 성실한 활동과 특정 영역에서 일정 정도 이상의 노력이 쌓여야 무언가 보인다는 것입니다. 하늘에서 재능이 뚝 떨어지고 교사나 부모가 특기 능력을 보여주는 게 아니라는 것입니다. 교과 시간에 충실하게 임하고 주도적으로 학습하는 과정에서 자신의 흥미를 발견할 수도 있습니다. 반대로 열심히 도전해 보고 그 길은 자신의 진로가 아니었음을 깨달을 수도 있습니다. 기본적으로 열심히 하고 제대로 해야 진로가 보이기 시작합니다. 학생이 열정적으로 참여했던 교과 수업 활동, 동아리 활동, 진로 체험 학습, 독서, 자율활동, 축제 등에서 호기심과 관심이 생깁니다. 그런 활동에서 경험한 구체적인 내용, 활동하면서 겪은 어려움과 극복 과정, 활동 후 배우고 깨달은 점 등이 쌓일 때 진로가 보입니다.

학교 교육과정에서 학생의 선택권을 다양하게 열어놓은 학교가 있는가 하면, 여전히 학생의 선택이 제한적이고 형식적인 학교가 더 많습니다. 창의적 체험활동이 학생과 활동 중심으로 운영되면 좋겠지만 아직도 교사가 교과 중심으로 운영하는 학교도 많습니다. 이때 자신의 상황을 불평하기보다는 적극적으로 학교 상담실이나 진로진학실을 찾아가 상담하고 지역

교육청이나 대학 입학처의 문을 두드리는 적극성이 필요합니다. 교육청에서 권역별 학교를 묶어서 교육과정을 개설하기도 하고 대학이 고등학교와 연계하여 교육과정을 개설하고 있으며, 여러 형태의 온라인 강좌가 늘어나고 있습니다. 대학교는 미래의 고객을 유치하기 위해 고등학교 학생을 대상으로 다양한 체험활동과 전공을 안내하고 있습니다. 학교 공부에 지장을 받을 것이라고 걱정하기보다는 자신의 진로를 스스로 개척하려는 진취성이 필요합니다.

▣ 학교 교육과정을 충실하게 수행하며 진로를 찾은 선배들의 사례를 아래에 제시해 봅니다.

꿈의 변화로 서울대 자유전공을 열었습니다.

고교 3년 동안 학업에서의 노력은 제 꿈을 변화시켰고, 그 변화의 시작은 교과 수업에서 비롯됐습니다.

1학년 때는 역사 교사가 꿈이었습니다. 교내 독서 토론 활동에서《역사란 무엇인가》를 읽고 랑케 대 카아의 입장으로 토론했는데, 대립적 역사관을 모두 접하고 중립적 입장을 도출하여 전달하는 것이 교사의 역할이라고 생각했습니다. 이후 한국사 공부를 할 때 교과서 내용만이 아니라, 숨어 있는 인물과 관련 사건을 하나하나 찾아가는 하이퍼텍스트적 공부법을 활용했습니다. 객관적 지식을 연결하면서 전체적인 흐름을 파악하니 공부가 더 흥미로웠고, 한국사 학습법은 다른 과목을 공부할 때도 큰 도움이 됐습니다.

2학년 때는 사회평론가가 되고 싶었습니다. 역사에 관한 정치적 논쟁이 생길 때, 역사 지식을 전수하는 것의 한계를 생각했고 다른 분야와 관련 있고 현재와 소통하는 역사를 실천하고 싶었기 때문입니다. 이때부터 역사의 흐름을 다른 과목의 내용에 연결하면서 공부했습니다. 내용에 대한 이해가 심화되면서 사회평론가가 되기 위한 길을 끊임없이 고민하게 됐습니다. 역사와 다른 과목들을 연계하여 학습하면서 성장하는 저의 모습을 발견하게 되었고, 학교 공부를 하는 것 자체가 제 진로를 개척하는 것임을 깨달았습니다. 이를 통해 진로에 대한 믿음과 함께 더욱 열심히, 즐겁게 공부할 수 있는 계기가 됐습니다.

3학년 때 제 진로는 지역학이 됐습니다. 급변하는 다원화 사회를 정의할 수 있는지, 지속 가능한 이론은 있는지 회의가 생길 때 국어 독서 지문에서 지역학이라는 대안을 찾게 됐습니다. 이후 지역 이해 수행평가로 이상적인 지역 개발 모델을 조사하고 지역학 책을 읽으면서 주민들에게 진정한 장소감을 줄 수 있는 지역을 만들겠다는 꿈이 생겼고, 진로를 지역개발학으로 구체화했습니다. 통섭 학문이라는 지역학의 특성으로, 모든 학문을 총동원하여 지역을 이해해야 했는데, 그 원천은 학교 교과 수업이었습니다. 이전에 학습한 경험과 그동안 쌓였던 지식을 토대로, 역사와 지리 그리고 모든 과목을 서로 연계하며 종합적으로 공부했습니다. 연계학습으로 성적도 향상되었지만, 가장 큰 성과는 이상적인 지역 개발을 위한 과제를 구체화했고, 그것이 실제로 가능하다는 확신을 얻은 것이었습니다.

3년간 다양한 진로를 모색하면서 느낀 것은, 학교 공부의 목적이 비교평가에서 좋은 수치를 얻는 것은 아니라는 점이었습니다. 그동안의 공부가 더 좋은 등급을 받아 좋은 대학에 가기 위한 것이었다면, 그런 공부로는 제 꿈을 찾지 못했을 것이고, 행복하지도 않았을 것입니다. 교과 공부에 충실하면서 학문적 호기심과 문제의식은 커졌고, 그 과정에서 제 진로가 보였습니다. 그래서 저는 3년간 재미있게 공부할 수 있었고, 앞으로 더 많은 학문을 접하고 더 많은 사람과 소통하면서 다양한 학문과 관점을 수용하고 더욱 완성된 꿈을 실현해 나갈 자신감이 생겼습니다.

묻고 탐구하며 구현하는 공학도의 꿈을 관악에서 펼칠 것입니다.

고교 3년 동안의 제 학업과 학습의 정점에는 기계공학이 있습니다. 논리적 인과성을 좋아하고 무언가 새로운 것을 만들기 좋아하는 저는 자연스럽게 기계공학에 관심을 갖게 되었고 기계공학의 토대인 수학과 물리 공부에 열정을 쏟았습니다. 수학과 물리의 개념과 원리를 공부할 땐 '왜 그래야만 하는지에 대한 이유를 탐구하는' Why와 '그 이유/원리를 어떻게 활용할지에 대한 방법을 고민하는' How에 바탕을 두었습니다. 저의 이런 고민은 배운 지식을 실제로 구현해 보려는 열정으로 이어져 폭넓은 독서활동과 R&E 활동, 발명품 제작 및 대회 참가 그리고 창의 산출 활동으로 표출됐습니다.

저는 Why를 통해 다양한 관점에서 사물이나 현상을 이해하는 넓은 시야를 갖게 되었고, How를 통해 새로운 관점에서 사물이나 현상을 다각도로 적용해 보고자 하는 창의적인 응용력을 기를 수 있었습니다. 또한 호기심을 품고 문제를 해결해 내는 공부 습관은 제 지식을 더 깊고 넓게 만들어 주었으며 향후 대학 및 대학원 공부에서도 발전의 원동력이 될 것입니다.

경영 동아리 활동으로 마케터의 꿈을 찾았습니다.

경제 경영 동아리 ○○○○○에서 다양한 활동을 했습니다. '담뱃값 인상'과 같은 시사 경제를 주제로 토론을 하였으며, 동아리 문집과 관련된 기사와 보고서를 작성했습니다. 2학년 때는 소셜벤처 경연대회에 참가하여 노인 소외 문제를 해결하고자 노인들의 이야기를 다양한 매체로 제작하는 '츄러스'라는 사회적 기업을 설립했습니다. 사업제안서를 작성하면서 많은 난관에 부딪혔습니다. 각 팀에게 주어진 예산 한도는 20만 원에 불과했는데, 장소 섭외나 자원봉사자 모집, 홍보 비용을 계산해 보니 예산이 부족했습니다. 그러나 부원들과 여러 차례 논의해 본 끝에 웹툰이나 UCC 등의 매체를 선정함으로써 제작 비용을 최소화할 수 있는 방안을 찾았고, 제한된 예산에 맞는 계획을 세울 수 있었습니다. 사회적 문제에 대해 합리적인 전략을 찾아 해결책을 구상함으로써 지속 가능하면서 윤리적인 경영 태도에 대해 탐구해 볼 수 있었습니다.

직접 사업을 구상하고 운영하는 교내 모의 창업대회에 참여했습니다. 학교라는 제한된 장소에서 친구들과 선생님들을 대상으로 사업을 해야 했기 때문에 창업 아이템 선정에 어려움을 겪었습니다. 친구들의 의견을 수렴하던 중 '학업에 열중하다 보니 소중한 주변 사람들에게 소홀해진다'라는 친구들의 고민거리를 알게 됐습니다. 이에 착안하여 친구들이 하고 싶은 말을 영상으로 촬영한 후, 편집 과정을 거쳐 동영상을 제작하여 당사자에게 전달해 주는 사업을 진행했습니다. 소모성이 없는 카메라를 대여하여 이용함으로써 자본 비용을 줄였고, 사업 홍보지를 제작하고 복도 게시판과 면학실 그리고 교실에 배포하여 수요 조사를 실시했습니다. 또한 여러 친구들이 같이 영상을 찍을 경우 저렴한 '단체 가격'을 적용했고, 영상의 길이가 짧은 친구들에게는 가격 할인을 적용해 주는 전략을 세워 30명을 대상으로 다양한 수요를 만족시킬 수 있었습니다. 작은 규모였지만 사업을 기획하여 서비스를 제공하는 단계적인 경영 방식에 대한 실전적인 경험을 통해 마케팅의 실질적인 영향력과 중요성을 느꼈습니다.

미디어 매체에 대한 관심이 커서 이에 대한 과제 연구를 수행했습니다. 웹툰, 동영상 등의 매체를 기반으로 모의 창업을 진행하면서, 미디어 매체마다 광고의 효과가 다르다는 것을 경험하게 됐습니다. 주변에서 광고를 접하기 쉬운 매체들을 선정하여, '미디어 매체에 따른 광고의 전략에 관한 연구: 공중파 광고, 인터넷 배너 광고, 앱 광고의 비교를 중심으로'라는 주제로 보고서를 작성했습니다. 이를 통해 매체들의 특성과 수용자, 재화를 고려하여 시간과 공간에 적절한 광고 전략을 세워야 한다는 것을 깨달았습니다. 더 나아가 모바일 설문지를 통하여 소비자들이 미디어 매체를 통한 광고를 인식하고 수용하는 정도를 조사하면서, 광고가 소비자들의 구매 결정을 좌우하는 만큼 사회적 영향력이 크다는 것을 인식하게 됐습니다. 이런 과정에서 광고와 마케팅이 허위적이고 기만적인 태도로 소비자들에게 피해를 주어선 안 된다고 생각하게 되었고, 마케팅 생산자로서 갖춰야 할 윤리적인 태도에 대해 생각해 볼 수 있었습니다.

창의적 체험활동으로 인류학자의 길로 들어섰습니다.

고교 진학 후 저의 학문적 관심을 확장시켰고, 다양한 교과 외적 활동은 저의 진로를 결정하는 데 나침반이 되어 주었습니다.

1학년 2학기에 인류학자의 꿈을 갖게 되었고, 유사한 흥미를 가진 친구들과 '○○○○○'라는 자율 동아리를 결성했습니다. 동아리 부원들과 문화 인류학 입문 서적을 돌려 읽으며 인류학에 대한 기초적 소양을 기를 수 있도록 노력했습니다. 동서양의 가치관 차이를 다룬 다큐멘터리를 소개한 후, 학우들을 대상으로 설문조사를 실시하여, 실제 우리나라 청소년 세대에게 적용할 수 있는지를 검토하는 보고서를 작성했습니다. 또한 친구들과 다문화 가정을 돕는 시설에서 아동들에게 한국어를 가르쳐 주는 봉사활동을 하면서 보람도 많이 느꼈고, 외국인 부모들과 대화를 주고받으며 다양한 문화권 사람들의 가치관의 차이를 발견하며 학구적 즐거움도 얻을 수 있었습니다.

2학년 때 책을 읽다가 언어학과 암호학에 흥미가 생겨 저만의 고유한 암호와 문자 체계를 몇 가지 고안해 봤습니다. 함셈어족이나 일반적인 인도유럽어족의 문자 체계를 차용한, 주로 크립토그래피 중 대체 암호에 속하는 사이퍼 방식의 암호들을 고안함으로써 한국어를 표기할 독창적이고 정교한 새 문자 체계를 고민했습니다. 한국어가 짧은 시간 안에 상당히 밀도 높은 음성 정보를 전달함을 알고 스스로 놀라며, 한글보다 한국어를 더 효과적으로 표기할 수 있는 문자는 없겠다는 깨달음을 얻었습니다. 그렇게 고안한 한 가지 문자 체계에 다양한 문법적 장치와 변칙을 첨가하는 시도를 하며 3년 내내 붙잡고 개선 과정을 거치도록 했습니다. 복잡한 형태가 아니면서도 암기하기 쉽고, 글자가 쉽게 구분되면서 빠르게 필기할 수 있는 형태의 문자를 만드는 노력의 과정에서 스스로 효율적인 표음문자를 만들기 위한 대원칙 조항들을 정립했습니다.

발로 뛰며 난민 구호자의 꿈을 찾았습니다.

난민 구호자가 꿈인 저는 국내 난민 신청자들을 위한 시설인 출입국외국인지원센터에서 큰 연구 가치를 발견해 이에 대해 연구했습니다. 설립된 지 얼마 되지 않은 시설이다 보니 선행 연구가 존재하지 않았고 자료도 극히 적어 연구 진행에 어려움을 겪기도 했습니다. 하지만 자료가 없다고 주저하기엔 주제에 대한 아쉬움이 컸고, 직접 찾아가며 자료를 조사하는 것이 진정한 연구자의 자세라고 생각했습니다. 이후 시설을 직접 가 보고서야 낮은 접근성, 열악한 주변 환경 등의 문제점을 인지했습니다. 이를 중심으로 시설 운영상의 문제점과 해결 방안을 분석하여 제시했고, 출입국외국인지원센터를 소재로 한 최초의 논문을 쓰게 됐습니다. 어느 논문에서도 다뤄지지 않은 소재에 대해 끈질기게 연구하고, 토론하여 해당 논제를 공론화하는 데 기여할 수 있었습니다. 저의 진로와 관련해 전문적인 연구를 진행했다는 점과 국내의 문제를 다루어 정책을 제안했다는 점에서 이 연구는 제게 중요한 경험이 됐습니다. 어떤 주제를 다루든 발로 뛰는 노력을 해야 한다는 점도 깨달았습니다.

동아리에서 자서전을 발간하며 출판 계열 진로를 찾았습니다.

3년간 ○○○이라는 동아리에서 활동했습니다. ○○○의 주된 활동은 ○○사할린 동포 복지회관에 방문하여 사할린 동포들의 자서전을 써 드리는 것입니다. 동아리에 입부하기 전에는 사할린 복지회관이 있다는 것조차 모르고 있었습니다. 비록 처음에는 사할린 동포에 관해 잘 알지 못하였지만, 동아리 활동을 통해 누구보다 그분들에 대해 깊이 알 수 있었고, 더 많은 사람들에게 알리기 위해 노력했습니다. 자서전을 위해 대화를 나누며 2세대 동포 분들께 한국의 문화를 알려 드리기도 하고 러시아와 일본의 문화를 배우기도 했습니다. 동아리의 부장을 맡아 부원들의 글을 모아 편집하고 자서전을 완성시키기까지의 과정은 쉽지 않았습니다. 하지만 ○○○에서 활동하면서 직접 듣지 않고는 알 수 없을 가슴 아픈 동포 분들의 생활상을 전해 들을 수 있었기에 개인적·역사적으로 굉장히 의미 있는 일이었다고 생각합니다. 완성된 자서전은 복지관과 학교 도서관에 기증됐습니다. 이후에 이 책을 읽은 사람들이 사할린 동포 분들의 삶의 아픔에 공감하고 그들을 기억하는 데 도움이 될 것입니다.

활동 후에는 친구들과 이 책을 공유하고 우리 민족의 가슴 아픈 역사를 알리기 위해 노력했습니다.

일제강점기에 대한 탐구는 역사는 물론 사회, 국어 교과 공부에도 도움이 됐습니다. 독도와 위안부 문제에 대한 심각성도 재차 인식할 수 있었습니다. 한국 근대문학의 배경이 주로 일제강점기였기에 당시 시대 상황을 파악함으로써 작가가 전달하고자 하는 메시지를 더욱 깊이 공감할 수 있었습니다. 시험을 목적으로 하는 배움이 아닌 지식을 향한 탐구였기에 당시 현실에 대한 깊이 있는 이해가 가능했습니다. 교과서를 만들며 내용에 대한 이해뿐 아니라 책의 구성도 살필 수 있어 출판 계열을 희망하는 제게 의미 있는 활동이었습니다.

다문화 가정의 아이를 돕는 교육정책을 펼치고 싶습니다.

세계 빈곤 문제에 대한 관심으로 '세계 아동노동 착취'에 대해 토의했습니다. 관련 자료를 조사하던 중 국제노동기구의 보고서를 통해 8천5백만 명이 넘는 아이들이 노동 착취를 당한다는 것을 알게 됐습니다. 아이들의 노동력으로 만든 제품을 전 세계 사람들이 쓰고 있기 때문에 아동노동 착취는 그 나라만의 문제가 아니라 전 세계가 같이 고민하고 해결해야 하는 문제라는 것을 알려야 할 필요가 있다고 느꼈습니다. 이를 바탕으로 국제사회의 원조에 대해 알아보기 위해 TED 영상을 보고 현재 이뤄지는 원조가 정말로 빈곤국 국민들을 위한 원조 방법인지에 대해 의문을 갖게 됐습니다. 원조는 공여국을 위해서가 아닌 민간 부문에 대한 투자로 전환하고 무조건 금전적 지원이 아닌 그 국가가 자립할 수 있는 형태로 원조를 할 필요가 있음을 느꼈습니다. 정부는 형식적인 원조보다는 장기적 전망에서 현지 주민의 필요를 고려하고 현실적 문제를 제대로 해결할 수 있는 실질적 원조를 할 필요가 있다는 사실을 깨달았습니다.

다문화 가정과 인터뷰를 진행하며 다문화 가정 자녀 맞춤형 교육의 필요성을 인식하고 다문화 가정 자녀들의 교육 문제에 대한 보고서를 작성하며 초등학생, 유치원생 자녀를 둔 나오코 씨와 인터뷰를 진행했습니다. 나오코 씨는 한국어에 능숙하지 못한 학부모를 위한 통역 프로그램의 부재, 언어의 문제로 학교 수업을 따라가지 못하는 아이들을 위한 특수 프로그램의 부재로 어려움을 겪고 있었습니다. 인터뷰 후 파악한 다문화 가정의 교육 문제의 원인은 크게 두 가지였습니다. 하나는 다문화 가정의 자녀들이 한국어에 능숙하지 않은 부모님과 집에서 의사소통이 원활히 이뤄지지 않았다는 것이고, 다른 하나는 학교생활에서 교사의 수업 내용을 이해하기 어려워했다는 것입니다. 또한 다문화 가정을 위한 시설의 접근성도 좋지 않아 한국어 교육센터를 확장시켜야 한다고 생각했고 다문화 가정 자녀들을 위한 1:1 교육정책의 필요성도 느꼈습니다.

교내 진로활동에서 경영인의 미래를 그렸습니다.

교내 과제연구 시간에 물리학과 경제학을 적용한 보고서를 작성하며 연구 방법론을 익혔습니다. 복잡한 사회현상을 분석하고자 '공명'에서 착안한 '사회공명현상'을 규정했고, '허니버터칩 현상'과 과시·모방 소비 성향의 공명 관계를 중심으로 연구를 진행했습니다. 2학년 초 마이크로소프트 코딩 캠프에 참가하며 코딩에 관심을 가졌고, 온라인 설문 결과의 집단별 상관관계를 분석하고 가설을 검증하는 데 이를 활용했습니다. 낯선 용어에 어려움을 겪었지만 새로운 것에 도전하며 즐거움을 느꼈고, 밤을 새워 소비자의 성향을 분석하며 뿌듯함을 느꼈습니다. 연구발표대회에서 창의적인 사회 분석 방법을 제시했다는 점에서 선생님과 친구들에게 큰 호응을 얻었고 좋은 성과를 이뤘습니다. 연구를 진행하며 체계적인 논문 작성법을 배웠고, 다양한 학문을 융합하여 현상에 접근하는 것의 중요성을 느꼈으며, 대학에 진학하여 새로운 연구 방법을 만들고 첨단 기술을 활용해 사회 발전에 기여하는 연구를 진행하겠다고 결심했습니다.

교내 융합창업 동아리를 통해 사회 취약 계층인 난청 환자와 실버 세대를 위한 '소리 증폭 스마트폰 케이스'를 개발하고 사회적 기업 'Tweety case'를 설립했습니다. 난청으로 어려움을 겪는 할아버지를 보며 떠올린 아이디어를 바탕으로 KOTRA를 참고해 친환경 제품에 대한 소비자들의 선호를 파악했고, 소리 관련 논문에서 폐목재의 진동수와 소리 증폭 기능을 분석하여 폐목재를 업싸이클링한 케이스를 개발했습니다. 직접 제작한 디자인과 사업 계획서를 바탕으로 JA Company of the year에 참가하며 시제품을 시현하기도 했습니다. 이 과정에서 소비자의 필요를 분석하고 삶을 윤택하게 돕는 제품 개발의 중요성을 느꼈고, 효과적으로 문제를 해결하기 위해 사회과학, 자연과학, 프로그래밍 등 다양한 지식이 필요함을 느꼈습니다. 1년 동안 CEO로서 기업을 운영하며 책임감 있게 팀을 이끄는 리더의 역할을 배웠고, 완성품을 전 세계 난청 환자에게 판매하는 상상을 하며 사회 취약 계층의 삶을 개선하는 데 기여하는 경영인의 미래를 그려 보았습니다.

사회의 다양한 모습을 전하는 기자가 되고 싶습니다.

[길고양이를 통해 바라본 세상]: 길고양이 문제를 탐구한 것은 사소한 궁금증에서 시작됐습니다. 학교 주변에는 길고양이가 살고 있는데 우연히 밥을 주는 선생님과 경비 아저씨의 갈등을 보았습니다. 길고양이 문제를 어떻게 해결할 수 있을지에 대한 관심이 생겼고, 친구들과 함께 고민한 결과를 공공 정책으로 담아냈습니다. 정책의 현실성을 높이기 위해 사회에 참여하는 과정에서 생각보다 훨씬 더 복잡한 이해관계가 얽혀 있음을 깨달았습니다. 특히 캣맘 인터뷰와 공공 기관 민원 신청을 통해 상반되는 의견을 들어볼 수 있었습니다. 양측의 입장을 반영하여 모두가 만족할 수 있는 정책을 만드는 것은 어려운 일이었고, 실제로 이 단계에서 가장 많은 고민을 했습니다. 실제 정책을 입안할 때는 더 많은 대립이 발생할 것이라

예상했고, 이때 관련된 이들이 각자의 목소리를 자유롭게 낼 수 있는 사회가 진정한 민주사회라는 생각이 들었습니다. 이것이 현실화되기 위해서는 사회 곳곳의 다양한 목소리를 전달하는 매개자가 필요하다는 생각을 했고, 미래에 이러한 역할을 수행하는 기자가 되고 싶다는 목표를 세우게 됐습니다.

탐구와 습득의 자세로 국제법 전문가의 꿈을 키웠습니다.

'탐구'와 '습득'은 학업에 대한 저의 신념입니다. 이해되지 않는 내용은 논문과 책을 보며 알 때까지 고민하고, 지식을 사회현상에 직접 적용해 보면서 '생생한' 학문을 익히려 했습니다.

생소한 개념이 많았던 국제정치는 가장 많이 고민하며 공부했던 과목입니다. 특히 국제 관계를 바라보는 관점을 처음 배웠을 때 제대로 이해하지 못하고 수박 겉핥기식의 공부를 하며 회의감을 느꼈던 경험은 고민하는 공부의 필요성을 느꼈던 계기가 됐습니다. 그래서 국제 관계를 바라보는 관점을 정의한 논문을 분석하고 현실에 적용한 사례를 읽으며 스스로 정의를 고민해 보았습니다. 그 결과 다른 사람이 정리한 내용을 주입식으로 암기할 때보다 개념이 정의된 과정을 이해하여 정확히 익힐 수 있었습니다. 또한 이를 토대로 지중해 난민 수용을 꺼리는 유럽 국가의 정책을 현실주의와 구조주의의 관점에서 분석한 보고서를 작성하며 국제 분쟁을 다각적으로 분석하는 법을 익힐 수 있었습니다. 개념을 완벽히 이해하려는 자세는 국제정치에 학문적 호기심을 갖고 좋은 성적을 거둘 수 있는 밑거름이 되었고, 스스로 지식을 터득하는 즐거움도 느낄 수 있었습니다.

'탐구'를 통해 '습득'한 지식은 또다시 사회현상을 '탐구'하는 공부로 이어졌습니다. 특히 국제법 수업은 국제사회의 질서유지를 위해 국제법이 중요한 역할을 수행함을 배우고 이에 관심을 갖는 계기가 됐습니다. 또한 협약문이 갖는 구속력과 분쟁해결력을 배우며, 유럽 난민의 인권문제와 관련해 로마족의 실질적인 인권 보호를 위해서는 협약문이 필요하다고 생각했습니다. 로마족 인권 문제의 실태를 파악하고 협약문의 형식에 맞게 각 조항의 근거를 고려하며 협약문을 작성했던 경험은 단순히 협약문의 역할을 학습한 것에서 나아가 사회문제에 대해 고민을 하고, 세계의 갈등을 국제법으로 조정하는 국제법 전문가가 되겠다고 꿈을 꾸는 계기가 됐습니다. 배움에 즐거움을 느끼며 공부했던 경험을 토대로 앞으로도 지적 호기심과 사회에 대한 관심을 바탕으로 탐구하고 습득하는 자세로 학업에 임하고 싶습니다.

자율활동으로 국제법 전문가의 꿈을 갖게 됐습니다.

2년간 중국 대표로 모의 유네스코 총회에 참가하며 넓은 안목으로 세계 문제를 고민하고 토의하는 법을 배울 수 있었습니다. '문화 다양성과 청소년의 역할'을 논하는 총회에서 중국의 소수 문화 존중 정책과 민족 간 교류 강화 정책 등을 근거로 문화 다양성 보존 정책의 필요성을 주장했고, 각국의 청소년 문화 대표단을 중심으로 광범위한 주제의 축제를 진행하는 '청소년 문화 교류의 장' 개최를 제안했습니다. 청소년이 주도하는 문화 교류를 제안한 저의 주장은 각국 대표의 공감을 얻어 결의안에 반영되었고, 그 과정에서 문화 다양성에 대해 심도 있게 이해하고 고민하게 됐습니다. 사회문제에 대해 한 나라의 대표로서 선진국과 개발도상국 모두의 협력을 이끌어 내는 해결책을 연구하면서 하나의 사회현상에 대해서도 다양한 시각으로 고민하게 됐습니다. 또한 서로 다른 가치를 추구하는 상대의 입장을 이해하고 설득하며 타협점을 찾으려 노력하는 자세를 배울 수 있었습니다.

법무부가 주관한 '전국 고교생 생활법 경시대회'는 평소 사회의 근간을 이루는 '법'이라는 학문에 매력을 느껴 참가하게 되었고, 대회 기간 동안 법률적 적절성과 기본권 침해 여부에 대해 고민하고 토론한 결과 값진 결과를 얻을 수 있었습니다. 특히 '체벌의 대안으로서 학생생활평점제의 적절성'을 논하는 토론 준비 과정에서 팀원들과 밤낮없이 각종 판례와 법률을 토대로 고민하고 논의하며 법적 지식을 현실에 적용하고 이해하는 법을 익힐 수 있었습니다. 또한 아리스토텔레스의 경험적 탁월성인 '아레테'를 언급하며 학생생활평점제는 선행의 반복을 유도하는 합리적 제도임을 주장하는 입론을 작성하였고, 이는 법적 논리와 설득력을 모두 갖춘 입론이라는 좋은 평을 받을 수 있었습니다. 인문학적 소양과 지식을 모두 동원해 학생과 밀접한 주제의 토론에 임하며 사회현상을 다각적으로 분석하는 것에 더욱 흥미를 느끼게 되었고, 법체계와 법률의 갈등 조정 기능에 대한 관심을 바탕으로 이후 국제법 전문가의 꿈을 갖게 됐습니다.

통섭연구회 활동으로 지역학의 길을 연구하고 싶어졌습니다.

저의 진로가 융합 학문인 지역학이 된 이후, 통섭연구회라는 자율 동아리를 조직하여 다양한 학문을 넓고 깊게 연구해 보았습니다. 역사와 지역학을 바탕으로 경제, 공학, 교육, 정치 등 다양한 분야에 진로를 둔 부원들과 각자의 입장에서 주제를 발표하고 토론했습니다. 단순히 제 영역의 지식만으로 조사할 때보다 서로 의견을 주고받으며 주제에 대해 훨씬 더 깊이 탐구할 수 있었고, 학문 간의 융합에서 나오는 창발적 이해의 효과를 체감할 수 있었습니다. 또 각자의 입장에서 질의응답, 토론, 피드백을 하면서 다른 분야의 관심사와 미래 동향을 파악하고 제가 꿈꾸는 지역개발의 모습이 그것들을 얼마나 충족시킬 수 있을지 고민했습니다. 그 결과 '공동체 재생학'이라는 새로운 학문의 방향을 잡게 됐습니다. 각자의 분야에서 제기하는 현대사회의 문제점이 공동체의 퇴화에서 기인한다는 결론을 내리고, 개인이 공동체로서 서로 조화를 이루며 살아가는, 발전과 장소의 정체성을 모두 살릴 수 있는 지역을 건설하고자 하는 꿈이 생긴 것입니다. 지리학과 도시공학의 토대 위에서 사회심리학, 경제학, 철학 등을 다양하게 통섭하며 학문을 연구할 계획을 세우게 됐습니다.

화학을 심화 학습하며 화학자의 꿈을 키웠습니다.

화학에 관심을 갖고 있던 저는 1학년 때부터 3년 동안 교내 화학 동아리에서 활동했습니다. 1학년 때, 암모니아 분수를 실험하던 중 오류가 발생하여 실험이 중단됐습니다. 내부의 진공이 발생하지 않은 것이 암모니아 기체를 직접 녹여 주지 못한 원인임을 알게 된 저는 스포이드로 물을 직접 분사하여 암모니아 기체를 녹이고, 가열을 통해 플라스크 내부를 완벽하게 건조하여 책이 아닌 실제 실험을 통해 오류를 수정했습니다.

2학년 때 '물의 전기분해' 단원을 배운 후 '전해질의 종류에 따른 전기분해 효과'에 대해 1년 동안 심화 연구를 했습니다. 전기분해 이해를 위해 진행한 '물의 전기분해' 실험을 통해, 물이 전자가 결합에 관여한 수소와 산소로 이루어진 공유결합 물질임을 확인했습니다. 그 후 질산은과 염화나트륨 등이 담긴 다양한 수용액의 전기분해 실험을 통해 전해질의 종류에 따라 전극에서 일어나는 반응과 생성 물질이 다름을 알 수 있었습니다.

실험을 통해 확인한 이온화도가 클수록 전해질의 전기분해 속도가 빠르다는 결과는 3학년 화학에서 배우는 '이온화도'와 연계되어 관련 내용을 보다 잘 이해할 수 있었습니다. 또한 분극 현상 발생 방지를 위해 염다리를 제작하는 과정에서 예상치 못한 부분에 갈색 반점이 생기는 경험을 통해, 실험 준비에 있어 안전 장비 착용의 중요성을 다시 한번 깨달았습니다. 지식을 단순 암기하지 않고, 실제 실험을 통해 안전 수칙의 중요성과 섬세한 탐구 능력의 필요성을 인지했습니다. 또 관련 분야의 지식 함양과 함께 화학을 연구하는 데 있어 지켜야 하는 연구자의 기본적인 자세도 알게 됐습니다.

다양한 시각으로 화학을 접한 자율 동아리 '○○○○○' 활동이 제게 큰 의미가 있었습니다. '○○○○○'에서는 기본적으로 '거꾸로 수업' 방식을 통해 수업과 관련된 주제를 다른 시각에서 조사하였고 실제 원자량의 개념이 필요한 이유를 더 쉽게 설명하고자 '흰긴수염고래'의 무게를 예시로 발표했습니다. 또한 화학을 보다 통합적으로 이해하고자 우주에서 원소의 탄생 과정을 포스터로 제작하고 화학실에 게시하여 시각적 자료를 통해 화학에 접근해 보았습니다. 더불어 화학 수업 속에서 궁금증을 일으킨 것들을 사전의 준비 과정을 거쳐 토론했습니다. 특히 원자의 주기성에 대해 토론할 때 조원들의 질문에 대답하며 제가 알고 있는 개념을 확인하고 심화 학습해야 하는 부분을 깨닫는 등 주기율에 대한 전반적 이해도를 확장시켰습니다. 기본 개념이 확실할 때 토론이 잘 진행될 수 있기에 개념의 정확한 이해에 바탕을 두고 사전 준비를 했습니다. 화학 문제를 풀다 보면 정답은 맞지만 그 이유를 제대로 설명할 수 없는 경우가 있었기 때문에 인터넷 강의를 듣고 학교 방과후 수업 수강을 통해 수업에서 부족했던 개념을 확립하고 심층 학습의 발판을 마련했습니다. 이러한 활동을 통해 화학이라는 학문을 다양한 측면으로 바라보며 자연적으로 발생하는 현상에 과학적으로 접근할 수 있었고, 화학을 문제 해결에 필요한 학문으로 인식하기보다 배움과 나눔의 즐거움을 제공하는 학문 그 자체로 바라볼 수 있게 됐습니다.

과제 탐구활동을 하면서 생명과학 발명품을 만들고 싶어졌습니다.

에너지에 관심이 많은 저는 '원자력 발전소의 존폐'를 주제로 한 과학탐구 토론 대회에 참가하여 짜임새 있는 토론개요서로 손쉽게 예선을 통과했습니다. 본선에서는 논리적이고 충실한 토론 원고를 썼지만 많은 사람 앞에서 발표할 때 실수에 대한 두려움으로 원고에서 눈을 떼지 못한 채 발표하여 탈락의 고배를 마셨습니다. 이 기억은 3학년 때 수학 용어 말하기 대회 참여를 망설이게 만들었지만 결과가 두려워 피하기보다는 부딪쳐 보고 배워 보자는 생각에 도전하기로 했습니다. '인생은 속도가 아니라 방향이다'라는 명언에서 아이디어를 얻어 벡터를 주제로 하여 대화문 형식으로 시나리오를 작성했습니다. 벡터의 개념을 철저히 숙지한 후 실전처럼 표정 연기도 반복하여 연습하면서 발표에 대한 자신감을 높이려고 노력했습니다. 그 결과 우수한 성적과 함께 말하기에 대한 두려움을 극복하게 되었고 한 단계 더 성장했다는 성취감도 느꼈습니다.

대학 입학 후 공부할 것에 대한 막연함을 느끼고 생체모방기술 강연을 들어 보았습니다. 선인장의 외양을 본떠 디자인한 빌딩을 보며, 다양한 학문 간 융합에 대해 생각해 보고 관련 기사에 관심을 가지게 됐습니다. 식물 뿌리를 모방하여 인공 근육을 개발했다는 기사를 읽고 기회가 된다면 생체모방기술을 이용하여 발명품을 제작해야겠다고 생각했습니다. 이후 정맥 혈관의 판막이 혈액 순환의 역류를 방지한다는 것에서 영감을 얻어 수액 역류를 방지할 수 있는 링거를 디자인해 보았습니다. 지속적으로 학문 간 융합에 대해 생각하고 있던 저는 생명과학 시간이 아닌 국어 시간에 제약의 원리에 관한 지문과 연관 지어 링거 디자인을 발표했습니다. 생체모방 의료 기기의 상용화에 관심이 증대되었고, 앞으로 창의적 발명품을 제작하기 위해 생명과학 공부를 더욱 열심히 해야겠다고 생각했습니다.

융합과학반 활동을 하면서 신약 개발자의 꿈을 키웠습니다.

'실패는 성공의 어머니다'라는 말이 있듯이, 저 또한 많은 시행착오를 거치면서 실패의 원인을 분석하고 그 부분을 보완하는 과정을 통해 조금씩 발전할 수 있었습니다. 몇 해 전 시골에 사시는 할머니께서 밭에 농약을 잘못 사용하셔서 병원에 실려 가신 일이 있어 농약의 위험성을 감지한 저는 실생활에서 제작 가능한 친환경 잔류농약 제거제를 만들기로 했습니다. 갑각류의 키토산 성분이 잔류농약 제거에 효과적임을 알고, 홍게 껍데기에서 키토산을 추출하여 과일과 채소의 잔류농약 감소 효과를 주제로 소논문을 작성하여 교내 학술제에서 우수한 성적을 거두었습니다. 그러나 당초 열무를 직접 재배하여 실험 과정을 살펴보기로 하였는데 계획과는 달리 잘 자라지 않아 실험에 실패할 뻔했습니다. 고민 끝에 마트에서 구입 가능한 사과와 고추로 실험을 대체하는 등 실험 계획을 보완하고 수정하여 성공할 수 있었습니다. 실험 과정은 예측할 수 없는 경우가 발생할 수도 있음을 알게 되었고, 처음 계획한 대로 실험이 이루어지지 않았지만 중간에 포기하지 않고 실험 과정을 재설계하는 등 책임감을 가지고 끝까지 임하는 자세가 필요함을 느꼈습니다. 실패를 줄이기 위해 사전에 철저히 자료 조사를 하고 실험 도중 일어날 수 있는 돌발 상황도 미리 점검해 봐야겠다고 생각했습니다.

또한 무슨 일에서든 혼자보다는 협업과 역할 분담의 공동 작업이 더 좋은 효과를 낼 수 있다고 생각했습니다. 다양한 실험을 하기 위해 융합과학반 활동을 하였는데, 그중 가장 기억에 남는 실험은 초파리 연구였습니다. 사람의 유전자와 초파리의 유전자가 비슷하다는 논문을 보고, 초파리를 이용한 돌연변이 실험을 해 보기로 했습니다. 배지를 만들고 초파리를 배양하여 종류별로 분류하고 관찰하였으며 돌연변이 초파리 표본 제작 과정을 소개하는 체험 부스도 운영했습니다. 혼자였다면 생각의 폭도 좁고 연구할 수 있는 범위가 제한적이었겠지만, 동아리 친구들의 협조로 실험에 성공할 수 있었고 체험활동도 가능할 수 있었습니다. 앞으로도 다른 사람과의 공동 작업 및 역할 분담 등을 통하여 서로 부족한 부분을 채워 나가고, 친구들의 좋은 의견은 적극적으로 수용해 가면서 발전해 나가야겠다고 생각했습니다.

과학을 한 분야가 아닌 여러 학문과 연계해 나간다면 그 효과가 훨씬 커질 거라고 생각한 저는 영재 학급 수업과 융합과학반 활동을 통해 생명과학을 다른 학문과 접목할 기회를 경험했습니다. 퀴네 발효관 실험, 알코올 발효를 이용한 술빵 제작, 유전자 감별 등 실험 이외에 심화 내용을 주제로 토론 및 발표를 하였으며, 특히 액체 질소를 이용한 금붕어 얼리기 실험은 이론으로만 가능할 것 같았던 실험이라 다시 살아난다는 것이 무척 흥미로웠고, 인간에게 적용하면 유용하겠다고 생각했습니다. 생명과학을 기초로 화학과 물리, 식품 등 여러 분야와 접목해 나간다면, 과학 기술은 우리가 상상하는 그 이상 발전하여 다양한 의약품이나 식품이 개발되고 인간의 삶은 더 편리해지고 풍요로워질 것입니다.

과학 탐구 연계 학습을 하면서 네트워크 시스템 구축자가 되고 싶어졌습니다.

2학년 때 작성한 통계 보고서가 첫 번째 의미를 두고 한 활동입니다. 아두이노를 구현하며 직접 전기회로를 다루다 보니 자연스레 '전기'에 관심이 생겨 우리나라의 세대별 일일 평균전력 사용량을 보고서의 주제로 선정해 관련 자료를 조사하기 시작했습니다. 하지만 인터넷에는 제가 원하는 일일 평균이 아닌 연간 평균만 제시되어 있었습니다. 주제를 연간전력 사용량으로 바꾸면 인터넷상의 자료만을 이용해 손쉽게 보고서를 작성할 수 있었지만, 처음 제 의도대로 일일전력 사용량에 대한 보고서를 작성하고자 직접 발로 뛰며 제가 사는 아파트 200가구의 전력 사용량계를 일일이 확인해 변량을 수집했습니다. 확률과 통계 시간에 배운 내용을 토대로 일일 평균전력 사용량의 평균과 표준편차를 구해 모평균을 추정해 보고 그 신뢰 구간까지 계산해 보았으며, 도출된 평균값을 이용해 전력 손실량도 계산해 보았습니다. 이를 통해 원하는 자료가 존재하지 않을 때 그 자료를 수집하는 방법과 공부한 것을 토대로 실제 수집된 자료를 적용·분석하는 방법을 익혔습니다. 또한 200개의 변량을 직접 체계화하고 분석하면서 수치상의 오차가 발생하지 않도록 같은 계산 과정을 여러 번 되풀이하는 과정에서 꽤 오랜 시간이 걸려 보고서 작성에 어려움이 많았습니다. 이 활동을 통해 데이터를 관리하는 데 있어 정확도나 신뢰도만큼 빠른 속도 역시 중요하다는 것을 깨달았습니다. 더불어 보고서를 작성하면서 정리된 디지털 자료의 필요성에 대해 다시 한번 생각해 볼 수 있었으며, 이 활동을 계기로 소비자와 기업에 신뢰도 높은 정보를 제공하는 네트워크 시스템을 구축하는 사람이 되고 싶다고 생각했습니다.

두 번째 의미를 두고 한 활동은 3학년 때 한 '아두이노와 앱인벤터를 이용해 교내 미세먼지 측정 어플리케이션(어플) 만들기'였습니다. 지구과학 수업시간에 대기오염이 인체에 미치는 위험성에 대해 배우고 난 뒤, 최근 지역사회 문제로 큰 이슈가 되고 있는 미세먼지에 관심을 갖고 관련 자료를 찾아보았습니다. 그러던 중 기존 미세먼지 어플은 측정소와 정보 이용자 간 거리가 멀어 신뢰할 만한 정보를 제공하지 못한다는 것을 알게 되었고, 이런 문제를 보완할 수 있는 '교내' 미세먼지 측정 어플을 제작하기로 했습니다. 아두이노스케치에 소스코드를 입력하고 앱인벤터 블록을 순차적으로 쌓는 활동을 통해 프로그래머의 일을 미리 경험해 볼 수 있었으며 프로그래머는 오류를 입력하지 않기 위해 정확성과 섬세함을 지녀야 한다는 것을 깨달았습니다. 또한 제가 만든 어플을 많은 친구들이 사용하게 하기 위해서는 소프트웨어를 다룰 수 있는 제작 기술은 물론, 홍보 역시 중요하다고 생각했습니다. 그래서 저는 제작한 어플의 다운로드 경로를 안내하는 QR코드를 교내 복도에 게시하였으며, 미세먼지 농도 측정값을 학생들이 쉽게 이용할 수 있도록 멀티미디어화하는 과정에서 어떻게 하면 내가 가진 정보들을 더 효과적으로 잘 전달할 수 있을까, 다양한 고민도 해 봤습니다.

과학 탐구활동을 즐겁게 참여하면서 기후 환경 분야로 진로를 정했습니다.

학급에서 분리수거를 하며 자원 재활용의 필요성에 공감한 저는 폐자원을 활용한 교내 무동력 자동차 경주대회에 참가했습니다. 자동차 본체는 얇은 포장용 나무판을 재활용하였고, 마찰을 줄이고자 빨대 안에 철사를 넣어 바퀴 축을 제작했습니다. 균형을 잃지 않으면서 빠른 속도를 내는 풍선의 크기와 공기의 양을 찾고자 수십 번 조건을 바꾸며 자동차의 속도를 측정한 결과 최적의 상태를 찾을 수 있었습니다. 풍선 속 공기의 압력과 역학 에너지의 전환을 이용한 사소한 창작품이었지만, 자원 재활용의 의미뿐 아니라 과학 법칙은 일상생활 속 어디에나 존재함을 깨달았고, 이후 사물을 바라볼 때 각 사물에는 어떤 과학 법칙이 적용되었는지 생각하는 습관을 갖게 됐습니다. 더불어 폐기물도 자원이 될 수 있음을 인지하고, 보고서 작성을 통해 폐기물이 자원이 되기 위해서 올바른 분리수거의 필요성을 재확인했습니다.

우리나라 사람들의 1인당 연간 플라스틱 소비량이 세계 1위라는 사실과 교실에서 제대로 분리수거 되지 않은 채 버려지는 플라스틱을 보며, 저는 친구들의 플라스틱 사용량이 궁금해졌습니다. 분리수거를 하며 조사한 학급에서 버려지는 페트병과 비닐의 개수는 일주일에 한 사람당 평균

7.36개였습니다. 이 수치를 토대로 1년간 우리 학교 학생 약 800명이 약 30만 개의 플라스틱을 버린다고 추산한 저는 학급 친구들에게 플라스틱 사용을 줄여야 하는 필요성을 강조했습니다. 2주 뒤 동일한 통계를 실시하였고, 기존보다 감소된 평균 6.15개의 수치를 확인한 저는 제 의견에 공감하고 실제 플라스틱 사용을 자제해 준 친구들에게 고마웠고, 관련 발표를 한 제 자신이 자랑스러웠습니다. 통계 수행평가 보고서를 관심 분야인 환경을 주제로 작성하는 것이 즐겁고 재미있었습니다. 더불어 분리배출을 담당하는 제 역할이 결코 작은 것이 아니라는 확신과 함께 책임감을 갖고 좀 더 노력하게 됐습니다.

환경에 대한 관심은 3학년 때에도 이어져 ○○○○라는 자율 동아리를 직접 조직하고 환경보호를 위한 실천 방안을 공유했습니다. 남극의 눈물이라는 TV 프로그램을 보며 우리가 편히 살 수 있는 기반이 되는 에너지의 젖줄이나 다름없는 태양과 지구의 고마움을 잊은 채 살아간다는 생각을 하게 됐습니다. 환경보호를 넓게 본다면 에너지 절약과도 관련이 있다고 생각하여 지구의 날 소등 행사 서명운동을 전개했습니다. 미미할 수도 있지만 모두의 의식 구조 변화에 힘이 되고 싶어 소등 행사 참여로의 동참을 유도하는 서명운동을 했습니다. 여러 친구들과 선생님들을 만나 취지를 밝히고 서명을 부탁하는 과정에서 옳은 일을 하는 사람이 가질 수 있는 당당함을 배웠고, 설득 논리를 갖추기 위해 자료들을 검색하면서 온실가스 감축 및 재생에너지로의 전환을 통해 저탄소 생활의 실천이 중요하다는 사실을 알게 됐습니다. 또한 기후변화에 따른 적극적인 적응 대책 마련도 시급함을 깨닫게 됐습니다. 개인의 생활습관이 모여야 큰 변화가 나올 수 있을 것이라 생각했고, 제 가족부터 불필요한 에너지 사용을 줄여야겠다고 다짐하며 지금도 실천 중입니다.

화장품 화학공학자가 되어 사회에 기여하고 싶습니다.

1학년 때 마라톤에 참여하며 힘들게 뛸 때, 제 눈을 사로잡은 것은 길거리 곳곳에 버려진 페트병이었습니다. 이전에 보았던 '바다의 미세먼지, 미세 플라스틱의 위협'이라는 동영상이 연상됐습니다. 우리가 아무렇지 않게 버리는 플라스틱 쓰레기가 심한 환경오염을 일으켜 또 다른 생명에게 위협이 된다는 사실에 충격을 받은 저는 제가 할 수 있는 해결 방안을 찾아보았고, '오호'라는 물질에 대해 알게 됐습니다. 오호는 해조류 추출 성분으로 만들어진 껍질이 생분해되는 친환경 제품으로 젖산 칼슘과 알긴산 나트륨의 화학반응으로 젤 형태의 막을 형성해 그 안에 물을 가두어 실제 몇몇 마라톤 행사에서 '먹을 수 있는 물병'으로 사용되고 있습니다. 오호가 페트병의 대안이 될 수 있다고 생각한 저는 동아리 활동에서 오호를 직접 만들어 보았습니다. 이후에도 오호에 대한 저의 관심은 더욱 커져 주사기와 모양 틀을 이용하여 오호의 형태나 크기에 변화를 주었습니다. 또 산염기 지시약과 화장품을 첨가한 오호 등 다양한 방법으로 만들어 보았습니다. 그래서 학교 축제에서도 오호를 함께 만들어 보는 실험을 진행하였고, 오호라는 물질이 상용화될 수 있는 방법에 대하여 학급 내 화학 자습 동아리에서 심층적인 토론을 하기도 했습니다.

이렇듯 평소에 제가 관심 있었던 분야에서 좋아하는 일을 발견하는 건 행복한 일입니다. 앞으로 좋아하는 일을 직업으로 삼고 열심히 해 나간다면 이후 인정받는 '화장품 화학공학 연구원'으로 성장할 수 있을 거라는 기대감이 들었습니다.

이렇게 제가 느낀 과학의 즐거움을 많은 사람들과 나누고 싶어 과학해설사 봉사를 시작하게 됐습니다. 처음에는 과학관을 찾는 어린이들에게 어떻게 과학적 내용을 효과적으로 전달할 수 있을지 고민했습니다. 어린이들도 이해할 수 있도록 DNA의 전사와 번역 과정을 떡볶이의 요리 과정에 비유하였고, 유전형질 발현을 눈동자나 머리카락 색깔과 같은 예시를 들어 설명했습니다. 그러나 호기심을 가지고 설명을 듣던 어린이들도 그새 집중력을 잃기 일쑤였습니다. 글을 읽지 못하거나, 말로만 이루어지는 설명에 흥미를 느끼지 못했기 때문입니다. 그래서 어린이들이 재미있고 쉽게, 놀이처럼 즐길 수 있는 과학 도서가 필요하다고 생각했고, 크라우드펀딩을 이용하여 어린이를 위한 과학 그림책을 제작하는 프로젝트를 진행하게 됐습니다. 이때도 학급 내 화학 자습 동아리는 큰 힘이 됐습니다. 매주 배운 교과 내용을 같은 학급 친구들과 모여 정리하고, 그림을 이용하여 어린이에게 쉬운 설명으로 바꾸면서 자연스럽게 교과 내용을 복습하기도 했습니다. 저에게는 익숙한 과학적 내용을 어린이들의 시각에서 바라보면서 원리를 이해해 보는 색다른 경험이었습니다. 이 과정을 통해, 저는 연구자란 단순히 자신의 지식만 넓히는 사람이 아니라 자신이 알게 된 지식의 즐거움을 다른 사람들에게도 나누어 줄 수 있어야 한다고 생각했습니다.

과학 실험을 하면서 신약 개발자의 꿈을 키웠습니다.

창의 축전 부스 운영을 위해 돌연변이 초파리 표본 제작을 하게 됐습니다. 초파리는 생애 주기도 짧고 다량 번식이 가능해 돌연변이 형질을 볼 수 있는 실험에 적합했습니다. 선생님의 도움으로 정상 초파리 5가지와 돌연변이 초파리 총 6종류를 배양했습니다. 실패에 대비해 초파리를 배양해야 했는데, 처음에는 과일이나 채소로 먹이를 대신하려 했으나, 매번 갈아 줘야 한다는 번거로움이 있어 먹이의 핵심 성분인 당을 이용한 당류 배지를 제작했습니다. 표본 제작은 고가인데 저는 집에서도 제작 가능한 UV 레진 방법을 생각해 냈고 표본을 만든 후 형질들을 관찰했습니다. 비록 이번 실험은 돌연변이 초파리를 배양한 후 형질을 관찰하는 활동에 그쳤지만 유전자와 DNA 이상에 흥미가 생겼고, 돌연변이 과정을 더 연구하고 싶다는 생각이 드는 계기가 됐습니다. 또한 가정에서도 쉽게 사용할 수 있는 표본 제작 방법을 직접 생각해 보고 실험하면서 책에 기재된 어렵고, 비용이 많이 드는 과정을 무조건 받아들이지 않고 더 쉬운 방법은 없는지 고민해 보았습니다. 이는 연구에 꼭 전문적인 도구가 필요하다는 틀을 깨는 새로운 태도를 갖게 해 주었습니다. 더 나아가 유전병의 원인과 치료 방법에 대해서도 찾아보게 되었고, 아직은 극복해야 할 병들이 많이 남아 있기에 과학이 더욱 발달해야 한다고 생각했습니다.

향수를 만들어 사람들에게 아름다움을 선물하고 싶습니다.

2학년 때 동아리에서 소학술제 'MVP(Mini Veritas Physics)'를 직접 기획해 '독거노인 고독사 방지를 위한 방안 및 알림 장치 연구'를 주제로 참가했습니다. 선행 연구 중 직접 착용해 신체 이상을 감지하는 장치를 접했고, 장치를 착용하지 않았을 경우를 고려해야 한다고 생각했습니다. 그래서 독거노인들은 주변 사람들과의 교류가 적고, 집에서 TV를 시청하며 시간을 보낸다는 점을 이용해 일정 시간 이상 TV가 작동하지 않으면 지정된 프로그램에 맞춰 위험 경보를 전달하는 알림 장치 '골든타임'을 설계하고 제작했습니다. 이용할 수 있는 기술과 재료가 충분하지 않은 상황이기에 어려울 것 같았지만, 아두이노 보드와 오픈 소스 코드를 활용하여 생각보다 쉽게 제작할 수 있었습니다. 이 경험으로 뛰어난 기술이 아니라도 개발자가 관심이 있다면 사회적 약자에게 도움이 될 만한 프로그램을 만들 수 있다는 것을 깨닫고, 간단한 기술을 활용한다면 제작에 들어가는 비용을 줄일 수 있다는 점을 배웠습니다. 이를 통해 뛰어난 기술을 보유하는 것도 중요하지만 관심 분야에 대한 지식을 어떻게 활용할 수 있을지 고민해야 한다고 생각했습니다.

2학년 때 진로 독서 동아리 활동 시간에는 주로 좋아하는 과목인 화학 관련 책을 읽으며 냄새가 나는 화학물질과 향에 흥미를 갖게 됐습니다. 고3 진급 후, 향기가 화장품만이 아닌 다른 분야에도 이용된다는 사실에 관심이 생겼고 우리나라에서도 향기 산업의 발전가능성이 높다고 생각한 저는 향기 마케팅을 조사하고 '향과 기억'이라는 주제로 보고서를 발표했습니다. 발표를 준비하면서 후각이 사람의 감정과 기억에 영향을 준다는 점이 인상 깊었고 이를 여러 분야에 활용할 수 있다는 사실을 깨달았습니다. 또한 개발도상국의 화장실 위생 문제를 해결하기 위한 '화장실 향수'도 있다는 사실을 알게 됐습니다. 이러한 과정을 통해 향수가 외적인 아름다움을 증가시키는 데만 사용된다고 생각했던 제 사고의 경계를 허물 수 있었습니다. 삶의 질을 향상시킬 수 있는 향수의 필요성을 느꼈고 트리메틸아민뇨증처럼 악취로 인해 고통받는 사람들을 위한 향수를 만들어 사람들에게 생활 속 아름다움을 주어야겠다고 다짐했습니다.

직업 체험활동을 하면서 좋은 수의사가 되겠다고 생각했습니다.

1학년 때 저는 끈질긴 노력 끝에 동물병원에서 직업 체험할 기회를 가졌습니다. 진료 보조, 미용 보조 등의 많은 일을 했지만, 저의 주 업무는 수술한 강아지의 회복을 돕는 일이었습니다. 밥도 먹이고, 같이 걷고, 시간별로 강아지의 상태를 보고하면서 마취에서 빨리 깰 수 있도록 도왔습니다. 일이 익숙지 않았지만 최선을 다해 노력하고 있던 시간, 보호자가 강아지의 임신 사실을 속이고 중성화 수술을 의뢰한 일이 발생했습니다. 당연히 수의사 선생님께서는 수술을 중단하셨고, 보호자는 이왕 배를 열었으니 수술해 달라고 목청을 높였습니다. 긴장감이 오가는 순간이었지만, 저는 오히려 목소리를 낮추시는 수의사 선생님의 모습에 주목했습니다. 현재 상황에서 강아지에게 이 수술이 얼마나 위험한가로 시작해서 수술 이후의 주의 사항과 비용 문제에 대해 꼼꼼히 설명하시며 보호자를 설득하셨습니다. 그 모습을 보면서 저는 수의사라는 직업이 동물과의 소통 능력만을 필요로 하는 것이 아니라 사람과의 소통이 더 중요할 때도 있다는 것을 깨달았고, 이는 동물에 대한 관심을 사람으로 확장하는 계기가 됐습니다. 이 사건을 통해 사람과 필연적으로 상대해야 하는 수의사로서 보호자와 교감하고 이해하는 공감 능력을 갖는 것은 필수이며, 보호자와 의견이 다를 때 어떤 식으로 설득하고 대처해야 하는지를 생각해 보았습니다. 나아가 직업 체험 보고서를 작성할 때, 수의사에게 필요한 역량을 추가로 조사하며 공감 능력의 중요성을 강조하는 발표를 하였고 수상의 영예까지 얻을 수 있었습니다.

마음으로 봉사하는 간호사가 되겠습니다.

사용한 지 6개월 된 칫솔에 변기의 10배에 달하는 세균이 산다는 충격적인 뉴스에 문제의식을 느끼고 학술제 연구를 통해 일상 속 세균의 분포 정도를 탐구했습니다. 설문 조사로 학생들의 기존 인식을 확인하고, 교내 시설과 사물, 손에서 배양한 세균의 분포 정도를 비교하는 실험을 진행했습니다. 이후에 실험 결과와 기존 인식을 대조하여 표를 작성하고, 대표적인 세균성 질병에 관한 자료를 가지고 각 반을 돌며 문제의 심각성을 설명하자, 친구들이 이전보다 손을 깨끗이 씻고 주변 용품을 청결히 관리하는 태도를 보여 학생들의 위생 의식 향상에 도움을 주자는 궁극적인 목표를 달성할 수 있었습니다. 한편, 활동을 위해 조사한 세균성 감염이 보통 사람에게 큰 문제가 되지 않지만 면역 체계에 이상이 생긴 이들에게 치명적일 수 있겠다는 생각을 했습니다. 이 때문에 감염에 각별히 주의를 기울이며 환자를 간호하는 간호사로서의 역할이 중요하게 느껴졌습니다. 앞으로 간호학과에서 병원미생물학을 통해 효과적인 감염 관리 방법을 공부해 보고 싶습니다.

멀리 계신 외할머니를 자주 찾아뵙지 못한 아쉬움으로 인해 시작했던 요양원 봉사는 노인성 질환으로 어려움을 겪으시는 어르신들을 어떻게 간호할까를 고민하는 계기가 됐습니다. 한번은 색칠 공부 도안과 색연필을 들고 찾아뵈었는데, 한 할머니께서 손에 힘이 들어가지 않아 색칠하는 것을 어려워하셨습니다. 어떻게 하면 힘을 덜 들이며 색칠할 수 있을까를 고민했고, 다음번에 파스넷 크레파스를 들고 찾아뵙자 훨씬 수월히 쓰시는 모습을 보았습니다. 이를 통해 어떠한 치료나 간호를 할 때, 그 대상에 맞게 하는 것의 중요성을 깨달았습니다. 이는 앞으로 간호사로서 환자를 돌

볼 때 각각의 상황에 맞는 적절한 간호를 하겠다고 다짐하는 계기가 됐습니다. 또한 어르신 한 분당 10여 개의 일지를 매일 기록하고 관리하며 한 분 한 분을 정성껏 돌보시는 요양보호사 선생님들의 모습과 그에 따라 점점 예후가 좋아지시는 어르신들을 보며 정성된 마음으로 간호하는 것의 중요성을 깊이 인식할 수 있었습니다.

꿈두레 교육과정에 참여하면서 간호사의 꿈을 다졌습니다.

실제 사고를 통해 응급처치의 중요성을 경험한 저는 응급처치 교육 영상에 집중하지 못하는 친구들을 보며 안타까움을 느꼈습니다. 이를 계기로 친구들 눈높이에 맞는 대상자별, 상황별 기초 지식과 주의 사항을 중점으로 다룬 소책자를 제작했습니다. 제작 과정에서 응급처치 관련 지식이 확장됨과 함께, 보건 분야에 종사하고 싶다는 마음이 확고해졌습니다. 또한 친구들의 호응을 받으며 스스로에 대한 자신감과 함께 응급처치의 중요성에 대한 접근성을 더욱 확대시켜야겠다는 책임감을 갖게 됐습니다. 이 경험을 바탕으로 2학년 때에는 학급 내 아픈 친구의 상태를 담임선생님께 알리고, 필요시 응급 상자를 이용하여 친구들의 건강을 챙기는 '아픈 친구 돌봄이'로 활동했습니다. 예상치 못한 상황에 당황하기도 했지만 1년 동안 침착하게 여러 상황을 마주하며 환자의 상태 확인을 위한 소통의 중요성을 깨닫게 됐습니다. 특히 친구들의 상태와 응급처치를 간호 일지에 기록하며 간호 업무를 간접 체험한 것은 간호사라는 진로에 확신을 갖게 됐습니다. 책임감을 갖고 누군가를 적극적으로 간호했던 2년간의 교내 보건 활동을 통해 나의 관심이 다른 이에게는 사랑과 배려가 될 수 있다는 것을 느낄 수 있었습니다.

두 번째 활동은 간호학이라는 학문과 직업인으로서 간호사를 이해하고자 이수한 꿈두레 교육과정 '보건 간호'입니다. 주요 질환의 원인과 위험 요인을 공부하고, 질병의 주요 증상을 일상생활 속에서 관찰하며 질병 예방에 대한 능동적 자세를 갖게 됐습니다. 지식을 아는 것과 실천하는 것의 다름을 깨닫고 학습하고 실습하면서 실제 보건 간호 분야에서 하는 일에 대해 구체적으로 탐색할 수 있었습니다. 이 과정에서 무엇이든 응급처치 도구로 활용할 수 있다는 것을 알게 된 저는 주변에서 쉽게 구할 수 있는 삼각건을 이용한 응급 간호를 학우들에게 알려 주었고, 지역사회 주민에게는 신체적 건강 증진 및 유지와 정신적 안녕을 도모하는 안내문을 만들어 배부하기도 했습니다. 보건 간호 수업 속 생소한 전문용어는 정리 용어집을 만들어 복습하며 적극적으로 수업에 참여하였고, 간호사로서의 진로가 흔들릴 때마다 보건 간호 수업을 돌아보고 정리 용어집을 읽어 보며 꿈을 다질 수 있었습니다.

꿈두레 교육과정에 참여하면서 자신감과 진로 개척의 의지가 커졌습니다.

1학년 때 꿈두레 수업 '고전문학의 감상과 비평'을 통해 한문이 많아 이해하기 어려웠던 〈속미인곡〉을 해석하며 고전문학의 멋을 깨달은 저는 2학년 때에는 물리치료사에 대해 보다 잘 이해하고자 '보건 간호'를 수강했습니다. 보건 간호 수업을 통해 신체를 더욱 심도 있게 이해할 수 있었고, 응급처치법을 실습하며 의료 행위를 간접 체험해 보았습니다. 특히 심폐소

생술과 자동심장충격기 실습 시간이 가장 기억에 남습니다. 영상을 통해 여러 번 접해 보았기 때문에 쉽게 실습을 마칠 수 있을 거라고 생각했지만, 흉부 압박 시 올바른 자세를 취했음에도 불구하고 힘이 제대로 전달되지 않아 더 이상 실습을 진행할 수 없었습니다. 쉬는 시간을 활용해 팔이 바닥으로부터 수직이 되도록 팔꿈치를 펴고 체중을 이용해 압박법을 연습하며 완벽한 자세를 갖추도록 노력했습니다. 2년간의 꿈두레 수업은 제게 고전문학과 보건 간호 전반에 대한 지식을 확장시켜 주었습니다. 특히 보건 간호에 있어 이론과 실제의 차이가 큰 만큼 실습이 중요하며, 미래 물리치료사가 된다면 사전 실습을 통해 완벽하게 처치해야겠다고 다짐했습니다.

올바른 치료를 위해 환자와의 원활한 소통이 물리치료사에게 필수적 요소라 생각했지만, 소심한 저는 사람들과의 대화 및 발표가 어려웠고, 이것을 고쳐 보고자 1학년 여름방학에 '시사토론반'에 참여했습니다. 처음 '부자 증세'로 토론할 때는 여러 사람 앞에서 제 의견을 말하는 것도 어렵고, 제 논리만 준비해 상대측 발언에 대한 반론도 쉽지 않아 토론 내내 계속 실수를 했습니다. 실수를 극복하고자 '등록금 무상 지원'으로 토론을 준비할 때는 제 주장만이 아니라 상대측 주장에 대한 근거도 확인하고 다양한 등록금 관련 신문 기사를 조사했습니다. 특히 토론 전 어떻게 발언할지를 사전에 연습하였고 훨씬 수월하게 발표했습니다. 사전에 준비한 내용을 바탕으로 확신이 생기자, 낯선 상대방의 의견을 경청하고 논리적으로 대응하는 과정이 전보다 편해졌고, 실수 없이 자신감 있게 발표할 수 있었습니다. 주제에 대한 준비만 철저하다면 두려움 없이 소통할 수 있음을 알게 된 저는 그 이후 철저한 예습을 바탕으로 자신감을 갖고 수업에 적극적으로 참여했습니다.

동아리 활동을 하면서 초등 교사의 길로 한 발 더 나아갔습니다.

교육 동아리 활동은 저에게 초등 교사라는 꿈에 한 발 더 다가설 수 있는 방향성을 제시해 주었습니다. '내가 다니고 싶은 학교'를 주제로 이상적인 교육 모델을 설계하는 활동을 통해 모호했던 저의 교육 신념은 '배움의 즐거움을 느낄 수 있는 수업'으로 정립됐습니다. 제 신념의 실현은 STEAM 교수법을 활용한 수업 시연을 통해 가능했습니다. 저는 영화 〈찰리와 초콜릿 공장〉에서 사회적 맥락에 의해 의미가 형성된 표현을 선정해 관련 사회적 배경과 영문장 구조의 설명을 목표로 하는 수업을 기획했고, 이를 시연했습니다. 영어 수업에 영상 매체를 접목시킨 저의 수업은 친구들로부터 흥미롭다는 평을 들었습니다. 교육을 다각적으로 바라보는 방법과 배움이 주는 즐거움의 체험은 제가 교육 동아리 활동을 통해 얻게 된 가장 소중한 가치입니다. 저의 소중한 경험과 가치를 교사가 되어 아이들과 함께 나누고 싶습니다.

교육 동아리 활동 못지않게 제가 열정을 가지고 참여했던 활동은 프로그래밍 동아리입니다. 다변화되어 가는 현대사회에서 멀티미디어의 발달은 일방적인 지식 전달에서 학생들의 적극적 참여를 유도하는 방향으로 교육 방식의 변화에 영향을 미쳤다고 생각합니다. 저는 매체를 활용한 교육에 관심을 갖게 되어 교내 SPL 3D 프로그램 관련 강의를 수강하였고, 교육 현장에서 활용할 수 있는 프로그램 제작이라는 구체적인 목표를 설정했습니다. 프로그래밍을 배우는 과정은 쉽지 않았습니다. 낯선 코드와 명령어를 배워야 했고, 뚜렷한 성과가 나지 않아 회의감을 느끼기도 했습니다. 하지만 저는 포기하지 않았고, 저의 노력이 교육에 도움이 될 수 있다고 믿으며 활동에 임했습니다. 그 결과 '달의 위상 변화', '물체의 이동

속도 비교' 등 초등교육에 활용할 수 있는 프로그램 모델을 제작할 수 있게 됐습니다. 제작한 프로그램들로 진행된 시연회에서 친구들이 적극적으로 참여하는 모습을 보며 공학적 지식의 활용이 교육의 효과를 극대화할 수 있음을 점차 깨닫게 됐습니다. 제게 프로그래밍 동아리 활동은 현대 교육에 있어서 과목 간의 경계가 점차 허물어지고 있다는 사실을 몸소 체험할 수 있는 기회였습니다. 이를 계기로 저는 교육에 있어서 융합적 사고의 중요성과 열린 생각의 소중한 가치를 느낄 수 있었고, 이 깨달음을 실천에 옮기기 위해 노력해야겠다고 다짐했습니다.

교내 진로 체험활동을 하면서 교직을 더 잘 이해하게 됐습니다.

1학년 때 학교에서 직업 체험 기관을 직접 정하여 체험하는 진로활동이 있었습니다. 저는 다니던 중학교에 1일 교사를 신청해 직업 체험을 하게 되었고, 총 3개 반의 수업에 들어가 처음으로 많은 아이들에게 선생님이라고 불리면서 1일 교사의 역할을 수행했습니다. 직접 수업을 진행하는 것은 아니었지만, 수업 자료를 나누어 주고 모둠 활동 중 수업 내용을 이해하지 못해 어려움을 겪거나, 만들기 방법을 몰라서 헤매고 있는 아이들에게 도움을 주는 등의 보조 교사 역할을 수행했습니다. 직접 학교에서 다수에게 선생님의 역할을 행하게 된 것이 처음이라 이 경험이 수학 교사를 꿈꾸게 된 이래로 실전에 가장 가까운 활동으로, 가장 의미 있는 활동이었고 제가 수학 교사를 더 간절히 꿈꾸게 된 계기가 될 정도로 잊을 수 없는 시간이었습니다.

저는 교내 수학 동아리와 단위학교영재학급에서 같이 주최하는 1, 2학년 학급에 들어가 관련 내용을 설명하고 체험활동을 진행하는 수학의 달 행사에 도우미로 참여했습니다. 동아리에서 정한 주제는 '코사인, 사인함수 만들기'였고, 영재 학급에서 정한 주제는 '마법 안경을 이용한 미분계수 구하기'였는데 동아리의 차장과 영재 학급의 일원으로서 저는 두 개의 주제 중에 하나만을 선택해서 수학의 달 행사 도우미를 해야 했습니다. 하지만 저는 두 가지 주제가 모두 좋았고, 다양한 경험을 해 보고 싶었기에 선생님께 양해를 구하여 수학의 달 행사에 두 가지 주제에 모두 참여할 수 있었습니다. 그리고 행사 준비 중에 나서서 체험활동 키트를 정리하고 분류하였으며 뒷정리를 도맡아 했습니다. 또한 자발적으로 '코사인, 사인함수 만들기'의 활동을 위한 삼각함수를 설명하는 대본을 작성하여 동아리 친구들에게 나눠 주고 원활한 진행이 되도록 했습니다. 문과 친구들과 이과 친구들은 배운 것이 달라서 삼각함수에 대한 이해도가 다르다는 것에 주의하면서 최대한 쉽게 설명하고, 딱딱한 설명은 하지 않으려고 노력하며 문과 반과 이과 반 대본을 따로 작성했습니다. 대본을 바탕으로 행사 당일 날 직접 설명하면서 대본이 있는데도 긴장한 친구들이 여러 실수를 반복하는 것을 봤고, 저 또한 연습 때 했던 것만큼 매끄럽게 진행을 하지 못했는데 이를 통해 선생님들의 수업 시간의 고충을 조금이나마 이해하게 되었고, 다음에도 이런 식으로 많은 학생 앞에서 설명할 기회가 있다면 어떻게 더 연습해야 할지에 대해서 생각할 수 있었습니다.

진로 체험과 동아리 활동을 하면서 유치원 교사의 꿈이 확고해졌습니다.

1학년 진로활동 시간에 했던 어린이집 직업 체험은 유치원 교사에게 필요한 자질이나 능력이 무엇인지를 파악하게 하고 유치원 교사의 꿈을 갖게 했습니다. 마침 아이들 체험 학습 날 어린이집에 방문하게 되어 아이들과 소중한 시간을 가질 수 있었습니다. 근처 농장에 가서 누가 큰 고구마를 캐는지 대결도 하며, 맛탕도 만들고, 동물농장에서 동물들을 보며 행복해 하는 아이들의 모습은 정말 사랑스러웠습니다. 그렇게 즐겁게 시간을 보내던 중 한 아이가 엄마가 보고 싶다며 울기 시작했습니다. 그래서 엄마가 아시면 슬퍼하실 거라며 아이를 다독여 주고, 그 아이가 동물을 좋아한다는 말을 듣고 친구들과 함께 동물을 보러 가자고 했습니다. 아이는 언제 울었냐는 듯 울음을 그쳤고, 제 손을 붙잡고 동물을 구경하며 친구들과 함께 어울릴 수 있도록 했습니다. 아이들과 헤어질 때 "선생님, 오늘 하루 감사했습니다"라며 정말로 헤어지기 싫어하는 모습을 보면서 너무 행복하고 뿌듯했으며, 잊지 못할 추억이 됐습니다.

중학교 때부터 누군가를 가르치는 것에 희열을 느꼈던 저는 '○○○○' 교육 봉사 동아리에 가입했습니다. 지역 아동 센터에 가서 초등학생을 대상으로 영어 문제 풀이 학습 도우미를 하였는데, 아이들은 문제집으로 공부하는 것에 금방 지루해 하고 시간이 지날수록 집중력이 떨어졌습니다. 그래서 단체 사진이 담긴 퍼즐을 직접 만들고 그 뒤에 영어 단어를 적어서 모르는 단어는 사전을 찾거나 저에게 물어보도록 했습니다. 그러나 이것도 제가 알려주는 뜻에 맞게 퍼즐을 맞추게 되면 오래 기억되지 못하고, 영어 공부보다는 놀이에 불과할 것이라는 생각에 퍼즐을 채울 때 지금까지 본 영어 단어와 한글을 일치시켜 3개의 단어를 말해야만 된다는 규칙을 만들었습니다. 결국 아이들은 영어 공부와 놀이를 함께 병행하며 지루하지 않게 공부할 수 있었습니다. 이러한 아이들도 처음에는 쉽게 마음을 내주지 않아서 이름조차 알아내기 어려워서 더 친해지기 위해 방학 때에도 친구들과 함께 찾아가 종이접기, 만들기 등 다양한 놀이를 하면서 차츰 친해졌습니다. 아이들은 조금씩 마음을 열고 자신의 고민을 털어놓기 시작했고, 선생님이라고 부르며 잘 따르게 되어 마치 교사가 된 듯한 보람을 느낄 수 있었습니다.

2학년 때 동아리 부장이 되면서 책임감을 갖고 동아리 부원들에게 제 경험을 들려주며 아이들과 친해지는 데 어려움이 없도록 도와주었고, 동아리 시간마다 어떤 활동을 해야 기억에 남고 의미가 있을지 서로 협의해 나갔습니다. 동아리 활동은 아이들의 생각을 들어주고, 아이들이 불편해하거나 필요한 것을 채워 줄 수 있는 유치원 교사가 되어야겠다는 생각을 한층 확고하게 만들었습니다.

배려와 나눔을 실천하며 좋은 인성을 갖추자

학교는 사회생활과 인간답게 사는 것을 배우고 실천하는 공간입니다. 지식과 입시 중심 교육으로 인성교육이 뒷전으로 밀리는 아쉬움은 있지만, 여전히 학교는 좋은 인성을 형성하는 배움의 장소입니다. 학창 시절 형성된 가치관과 세계관은 성인이 되었을 때 변하기 어렵다고 합니다. 그만큼 청소년기에 좋은 인성을 형성하는 것은 중요한 일입니다. 학교에서 배려, 나눔, 협력, 갈등 관리 등을 배우고 실천하며 인격적으로 성숙해져야 합니다.

배려는 마음으로 다른 사람을 생각하고 행동하는 것입니다. 자신보다 다른 사람을 위하는 따뜻한 마음에서 출발합니다. 그래서 인성이 바르다고 할 때 배려와 나눔은 빼놓을 수 없습니다. 배려는 공동체 속에서 자신의 역할을 충실히 수행하고 도움이 필요한 분야에서 기꺼이 자신의 역량을 발휘하는 것입니다. 배려는 공감하며 실천하는 것입니다. 수업 시간에 열중하고 친구를 위해 노트 필기를 제공하는 것도 배려가 됩니다. 결석한 친구를 위해 전달 사항을 알려주거나 학습지를 챙겨 두는 것도 배려입니다. 작은 무언가도 남을 생각한다면 배려가 됩니다. 배려는 봉사로 이어지기도 합니다. 나의 시간을 할애하고 나의 재능을 기부하는 봉사를 대가 없이 한다면 훌륭한 일입니다. 일회적으로 끝나는 봉사보다 지속적인 봉사가 더 진실성을 담게 됩니다. 누가 알아주지 않아도 내가 기쁘게 행한다면 그리고 그 봉사가 다른 사람에게 유익을 주고 도움이 된다면 진정한 봉사가 될 수 있습니다.

학교에서 이루어지는 활동의 기저에는 성실성이 있습니다. 정해진 시간까지 등교하고 수업 시간을 지키며 학급 활동을 하고 학교 규칙을 지키는 것 등 대부분의 교육활동은 학생이 사회생활에 필요한 성실성을 몸에 익히는 것입니다. 성실성은 자신이 맡은 역할에 최선을 다하고 노력하는 자세입니다. 학급의 구성원, 수업 및 동아리 활동, 또래 집단 활동 등에서 부여된 역할을 성실하게 이행하는 것입니다. 수업 출석이나 단체 활동 등 학생으로서 당연히 해야 하는 의무에 책임감 있게 참여하고, 어려운 상황에서도 자신이 맡은 역할을 완수하려는 태도가 성실성입니다. 또한 공동체의 규칙과 규범을 준수하는 것이 성실성입니다. 법을 따르고 자율적으로 규범을 준수하는 태도는 곧 타인에 대한 존중의 표시이며 사회의 안녕과 번영을 보장하는 일입니다. 구성원의 의사가 반영되지 않고 민주적인 절차와 과정이 보장되지 않았다면 이를 바로 잡으려는 노력 또한 공동 규범을 존중하는 태도입니다.

미래 사회는 인간과 로봇이 공존하고 인공지능이 인간의 역할을 상당 부분 담당할 것이라고 예견됩니다. 그렇다면 무엇으로도 대체할 수 없는 인간만의 고유한 특성은 무엇인지, 인간이 행복해질 수 있는 방법은 무엇인지 고민해야 합니다. 학교는 학교 구성원과 공감하고 서로 협력하는 가치를 배우는 교육 기관이어야 합니다. 학교에서 좋은 인성을 형성한 학생이 미래 사회에 경쟁력 있는 인간이며, 그런 학생이 주체적으로 자신의 행복을 실현해 가고 따뜻한 사회를 만드는 주역이 될 것입니다.

▣ 학교에서 좋은 인성을 갖추기 위해 노력한 선배들의 사례를 아래에 제시해 봅니다.

방송부 활동을 하면서 협력과 나눔의 의미를 배웠어요.

제게 3년간의 방송부 활동은 '협력과 나눔'의 의미를 알려 준 소중한 경험이었습니다. 저는 방송부원으로 활동하며 다양한 주제로 영상을 제작해 매년 정기적으로 자선 방송제를 개최했습니다. 방송제를 위해 아이디어 회의부터 각본과 연출, 편집까지 모든 과정을 방송부 내에서 자체적으로 해결해야 할 뿐만 아니라 전교생의 소중한 2시간을 책임져야 한다는 생각에 학업과 방송부 활동을 병행해야 했던 부원들 모두 큰 부담을 느꼈습니다. 하지만 조금만 달리 생각하면 어려움을 충분히 극복할 수 있다고 믿은 저는 주도적으로 기획 회의를 진행했습니다. '다양성'을 주제로 한 다양한 영상 제작은 부원들과의 협동 없이는 절대로 완성할 수 없는 과정의 연속이었습니다. 부원들 개개인의 노력이 합을 이뤄 어렵다고만 생각했던 방송제를 준비해 나가면서 협력의 소중함을 깨달을 수 있었습니다.

자선 방송제의 기획 의도를 지키기 위해 수익금을 기부할 단체를 물색하던 중 알게 된 우리나라의 다문화 가정에 대한 인식은 아직 미흡했습니다. 저는 다문화 가정에 실질적으로 도움이 되는 방안이 무엇일지 생각해 보았고, 기부금 전달과 더불어 근본적인 사회적 인식 개선이 필요하다는 결론을 내렸습니다. 이러한 저의 생각을 부원들에게 알렸고, 함께 고민한 끝에 사회적 인식 개선을 위한 음성 광고를 제작하기로 결정했습니다. 저희는 인식 개선 광고 효과의 극대화를 위해 다수의 지역 기업들에 광고 상영에 대한 협조를 요청하는 이메일을 보냈고 그중 한 기업의 도움을 받아 저희가 제작한 음성 광고를 ○○시내버스 노선에 방송할 수 있게 됐습니다.

모두가 부담을 느꼈던 방송제의 준비 과정이었지만 이 경험은 제게 함께 힘을 모아 노력한다면 어떠한 일이라도 충분히 극복할 수 있을 것이라는 자신감을 갖게 해 주었습니다. 또한 방송제는 제게 다문화 가정에 대한 인식 개선에 일정 부분 기여할 수 있는 기회를 제공해 주었고, 더불어 나누는 삶의 기쁨을 직접 체험하며 공동체의 중요성을 느끼게 해 준 소중한 경험이었습니다.

합창을 지도하며 협력을 배웠어요.

합창발표회에서 합창 지도와 반주를 맡아 연습을 진행했습니다. 연습 전에 가졌던 기대와는 다르게, 한 파트를 연습시키면 다른 파트들이 소란스러웠고, 미리 연습해 오기로 한 약속도 지켜지지 않아 실망했습니다. 고민 끝에 친구들에게 개별적으로 물어보니 곡을 충분히 소화하지 못해서 어려움을 겪었다는 것을 알게 됐습니다. 그래서 각 파트별로 리더를 세워 이 문제를 해결했습니다. 곧 이해도와 발성에 탁월한 친구들에게 리더의 책임을 부여하고 한 파트를 연습시킬 때 다른 파트 역시 자체적으로 연습할 수 있게 했습니다. 역할 분담을 통해 충분한 연습 시간을 확보하면서도 시간을 효율적으로 관리할 수 있었으며, 먼저 곡을 소화한 친구들이 다른 친구들을 돕게 하여 반 전체의 협력을 도모할 수 있었습니다. 저 역시 '지도'하는 입장이 아니라 '함께 연습'하는 태도로 친구들을 대했고, 좋은 분위기에서 연습한 결과 합창발표회에서도 좋은 성과를 얻을 수 있었습니다.

안전지킴이 활동으로 건강한 학교생활을 생각했어요.

안전지킴이 부장으로 활동하면서 제대로 알지 못해 교칙 위반으로 적발되는 친구들이 많다는 사실을 깨달았습니다. 이를 해결하고자 올바른 규정을 알려 주는 캠페인을 벌이자고 학교에 건의했고, 매일 아침 교문에서 교칙과 복장 규정에 관한 피켓을 들고 학생들에게 올바른 규정을 계속 설명해 주면서 캠페인 활동을 성실히 수행했습니다. 같은 말을 여러 번 반복하는 것이 힘들기도 했지만, 이를 통해 교칙을 준수하는 친구들이 증가함에 보람을 느꼈습니다. 또한 학생들의 불편 사항에 대한 안건을 선생님께 전달하고, 그 의견이 반영되어 교칙이 수정되었을 때는 학생의 생각이 반영된 학교 문화를 이루어 간다는 생각에 뿌듯했습니다. 안전지킴이로서 최선을 다한 결과, 2학년 재학 당시 그해 한 번도 자치 법정이 열리지 않는 쾌거를 이루어 낼 수 있었습니다. 또한 지켜야 할 규정은 엄격히 지키면서 학생 스스로 규칙을 정하고 책임 있게 이행할 때 건강한 학교생활을 이루어 갈 수 있음을 깨닫게 됐습니다.

도서관에서 인생의 큰 즐거움을 경험했어요.

도서관에서 5년간 봉사활동을 했습니다. 도서관이라는 한정된 장소에서 무한한 시공간 속의 사람과 사건을 만날 수 있다는 점이 좋았습니다. 봉사 시간을 마치고 나서 책을 읽는 것은 주말의 소소한 즐거움이 됐습니다. 봉사를 하면서 많은 사람을 만났습니다. 책 속에서 과거의 인물과 소통할 수 있었고, 모르는 것을 질문하며 대화할 수 있었으며, 미래의 제 모습을 그려 보기도 했습니다. 또 우주 공간과 상상의 세계도 경험할 수 있었습니다. 도서관을 찾은 시민의 불편을 해결해 드리거나, 가족처럼 대해 주시는 직원들도 만날 수 있었습니다. 도서관은 일상에서 벗어난 자유로움을 주었고, 관행적 사고에서 창의적 사고로 전환하는 분기점이 됐습니다. 도서관은 반성과 성찰을 가르쳐 주는 공간이자 저의 과거와 미래를 보게 해 주는 시간이었습니다. 도서관 봉사는 배움과 사귐 그리고 나눔이 인생의 큰 즐거움임을 가르쳐 주어, 감사한 마음으로 세상을 살아가는 동력이 되고 있습니다.

선거 활동 도우미를 하며 조력자의 마음을 배웠어요.

1학년 때부터 학생회 임원 선거 활동 도우미를 했습니다. 친한 친구가 선거에 출마하면 저는 도우미 역할을 자처했습니다. 친구를 도와야 한다는 조건반사적인 의식이기도 했고, 친한 친구를 도와 개선점을 건의하며 더 좋은 학교를 만드는 데 기여하고 싶었기 때문입니다. 친구의 참모가 되어 선거 공약을 제안하고, 후보자 선거 유세에 지원 연설을 했으며, 친구의 발표 연습을 도와 당선에 기여했습니다. 선거 이후에는 친구의 일을 돕기도 하고 학교의 개선 사항을 적극적으로 건의하면서 임원 활동을 도왔습니다. 뜻을 같이하는 여러 명의 친구들이 집단 지성을 발휘하여 당선에 성공할 수 있었고, 협력의 보람과 가치를 느낄 수 있었습니다. 당선된 친구를 돕는 우리의 활동들이 학교에 반영되는 것을 보며 공동체에서 조력자 역할이 중요하고 또 필요하다는 것을 깨달았습니다. 리더와 조력자의 역할에 충실히 하면서 타인과 조화를 이루며 공동체에 기여하는 마음을 배웠습니다.

연극 동아리 활동으로 인간적으로 좀 더 성숙해졌어요.

3년 동안 연극 동아리 '○○'에서 활동한 것은 제 고등학교 생활에서 축복이었습니다. 연극을 올리기 위해 콘티를 짤 때는 다 같이 모여 아이디어를 내고 가장 좋은 것을 선택했습니다. 2학년 때 저도 고심 끝에 완성된 아이디어를 냈으나, 다른 친구의 '가족사진'이라는 아이디어가 채택됐습니다. 아쉽기도 했지만 더 좋은 무대를 만들 수 있을 거란 생각에 제 의견을 접을 수 있었습니다. 콘티가 정해지고 시나리오를 짜는데 연출과 배우팀이 피드백을 하면서 대본을 수정하고 대안을 제시했습니다. 우리 동아리가 추구하는 최고의 가치는 화합인데, 피드백 과정에서 갈등이 불거지거나 감정이 상할 때가 있었습니다. 주연을 맡았던 저는 연출과 시나리오팀의 기분을 상하지 않게 말하는 방법을 많이 고민했고, 최선의 답은 정직이라고 생각했습니다. 연기로 구현하기에 어려운 부분을 최대한 솔직하게 말했습니다. 그 과정에서 정직은 갈등을 예방하는 최선의 방안임을 깨달았습니다.

좋은 대본이 나왔지만 짧은 시간 내에 많은 연습 시간을 확보하며 농익은 연기를 한다는 것이 막막했습니다. 멀티 맨 역할을 맡다 보니 연기의 방향을 잡고 연습하는 데 어려움이 있었습니다. 그때 경험과 실력이 풍부한 선배들이 제 멘토가 되어 연기 방법과 캐릭터 잡는 것을 도와줬고, 덕분에 점점 이야기의 흐름에 녹아들 수 있었습니다. 이 경험으로 저는 다른 사람의 도움을 받을 때 훨씬 성장할 수 있다는 것을 깨닫고, 이후에도 어려운 일이 생기면 주저 없이 타인의 도움을 구하는 동시에 제 자신도 누군가에게 도움을 줄 수 있는 존재가 되기 위해 노력하는 계기가 됐습니다.

연습을 끝내고 공연하기 직전에 큰 사건이 일어났습니다. 축제 때 공연 시간을 배정받는데, 조명이 중요한 작품임에도 불구하고 환한 낮 시간으로 배정받은 것입니다. 학생회와의 논의도 소용이 없었고, 부원들은 크게 실망하며 포기하고 싶은 심정이었습니다. 방법을 찾다가 '암전'이라는 피켓을 만들어 배경 효과와 코믹함을 준 것이 성공적이었습니다. 결국 악조건에도 불구하고 어느 때보다 뜨거운 호응을 받으며 공연을 마쳤고, 이를 통해 긍정적 태도와 협동의 힘을 배울 수 있었습니다. 우여곡절을 겪으며 좋은 결과물을 만들었다는 보람도 있었지만, 그 과정에서 이뤘던 인간적인 성숙은 저를 타인과 조화를 이룰 수 있는 사람으로 만들어 주었습니다.

교육 봉사를 하며 배려와 나눔의 의미를 생각했어요.

평소 친구들과 지식을 나누는 것을 좋아하여 2학년 때 초등학생 대상 '경제교육프로그램'을 만들었습니다. 동아리 친구들과 준비한 학습 자료를 바탕으로 여름방학에 어린이국제도서관에서 수업을 진행했습니다. 수업을 하는 동안 새로운 개념을 이해하지 못하고 조별 활동에서 소외되는 학생을 발견했습니다. 다양한 학생들의 특성과 수준을 고려하지 못했다는 것을 깨달은 후, 설명이 끝나면 학생들과 함께 O, X 퀴즈를 풀었고 정확히 이해하지 못한 친구들을 위해 다시 설명하기도 했습니다. 학생들의 상황을 고려하여 그들이 스스로 이해할 수 있도록 활동을 보완하며 교육 프로그램의 궁극적인 목표를 찾았고, 이 과정에서 진정한 배려와 나눔은 받는 사람의 필요와 수준을 고려하여 행해질 때, 나누는 사람과 받는 사람 모두가 행복할 수 있음을 배웠습니다. 앞으로 다양한 특성을 가진 사람들과 일할 것이기에 학생들의 다양성을 이해하고 배려하며 프로그램을 진행한 경험은 저에게 매우 의미 있는 시간이었습니다.

오케스트라 활동을 하면서 가치 있는 봉사의 의미를 배웠어요.

제 별명은 '장트라베이스'였습니다. 저는 3년 동안 교내 오케스트라에서 콘트라베이스를 연주했습니다. 친구들이 왜소한 몸집에 키보다 더 큰 콘트라베이스를 들고 낑낑거리는 모습이 재미있다며 제 성인 '장'과 '콘트라베이스'를 섞어 만들어 준 별명입니다. 오케스트라 활동을 통해 주어진 역할에 최선을 다하는 책임감과 나눔의 가치를 배웠습니다.

오케스트라에서 가장 낮은 음을 내는 악기인데다 인원수도 가장 적어 합주를 할 때마다 콘트라베이스 소리는 잘 들리지 않았습니다. 처음에는 콘트라베이스와 제가 오케스트라에 필요하지 않은 존재인 것 같은 생각이 들어 속상했습니다. 한 번은 합주 연습 중 잠시 연주를 멈추고 음악을 감상해 보았습니다. 평소에는 잘 들리지 않던 콘트라베이스의 묵직한 소리가 빠지자 곡의 웅장함이 제대로 표현되지 않았습니다. 다른 친구들도 금방 알아채고 제 쪽을 쳐다보았습니다. 그날 이후로 한 음이라도 틀리지 않기 위해 더 성실히 연습하게 됐습니다. 오케스트라가 주최한 음악회에서 음악 선생님께서는 저를 '가장 눈에 띄지 않는 곳에서 가장 묵묵히 연습한 장트라베이스'라고 소개하셨습니다. 주목받지 못하는 자리에 있더라도 책임감을 갖고 자신의 역할에 충실한 것이 모든 일의 첫 걸음이며 결국 빛을 발한다는 알게 됐습니다.

교내 오케스트라는 학교 근처 요양원을 방문해 문화생활을 즐기기 어려우신 노인 분들을 위한 공연을 했습니다. 갈 때마다 무거운 악기와 장비를 옮겨야 했지만 오히려 신이 났습니다. 요양원에 계신 어르신들은 항상 저희를 따뜻하게 반겨 주셨고 음악을 듣고 감동받아 눈물을 흘리시는 분들도 계셨습니다. 제 작은 능력이 그분들께 큰 의미가 된다는 사실에 오히려 감사함을 느꼈고 힘을 얻어 돌아오곤 했습니다. 많이 갖고 있기 때문이 아니라 나눔을 실천할 때 제가 가지고 있는 것들이 더 커지기 때문에 나눔이 의미 있다는 것을 배웠습니다. 음악 봉사활동을 통해 다양한 악기가 어우러진 음악이 감동적이듯 여러 지식과 재능을 가진 사람들이 사회 공동체를 위해 화합할 때 비로소 그 지식과 재능이 빛을 발할 수 있을 것이라는 신념을 갖게 됐습니다.

학생회 활동을 하면서 리더로서의 역량을 키웠어요.

2년간 학생회에서 학생들을 위해 봉사하면서 리더의 자질과 역량이 무

것인지 경험할 수 있었습니다. ○○에 있는 고등학교의 대표들이 모여 학교의 자랑거리를 소개하고 공유하는 '어깨동무 컨퍼런스'에 참여하여 타 학교의 본받을 점을 배울 수 있었습니다. 그중에서도 ○○고등학교에서 진행하고 있는 아침 이벤트는 매우 인상적이었고, 학업에 지쳐 피곤이 묻은 얼굴로 등교하는 학생들의 얼굴에 웃음을 되찾아 주고자 '행복한 등굣길 만들기 프로젝트'를 기획했습니다. 학생들이 가장 지치는 월요일 아침 등교 시간에 다양한 이벤트를 진행했습니다. 나중에는 매주 반마다 돌아가며 아침 이벤트를 준비함으로써 등교하는 학생들은 물론 이벤트를 준비하는 학급 또한 단합심과 소속감을 느낄 수 있는 ○○고등학교만의 전통 행사로 발전했습니다.

아침 행사 외에도 ○○고등학교 금요일 산책의 날인 '○○○ 데이'를 기획하여 한 달에 한 번 점심시간에 산책을 하고 게임에 참여할 수 있게 했습니다. 이와 더불어 리더십 캠프에서 자신의 재능을 기부하고 나눔을 약속받는 남자에 대한 영상에서 아이디어를 얻어 ○○○ 데이에서 이를 실천하자는 제안을 했습니다. 학생회에서는 사진을 찍어 무료로 인화해 주고 선행을 약속받기로 했습니다. 학생들은 사진을 받고 약속대로 선생님께 인사하기, 복도 쓰레기 줍기 등 작은 선행들을 하나둘 실천했습니다. 이러한 작은 선행들이 모여 우리 고등학교는 나눔과 배려가 넘치는 따뜻한 학교가 됐습니다. 작은 나눔도 모이다 보면 큰 나눔이 된다는 것, 그리고 나 자신이 나눔의 주체가 될 수 있고 타인을 행복하게 할 수 있다는 것을 깨닫고 직접 실천할 수 있었습니다. 이러한 행사들을 기획함으로써 학생들이 더 행복하게 학교생활을 하는 것을 볼 수 있었고, 타인을 행복하게 만드는 리더의 역할에 대해 배울 수 있었습니다. 저 또한 학생들의 행복한 학교생활에 일조했다는 점에서 리더로서의 역량을 키웠다고 생각합니다.

자발적으로 공동체에서 맡은 역할을 수행하며 의사소통의 중요성을 배웠어요.

평소 교실의 청결 문제 관리에 많은 신경을 썼습니다. 어질러진 것을 바로잡는 행위를 통해 보람을 느꼈습니다. 정규 수업 시간이 없는 토요일에 자습 시간을 이용하여 교실 청소를 한 적도 있는데, 담임선생님은 대청소 때는 항상 저에게 진공청소기를 맡기셨습니다. 교실의 가장 구석진 곳까지 챙겨야 하는 게 청소기 담당인데, 저는 마지막까지 묵묵히 맡은 임무를 수행하는 것이 좋았습니다. 2학년 때는 청소에 방관적인 학급 분위기를 견디지 못하고 아침 일찍 나와 교실 청소를 혼자 하기도 했고, 교실 내에서 분리수거가 제대로 이뤄지지 않자 직접 분리수거함을 마련해 교실에 비치하기도 했습니다. 사람들은 주변 환경으로부터 상당한 영향을 받는 존재라는 생각을 항상 갖고 있었습니다. 그래서 개인의 잠재된 가치와 대인 관계 속에서 발생할 수 있는 긍정적 정서를 극대화하기 위해 최대한 정돈된 환경을 조성하는 것을 중요하게 여겼습니다.

음악에 대한 흥미가 많아 중학생 시절부터 교내 오케스트라에 소속된 연주자로 봉사했습니다. 오케스트라 활동은 고등학생 시절 내내 지속적으로 다양한 경험을 가능케 했고 내면적 성숙을 이루는 데 도움이 됐습니다. 2학년 때, 새로 부임한 음악 선생님의 교과적 자부심이 학생들과 갈등을 빚었습니다. 저는 선생님과 학생들 사이의 이해관계를 조정하기 위해 상호 간의 의사를 전달하고 중재자 역할을 수행했습니다. 음악에 대한 순수한 열정이 많은 선생님과 바쁜 일정에 대한 걱정이 많은 학생들 사이에서 적절한 중간 지점을 찾는 것이 상당히 조심스러웠으나 이를 계기로 의사소통 능력의 중요성을 깨닫게 됐습니다.

내가 먼저 변하고 공감하며 배려의 정신을 실천했어요.

댄스 동아리에서 부원들과 함께 무대를 기획하면서 정기적으로 공연했습니다. 한 번은 학생들에게 자율적인 금액으로 공연 기금을 걷어 'save the children'에 기부하는 자선 공연을 진행하게 되었고, 좋아하는 활동을 통해서 어려운 환경의 어린이들에게 도움이 되는 일을 할 수 있어 즐겁고 뿌듯했습니다. 그러나 공연을 준비하면서 다른 동아리 팀과 마찰이 생겼습니다. 먼저 공연 일정을 정해 놨었는데, 당황스럽게도 공연 일주일 전에 학생회에서 해당 날짜에 다른 팀을 배정한 것입니다. 처음에는 상대측에게 양보하기를 부탁했지만 거절당했습니다. 고민 끝에 그들에게도 1년 동안 2번만 주어지는 소중한 기회였기에 생각을 바꿔 합동 공연을 제안했습니다. 합동 공연으로 풍부한 공연을 보여 줄 수 있으며 기부도 할 수 있음을 어필했습니다. 결국 성공적인 합동 공연을 할 수 있었습니다. 이를 통해 서로 다른 입장을 조율하는 것의 어려움과 진정한 의사소통이란 남을 변화시키려는 고집보다 내가 먼저 변화해야 한다는 것을 깨달았습니다.

1학년 때 옆 반에 다리를 다쳐 휠체어를 타는 친구가 있었습니다. 학기 초였기에 친구들은 아직 서먹서먹했습니다. 다친 친구는 휠체어를 타면서 불편한 점이 많을 텐데 친구들의 말에 애써 웃는 모습이 안쓰러웠고, 다친 이유가 궁금해졌습니다. 사교성이 좋은 저는 그 친구에게 다가가 다치게 된 이유와 기숙사 생활의 힘든 점을 묻고, 도우미가 되기를 자청했습니다. 그 친구와 같은 반인 친구에게 같이 돕기를 제안한 후, 다친 친구를 함께 돕기로 했습니다. 화장실과 급식실에서는 항상 같이 다녔고, 계단에서는 양쪽에서 부축하였으며, 기숙사 방에 찾아가 씻는 것을 도와주었습니다. 그 친구는 점차 회복했고, 사이는 더욱 돈독해졌습니다. '내가 만약 그 친구처럼 다쳤더라면, 얼마나 힘들었을까?'라는 역지사지의 자세를 통해 그 친구의 아픔을 공감하고 이해하게 됐습니다. 또한 나에게는 사소한 행동들이 누군가에게 큰 도움이 된다는 것을 알고 배려의 정신을 실천하게 됐습니다.

방송부 부장을 하면서 내적 성장을 이뤘어요.

2년간 방송부 부장으로서 자선 방송제를 진행했던 경험은 저를 내면적으로 성장시켰습니다. 즐겁게 방송제를 구상하던 처음과는 달리 날짜가 다가올수록 많은 학생들의 2시간을 가치 없게 만들지도 모른다는 불안감과 책임감에 막막하기만 했습니다. 하지만 그때 가장 도움이 된 것은 부원들 간의 격려와 자유로운 분위기였습니다. 부담감에 회의 분위기가 위축된다면 창의적인 아이디어도 위축될 것이라 생각했습니다. 그래서 딱딱한 의자에 앉아서 경직된 채 하는 회의보다 다 같이 둘러앉아 누구나 부담 없이 의견을 낼 수 있도록 독려하는 자유로운 회의 분위기를 조성했습니다. 그 결과 처음에는 사소한 아이디어를 제안하기 불편해 하던 부원들도 작은 아이디어에서 영상 제작이 시작된다는 것에 보람을 느끼고 적극적으로 참여해 주었습니다. 그 결과 전교생에게 큰 환호를 받으며 방송제를 마무리할 수 있었고, 재미와 의미를 모두 추구하였다는 평을 들을 수 있었습니다. 두 번의 방송제를 준비하면서 같이 고생하고 협동하며 그 어느 동아리보다 결속력 있고 애착이 강한 동아리를 만들 수 있었고, 장기 프로젝트인 만큼 지치기 쉬운 부원들을 격려하며 이끌어 나가야 하는 리더의 자세를 배울 수 있었습니다.

모두가 협동하여 개최한 방송제는 수익금을 다문화 교육 지원 사업에 기부하며 나눔을 실천할 수 있었습니다. 또한 다문화에 대한 관심을 토대로 음성으로 제작한 공익광고를 인천 시내버스에 방송하며 다문화에 대한 인식을 개선하기 위한 캠페인도 진행했습니다. 학교의 이름을 걸고 인천에 광고를 내보내는 만큼 단어 하나하나 신중하게 멘트를 선정하고 가장 좋은 전달 방법을 고민하며 녹음했습니다. 마침내 버스에서 흘러나오는 제 목소리를 들었을 때는 작은 아이디어에서 시작한 캠페인이 조금이나마 사회 발전에 기여할 수 있다는 것에 감동을 느꼈습니다. 또한 광고를 제작하는 작은 재능이 수많은 사람들을 위해 사용될 수 있음에 뿌듯함을 느끼며, 나의 재능뿐만 아니라 지식도 사회 발전에 도움이 되도록 해야겠다는 다짐을 하게 됐습니다.

시각장애 봉사를 하면서 평등의 의미를 생각했어요.

저는 시각장애 학생을 위한 교육 봉사에 참여했습니다. 부신백질이영양증을 앓아 전신 마비가 진행 중인 학생과 결연했습니다. 처음 친구를 만났을 때는 당황스럽고 무엇을 어떻게 도와줘야 하는지 감이 안 잡혔습니다. 친구를 이해하기 위해 부신백질이영양증에 관한 영화를 보기도 하고 친구와 대화도 자주 나눴습니다. 영화 속에서 본 친구의 병은 너무도 고통스러웠지만 대화를 통해 알게 된 친구는 저보다도 크고 구체적인 꿈을 꾸며 노력하고 있었고, 오히려 제가 그 친구에게서 꿈에 대한 열정을 배웠습니다. 몸이 불편하다는 점을 제외하고는 저와 같은 친구인데 무의식적으로 모든 것을 도와줘야 한다는 의무감을 느꼈던 제 경솔함을 반성했습니다. 이후 친구가 저와 동등한 조건에서 공부할 수 있도록 하는 것에 주력했습니다. 교과서 내용을 큰 글자로 인쇄해 낮은 시력으로도 읽을 수 있게 했고, 내용에 관한 영상, 음악을 준비해 소리로나마 이해를 돕고자 했습니다. 이 경험을 통해 사회적 약자를 단지 동정의 대상으로 바라보는 장애를 극복하고 진정한 평등의 의미를 재고하게 됐습니다.

학급 대항 춤 공연에서 협력의 가치를 배웠어요.

2학년 말 학급 장기 자랑에서 저희 반은 춤 공연을 했습니다. 저는 친구들을 설득해 모두가 주인공이 되는 무대를 만들었습니다. 연습을 하면서 모든 친구들이 한 번씩 중간에 설 수 있도록 계속해서 동선을 조정했습니다. 춤을 못 춘다고 생각해 소극적이던 친구들도 나중에는 신이 나서 막춤을 추기도 했습니다. 이렇게 모두를 위한 공연을 준비하다 보니 충돌은 없었고 웃음이 끊이질 않았습니다. 댄스 동아리의 단독 무대나 차력쇼 등 다른 반들의 화려한 공연에 저희는 꼴찌를 확신했습니다. 하지만 1등은 모두가 적극적으로 참여하고 즐겼던 저희 반이 차지했고 반 친구들 모두가 기뻐했습니다. 친구들은 평소에 잘 나서지 않던 제가 주도적으로 반의 결속력을 이끌어 내는 모습에 놀랐다고 말했고, 저는 이를 계기로 리더가 갖춰야 할 자질에 대해 배웠습니다. 특히 협력에서 가장 중요한 것은 모든 구성원들이 제 역할을 할 수 있도록 격려하고 서로를 배려하는 데 있다는 것을 느꼈습니다.

도우미 활동으로 행복을 경험했어요.

1학년 때, 다리가 불편한 친구가 짝이 되었는데 쉬는 시간마다 사물함에서 교과서와 노트를 가져다주고, 급식실에서 배식을 받아 주었습니다. 친구가 나중에 도와줘서 고마웠다고 말했을 때 제가 누군가에게 도움이 되는 사람이며, 생각했던 것보다 제가 더 가치 있는 사람이라는 것을 깨닫게 됐습니다. 1학년 때부터 시작한 급식 도우미는 처음에는 쉽게 생각했는데 무거운 음식을 운반하고 똑같은 양을 배식하기가 어려웠습니다. 급식 도우미를 하면서 급식 아주머니들의 수고로움을 알게 되었으며, 급식 한 끼에도 감사한 마음을 갖게 됐습니다. 또한 아침마다 일찍 등교하여 중앙 현관과 복도 청소를 하면서 내가 아침잠을 조금 줄이면 많은 사람들이 행복할 수 있다는 것도 깨달았습니다.

남에게 도움이 될 때 나도 더 행복하다는 것을 배웠어요.

1학년 때 학년 장을 뽑는 선거에 친구가 출마하게 되었는데 찬조 연설을 도와줄 친구를 찾고 있는 와중에 저에게 부탁했습니다. 저는 기꺼이 제 일인 것처럼 찬조 연설을 어떤 식으로 준비할지 매일같이 고민했으며, '당사자인 친구는 나보다 더 힘들다'는 생각을 항상 가지고 하루하루 친구의 고민을 같이 나누며 지냈습니다. 제 찬조 연설뿐만 아니라 친구의 연설 내용도 같이 봐 주고 어색한 문장을 고쳐 주거나 친구의 장점을 드러낼 수 있는 문장을 추천해 주었고, 시간이 날 때마다 연설 연습을 같이 해 주는 등 친구에게 많은 도움을 주었습니다. 선거 유세 기간에는 하루도 빠짐없이 아침에 일찍 나와 다른 친구들보다 더 큰 목소리로 친구의 선거 유세를 도와주었으며, 선거 당일까지 최선을 다하여 찬조 연설까지 무사히 마칠 수 있게 됐습니다. 비록 친구가 당선되지는 못했지만, 이번 일로 고마움을 표현하는 친구 덕분에 '대가 없이 도와주는 것의 진정한 가치'에 대해 느낄 수 있어서 저한테도 의미 있는 시간이었습니다.

저는 2학년 때 성적 문제, 교우 관계의 회의감으로 매우 낙담하며 학교생활을 포기하고 싶을 만큼 심리적인 어려움을 겪고 있었습니다. 그런 와중에 한 친구도 비슷한 고민을 저에게 털어놓았고, 이를 저에게 닥친 문제보다 중요하게 여긴 저는 점심시간 때마다 친구의 얘기를 들어주게 됐습니다. 그러면서 공감이 되는 부분은 공감해 주고, 조언을 바라는 부분은 서로 조언을 해 주는 등 서로에게 상담자 같은 역할이 되어 주었습니다. 저도 같은 고민으로 힘들었기 때문에 친구를 더 잘 이해할 수 있었고, 몇 개월이 지난 후 친구의 고민은 점차 해결되어 갔습니다. 이 과정에서 저의 고민도 해결되었고, 이를 통해서 저는 남을 도와주는 일이 나의 문제를 해결하는 데 도움을 줄 수 있다는 것을 몸소 느낄 수 있었습니다. 정말 힘들었던 시간이지만 스스로의 성장을 이끌 수 있었던 시기였다고 생각합니다.

학급 자율활동을 하면서 변화의 의미를 생각했어요.

'아침 독서 10분'을 운영하면서 나의 장점을 타인에게 나눔으로써 도움이 되는 일이 얼마나 뿌듯한지 알게 됐습니다. 자습 시간을 효율적으로 활용하고자 학급 도서부장으로서 책임감을 가지고 학급 도서 관리의 방향을 고민했습니다. 처음에는 반 친구들이 독서에 대한 흥미가 없었기에 먼저 주변 친구들부터 독서의 장점을 알게 하고 책을 통해 얻을 수 있는 재미와 유익을 일깨워 주었습니다. 또 도서 목록을 작성하고 게시하여 독서를 쉽게 열람할 수 있게 하였고, 다독상을 선발하여 독서에 흥미를 심어 주고자 노력한 결과 주변 급우들의 변화를 시작으로 점점 다수의 친구들이 독서의 즐거움을 알기 시작했습니다. 꾸준히 활동에 참여하기를 힘들어하던 친구들이 점차 변화하는 모습을 보면서, 나의 꾸준함과 성실함이 타인에게 도움이 될 수 있다는 점에 뿌듯함을 느꼈습니다. 이후 2, 3학년이 되어서도 학급의 도서부원으로서 전공 관련 추천 도서를 학급에 자율적으로 소개하면서 학급의 독서활동을 이끌었습니다. 매일 아침 10분씩 독서를 하는 일이 작은 시작에 불과할지라도, 책임감 있는 태도와 진정성 있는 자세로 다가가서 사소한 변화로 다수의 태도를 변화시킬 수 있음을 배웠습니다.

무한 경쟁의 입시에서 벗어나 서로의 부족한 면을 도와주자는 생각으로 자율 학습 동아리를 조직했습니다. 동아리 부원들은 공부하면서 같이 풀어 보고 싶은 문제를 스스로 분석하고, 질문하며, 토론했습니다. 이 활동을 통해 문제 풀이에 어려움을 느끼는 급우를 도울 수 있었고 저 또한 모르는 것에 대한 배움을 얻을 수 있었습니다. 또 서로의 풀이법을 공유하면서 문제에 대한 접근법을 다양하게 했습니다. 풀리지 않는 문제를 끝까지 붙잡고 공부하는 끈기와 혼자가 아닌 다수가 함께 문제를 해결하고자 노력하면서 학업 능력을 향상시킬 수 있다는 것을 알았습니다. 처음에는 쉽게 포기하고 타인에게 의지하던 급우들이 스스로 공부하며 어떻게 설명할지에 대해 고민하는, 변화된 모습을 보며 함께하는 공부의 중요성을 깨달았습니다.

학급에서 배려와 나눔을 실천하며 성장하는 나를 발견할 수 있었어요.

평소 타인을 먼저 배려해야 한다고 생각한 저는 누군가와 갈등을 빚어 본 적이 거의 없지만 혼자 모든 일을 처리하면서 내적 갈등을 겪는 일이 많았습니다.

1학년 때 자율 학습 참여 학생들의 출석을 확인하고, 면학 분위기를 조성하는 자습 출결을 담당했습니다. 처음 해 보는 일이라 그런지 정신도 없고, 공부에 집중하기도 어려웠습니다. 집중을 못하는 날이 반복될수록 제 공부와 출석 담당, 두 가지 일을 잘할 수 있는가에 대한 내적 갈등이 발생했고, 고민이 계속됐습니다. 한 번 맡은 일은 책임감을 갖고 끝까지 노력하고 싶다는 마음이 커져 가면서 오랜 고민 뒤에 공부에 집중을 못했던 제 상황을 열심히 하겠다는 의지로 극복하기로 결정했습니다. 귀마개를 이용해 주변의 소음을 차단하고 한 번 책상에 앉으면 되도록 오래 앉아 있으려고 노력했습니다. 점차 공부 집중도가 향상되었고, 출석부 담당도 잘 마무리할 수 있었습니다.

끝나지 않는 학급의 분리수거 역시 내적 갈등이 있었습니다. 기본적으로 제대로 되지 않은 분리수거, 그리고 분리수거를 해 놓아도 계속 새로 생기는 쓰레기 때문에 녹초가 된 저는 더 이상 분리수거를 못하겠다는 생각과 그래도 스스로 자원한 것인데 끝까지 책임져야 한다는 생각 때문에 머리가 복잡해졌습니다. 스스로 자원한 만큼 포기하지 않기로 하고 우선, 올바른 분리수거를 위해 현 상황을 객관적으로 바라보고 답을 찾고자 했습니다. 학급 친구들 개개인이 올바른 분리수거를 하는 것이 가장 효율적인 만큼 친구들의 참여를 유도할 방법을 찾아보았습니다. 정확한 분리수거법을 모르는 친구들을 위해 안내문을 게시하고, 쉬는 시간마다 친구들의 분리수거를 도왔습니다. 많은 친구들이 분리수거를 정확하게 해 주었고, 저 혼자 분리수거 하는 시간도 줄어들었습니다.

몸과 마음이 힘들더라도, 주어진 상황에서 문제 해결을 위해 최선을 다하면서 성장하는 제 자신을 볼 수 있었고 앞으로도 더욱 성장하기 위해서 언제나 책임감을 갖고 제 일을 완수해야겠다고 다짐했습니다.

멘토링 활동을 하면서 함께 성장하는 기쁨을 경험했어요.

친구와 함께하는 공부의 즐거움을 느낀 저는 멘토링에 참여했습니다. 첫 멘토링에선 공부 의지가 강한 친구를 만났는데 자투리 시간마다 수학 문제를 반복하여 풀 만큼 둘 다 열의가 높았습니다. 하지만 기대만큼 실력은 오르지 않았고, 그 이유가 무엇일까 생각했습니다. 기초 실력이 있는 친구에게 모든 문제의 풀이를 처음부터 끝까지 설명해 주는 것은 좋은 방법이 아님을 깨닫고 멘토링에 변화를 주었습니다. 친구가 어렵다고 한 문제만을, 그것도 제가 모두 설명하지 않고 친구가 문제 푸는 과정을 확인하며 격려와 함께 부족한 개념을 제시해 주는 맞춤형 방식으로 진행했습니다. 그 결과 친구는 자신감과 실력이 향상되었고 저 역시 뿌듯함과 수학에 대한 자신감이 커졌습니다.

함께 성장했다는 보람을 계속 느끼고자 2학년 때도 멘토링에 참여했지만 이번 친구는 성실하게 참여만 할 뿐 문제를 풀지도 않고 지루해 했습니다. 이런 상황을 개선하고자 친구와 대화를 해 보니 수학 공부와 대학 입학에 관심이 없는 친구임을 알게 됐습니다. 다시 멘토링에 변화를 주어 친구가 수학에 흥미를 느끼도록 단순 문제 풀이보다는 실생활 사례를 활용했습니다. 콘서트 좌석 예매를 앞둔 친구와 자리 선정에 성공할 확률을 구해 보고 실제 자리 예매도 성공했습니다. 친구 생일에는 50명의 학생 중에서 같은 생일이 있을 비율을 구해 보며 확률을 공부하였고, CT와 애니메이션 프로그래밍을 통해 미적분을 접했습니다. 수학 공부에 흥미와 열의가 생긴 친구는 성적이 70점으로 향상되었고 저는 친구의 가능성과 꿈을 찾아 주게 되어 기뻤습니다.

최선을 다하는 자세로 공동체에서 제 역할을 성실하게 수행했어요.

누군가 제게 "본인의 성격 중 가장 큰 장점 하나를 뽑아 보세요"라고 한다면 저는 단연, 맡은 일의 결실을 맺고자 항상 최선의 노력을 한다는 점을 뽑겠습니다.

저는 2학년 때, 물리 동아리의 차장이었습니다. 부원들의 투표로 선출된 부장과는 달리 저는 가위바위보를 통해 차장이 됐습니다. 순전히 운으로만 결정된 차장이었기에 누구도 저에게 차장의 역할을 요구하거나 강요하지 않았습니다. 하지만 차장의 역할을 단지 운으로만 끝내고 싶지 않았던 저는 동아리 활동에 그 누구보다 열심히 참여했습니다. 부장과 함께 밤늦게까지 남아 동아리 활동을 계획하고, 점심시간을 쪼개 미처 마무리하지 못했던 활동들을 끝까지 책임지고 정리했습니다. 그러다 축제 일주일 전, 가장 바쁜 시기에 동아리 부장과 담당 선생님 모두 독감에 걸려 축제 준비를 함께하지 못한다는 소식을 들었습니다. 이 소식을 접한 동아리 부원들은 저에게 축제 준비에 대한 많은 걱정을 토로하였고, 저 또한 불안감이 가중됐습니다. 하지만 저는 이럴 때일수록 차장인 제가 책임감을 갖고 부원들을 제대로 이끌어 가야 한다고 생각했습니다. 체크 리스트를 만들어 저와 부원들이 해야 할 일들을 꼼꼼히 확인하였고, 부원들에게 다양한 의견을 물어 가며 축제 준비를 위한 최고의 방법을 찾고자 노력했습니다. 또한 부스가 잘 운영될 수 있도록 직접 제작한 시나리오를 부원들에게 나눠 주었고 2명씩 짝을 이룬 뒤 설명자-참여자가 되어 연습할 수 있도록 상황을 이끌었습니다. 축제 운영을 순조로이 마친 후 저는 저를 믿고 따라와 준 부원들에게는 고마움을, 힘든 과정을 잘 해결한 제게는 리더의 자질이 존재함을 느끼게 됐습니다. 또한 이를 계기로 3학년 진급 후, 정규 동아리와 자율 동아리를 새로 조직하였으며 현재는 두 동아리의 부장을 맡아 친구들과 함께 탐구하며 공부하고 있습니다. 운으로 시작된 기회였지만 책임감을 갖고 주어진 활동 속에서 항상 최선을 다해 노력함으로써 제 스스로의 발전을 향한 더 큰 기회를 얻었다고 생각합니다.

독단과 나눔을 성찰하며 성장할 수 있었어요.

[독단의 반성]: 저는 화학 실험 과목의 조장을 맡은 후, 실험을 주로 혼자서 했습니다. 실험을 하는 데 있어 일손이 많이 필요하지 않았고, 조원인 친구들은 수업에 의욕적이지 않아 보였습니다. 그리고 무엇보다 주어진 실험 시간이 촉박했기 때문에 혼자서 빠르게 실험 결과를 도출한 후, 조원들에게 실험 과정과 결과의 의미를 설명하는 방법으로 시간을 맞춰야 했습니다. 하지만 혼자서 실험하는 도중 친구가 넌지시 건넨 말 — 도움이

필요하면 나에게 말해줬으면 좋겠고, 나도 너와 같이 실험을 하고 싶다 — 은 저의 독단적인 행동을 되돌아보게 했습니다. 조원들의 태도만으로 실험에 관심이 없으리라 먼저 판단해 버린 저의 과오도 뒤늦게 의식할 수 있었습니다. 저는 그것을 알아차린 후 조원들에게 저의 선입견에 대해 사과하였고, 다음 실험부터는 조원들과 역할을 분담하여 탐구 실험을 했습니다. 처음에는 함께 탐구하고 의견을 맞추어 의사 결정을 내리는 과정이 어색하였지만, 차츰 시간의 촉박함으로 인해 잊고 있었던 탐구의 즐거움과 함께 활동하는 기쁨을 알게 됐습니다. 혼자 하는 것이 빠를 것이라고 생각했던 실험 시간은 조원들과 함께 협동하며 오히려 단축됐습니다. 이는 제가 3학년이 되면서 계획했던 모델 구현 활동을 동아리에 합류하여 친구들과 하는 조별 활동으로 변경하는 계기가 됐습니다.

[나눔의 기쁨]: ○○○○에서의 활동 중 가장 기억에 남았던 활동은 교내 체험활동 발표회에서 운영한 아트페어였습니다. 저는 아트페어에 전시할 작품을 만들기 위해 ○○○○부원들과 함께 수 개월간 자투리 시간마다 작품 활동을 했고, 비 오는 길거리를 표현한 유화 풍경화 및 일러스트 엽서를 제작했습니다. 갤러리 운영 당일에는 부원들이 분담하여 작품 설명 및 판매를 담당했습니다. 하지만 이 중 가장 인상 깊었던 점은 작품 판매로 생긴 수익이 시설 아기와 미혼모를 돕는 데 사용되었다는 사실이었습니다. 그림이 취미에서 끝나지 않고 사회에 환원시킬 수 있는 하나의 가치 있는 작품이 된다는 것은 제게 의미 있는 경험이었습니다.

긍정적 사고와 도전적 태도로 발전 가능성을 높이자

발전 가능성은 현재 상황이나 수준보다 질적으로 더 높은 단계로 향상될 가능성을 의미합니다. 자기 주도적으로 활동을 하고 교과와 비교과영역에서 다양한 경험을 하는 가운데 창의적으로 문제를 해결하는 경험치가 쌓이고 리더십이 있는 학생이라면 더 큰 발전을 할 것이라 기대를 하게 됩니다. 학생이 자신의 발전 가능성을 믿고 긍정적인 사고방식과 도전적인 태도를 갖춘다면 좋을 것입니다.

발전 가능성이 높은 학생은 목표 의식이 명확합니다. 뚜렷한 목표를 갖기 위해 대학교 학과 선택의 동기와 학업 계획 그리고 대학 졸업 후 진로 계획을 스스로 세워 봅니다. 학과 선택의 동기는 그 학과를 선택하게 된 계기와 진로의 고민 과정 및 관심이 구체적일수록 좋습니다. 해당 대학의 학과 특성을 정확히 이해하고 대학 재학 중 학업 계획과 자기 계발 계획을 세워 보며 대학 졸업 후 장래 희망과 인생의 목표를 생각해 봅니다. 대학 홈페이지와 학과 전공 홈페이지를 방문하여 학과 교육과정과 진로 사항을 파악하고, 자신의 현재와 미래를 오가며 지원하려는 학과에 대한 관심과 애정을 키워가야 합니다.

아래의 평가 항목으로 자가 진단을 해 보고 부족한 항목을 보완하기 위한 계획을 수립해 보는 것도 의미가 있을 것입니다.

	평가 항목	표시(∨)
1	새로운 과제를 주도적으로 수행한 성과가 있는가?	
2	기존 지식과 경험을 확장하려고 노력을 하는가?	
3	자율, 동아리, 봉사, 진로활동 등 다양한 체험활동에 적극 참여하는가?	
4	풍부한 독서활동과 문화적 소양을 함양하고 있는가?	
5	예체능 영역에서의 적극성과 참여도는 높은가?	
6	자신의 목표를 위해 도전하고 성취한 경험이 있는가?	
7	구성원의 화합과 단결을 이끌기 위한 행동을 하고 있는가?	
8	공동체의 목표를 달성하기 위해 계획하고 실행한 경험이 있는가?	
9	창의적인 발상을 통해 일을 진행한 경험이 있는가?	
10	주어진 상황과 환경을 극복하려는 의지가 있고 열심히 노력하는가?	

발전 가능성이 높은 학생은 리더십이 강합니다. 리더십은 공동체의 목표 달성을 위해 구성원들의 상호작용을 이끌어 내는 능력입니다. 조직의 목표를 달성하기 위해 구성원들이 목표 지향적인 행동을 하도록 영향력 있는 행동을 하는 것입니다. 리더십이 있는 학생은 모둠 활동에서 주도성이 있고 프로젝트를 수행하는 과정에서 적극적이며 구성원들의 화합을 이

끌어 냅니다. 공동체의 목표를 달성하기 위해 계획하고 실행을 주도합니다. 학생회, 학급회, 동아리 활동 등에 참여하면서 리더로서 자질과 능력이 향상됩니다. 좋은 리더는 구성원들이 신뢰하기에 구성원들의 자발적 참여와 협력이 자연스럽게 이루어집니다.

끝으로 꿈이 있는 학생은 발전 가능성이 높습니다. 꿈은 누구나 꿀 수 있습니다. 마음이 있으면 몸이 따라가게 됩니다. 온 신경이 집중된 지점에 꿈이 있습니다. 꿈이 생길수록 미래는 구체적이고 행동은 깊어집니다. 막연한 꿈이 점점 뚜렷해지고 일의 우선순위가 생깁니다. 주변에 좋아하는 사람, 닮고 싶은 사람이 있다면 그들을 본받고 자신을 성찰하는 것도 좋은 생활 태도입니다. 꿈에 대한 정보를 모아 보고 어떤 사람이 될지 고민하며 마음먹은 일들을 실천으로 옮깁니다. 자신감을 가지고 도전을 반복합니다. 꿈은 이루어질 것이고 행복은 자신이 만들어 가는 것이라는 신념을 갖는다면 그 꿈은 머지않아 현실이 될 것입니다.

▣ 충실한 고교생활을 통해 대학을 결정하고 학업 계획과 진로를 설계한 선배들의 사례를 아래에 제시해 봅니다.

도전정신과 패기로 잘할 수 있다는 자신감과 컴퓨터 공학자의 꿈을 갖게 됐습니다.

과학에 대해 관심을 가진 후, 저는 과학의 실용성에 대해 고민하며 제가 배운 지식을 단순히 지식에서 끝내지 않고 결과물을 만들어 보고 싶다는 생각을 가졌습니다. 그러던 중 한 탐구활동 보고서를 읽게 되었고, 이에 명시된 오류를 직접 해결해 보고 싶다는 호기심을 가져 '물리엔진을 활용해 생물체의 움직임을 최적화하는 유전 알고리즘의 개선' 보고서 탐구활동을 하게 됐습니다. 보고서의 목표는 제가 특정한 문제점을 해결하여 움직임을 더욱 생물체에 가깝도록 하는 것이었으며, C++로 기초적 유전 알고리즘을 모의로 작성해 본 후, 시행착오 끝에 C#과 Unity의 물리 엔진을 사용해 계획대로 개선한 유전 알고리즘 프로그램을 만든 후 최적화된 유전자 값까지 얻을 수 있었습니다.

탐구 과정 중 가장 문제가 되었던 부분은 부족한 정보였습니다. 탐구 과정에서 필요한 대다수의 함수는 영문 자료가 있었고, 일부는 Unity 영문 강의 영상으로 차근차근 배울 수 있었습니다. 하지만 유전 알고리즘 구현 과정에서 발생하는 국지적인 오류는 대부분의 경우 영문 강의도, 어떠한 설명도 없었고, 혼자서 해결되지 않을 때는 전문가를 수소문하여 직접 질문해야 했습니다. 꾸준한 탐구활동의 결과, 모델이 몸을 지탱하며 직접 달려 동물의 운동에 더욱 가깝게 되었고, '개선을 위한 연구'라는 탐구의 목적을 달성할 수 있었습니다. 홀로 배우기에 번거롭고 복잡한 과정이었으나 탐구를 끝까지 완성시킬 수 있었던 것은 수십 번의 사소한 문제들이 주는 실망감보다 이를 하나하나 해결하며 얻은 작은 성공들의 성취감이 훨씬 컸기 때문입니다. 또한 줄어드는 기초적 오류와 막막해 보이다가도 성큼 가까워지는 목표는 저에게 끈기를 가르쳐 주었고, 그럴 시간에 공부하는 게 낫겠다는 친구들의 핀잔에 대비되는 성공 경험은 제가 남들과 다른 목표를 가지는 것을 두려워하지 않도록 해 주었습니다.

3학년에 올라와서는 유전 알고리즘 보고서의 결과로 얻은 최적화 유전자를 실제 모델로 구현하고자 하는 의지를 가졌고, 3D 프린터와 아두이노에 대한 지식을 가지고 동아리 ○○○○○에서 활동을 총괄하는 멘토로서 탐구활동을 진행할 수 있었습니다. 모터 12개를 한꺼번에 움직이려면 컴퓨터에서 공급되는 전력이 부족하다는 문제가 발생했을 때, 친구들과 여러 가지 전력 공급 방식을 구상하고 실험하며 토의를 진행했습니다. 그 결과 디지털 신호는 아두이노로부터 받되 전원은 외부 전력을 회로에 연결하여 공급하는 방식의 해법을 찾을 수 있었습니다. 부원들과 성공적으로 목표를 달성하며 아두이노에 대한 지식을 넓힐 수 있었고, 지식 공동체로서 훨씬 수월하게 탐구할 수 있음을 알았습니다. 유전 알고리즘 보고서부터 모델을 만들기까지 2년간의 탐구 과정은 저에게 소중한 경험이 됐습니다. 목표 달성의 경험은 의지를 가지고 노력한다면 얼마든지 목표를 실현할 수 있다는 도전 정신과 패기를 가르쳐 주었습니다. 대학에 들어가서 더욱 심화된 과목들을 배우게 되었을 때 더 큰 목표를 정해 달성하고 싶다는 자신감과 꿈을 심어 주었습니다.

고교 3년의 노력과 경험을 확장하여 경제철학자의 꿈을 실현할 것입니다.

고교 3년을 돌아보며 거울 앞에 선 자연인에서, 대문으로 들어서는 구도자가 되고 싶은 심정입니다. 저 자신에게 부끄럽지 않을 만큼 성실하게 임했고, 제가 속한 공동체에 대한 의무와 책무성을 가지고 있으며, 제 꿈을 실현시켜 나갈 의지와 역량을 키워 왔습니다. 먼저 경제를 통해 공부의 의미를 찾게 됐습니다. 경제를 배우기 전까지, 살면서 보고 느끼는 것과 학교 공부는 전혀 다른 차원의 일이라고 느꼈습니다. 공부란 유용성이 적은 시험 대비의 과정이라고 생각했습니다. 하지만 고등학교에 들어와서 경제를 공부하게 되었고, 각종 매체에서 접하는 사회현상들을 경제학의 이론으로 설명할 수 있다는 것을 알게 됐습니다. 그러자 공부하는 것이 세상을 해석해내는 즐거운 일로 바뀌었고, 경제학 공부는 제 삶의 방향을 제시해 주기 시작했습니다.

제가 가진 경제학적 식견을 즐겁게 확장시켰습니다. 수요와 공급 곡선이 움직일 때 사회가 어떻게 변화할지 생각해 보며 듣게 된 경제 수업은 즐거운 상상의 시간이었습니다. 1년간 경제 이론을 공부한 후, 저의 앎을 진단해 보고자 교내 대회와 AP 경제에 응시하면서 경제 이론에 대한 심화 학습을 진행했습니다. 이 과정에서 제가 알고 있는 이론을 실제 상황에 그대로 적용할 때 한계에 부딪혔습니다. 경제학에도 다양한 학문이 연관되어 있어 현상에 대한 다면적인 이해가 필요했기 때문입니다. 그래서 다른 교과에서 느끼는 한계에 경제학적 지식을 활용했습니다. 이론으로 학습하는 데 그치지 않고 제 삶과 사회현상에 적용해 보는 연습을 꾸준히 했습니다. 그러자 어느새 경제학적 사고는 세상의 장애물을 뛰어넘게 하는 도구가 되었고 저의 사고 역시 점점 유연해졌습니다.

저는 자신만의 경제학적 철학을 제시할 수 있는 학자가 되고 싶습니다. 사회현상을 경제학으로 분석하다 보니, 현대 자본주의 사회가 놓치고 있는 인간 존엄과 정의의 가치를 생각하게 됐습니다. 경제 체제가 우주 공간과 세계에서 인간의 지위와 본성에 어떤 영향을 미칠지 궁금해졌습니다. 철학책을 읽으며 이 궁금증을 해소하고자, 저만의 경제철학을 정의하는 과정에 있습니다. 여전히 부족한 부분이 많지만 지금까지 해 왔던 공부 역시 저의 부족함을 발견하는 과정의 일부였기에 고유한 경제학적 식견을 확장시키고자 계속 정진할 것입니다.

예술에서 과학으로 관심을 옮겼고 이제는 관악에서 뇌과학에 참여하고 싶습니다.

저는 반복과 변형, 균형과 역동성 등의 모순된 개념으로 조성되는 무질서 사이에서 아름다움을 기준으로 생성되는 예술의 질서를 좋아했고, 따라서 딱딱한 정의로 현상 설명이 전부였던 과학은 늘 제 관심 밖이었습니다. 하지만 고등학교에 들어온 후 목표 대학의 시각디자인과에 들어가기 위해 본격적으로 시작한 공부는 저에게 과학에 대해 새로운 시야를 열어주었습니다. 예술과 과학 모두 사실 아직 절대적이지 않은 사항들이 많고, 이에 늘 불확정적이며, 꾸준히 시대를 거쳐 변화해 왔습니다. 그중에서도 가치 있는 질서와 진리를 찾아가는 것이 예술가와 과학자의 일이었고, 이는 저를 사로잡았던 예술의 특징을 과학에서 발견하는 순간이었습니다.

예술과 공통점을 지닌 과학에 관심을 가지게 된 후, 예술을 배우며 저의 오랜 고민거리인 아름다움이란 무엇인지에 대해 뇌과학이 답해 줄 수 있음을 알았습니다. 뇌과학에 대해 호기심이 생긴 저는 독서를 통해 뇌과학을 알아보았고, 책에서 설명하는 뇌과학의 내용은 배움의 의지를 자극할 만큼 흥미로웠습니다. 뇌과학을 배울 수 있는 대학을 찾아보던 중, 융합을 바탕으로 한 ○○○○의 Liberal Arts College는 저에게 새로운 매력으로 다가왔습니다. 과학에 매료된 후 얼마간은 고등학교를 졸업하고 싶지 않았습니다. 대학교에 들어가기 위해 전공을 선택한다는 것은 과목 중 일부만을 선택하고 나머지는 포기해야 하는 것처럼 느껴졌기 때문입니다. 고등학교의 기초 교육 과정에서 분야를 넘나드는 폭넓은 학습에 즐거움을 느끼던 저에게는 모든 길이 아쉬운 걸음이었고, 이런 저에게 ○○○○의 창의와 융합의 소양을 위한 Liberal Arts College는 최적의 교육 환경과 다름없었습니다. 무한도전 프로젝트 역시 매력적이었습니다. 저는 기초교육학부를 마치고 생명과학전공에 진학하여 신경생물학 과목을 중점적으로 공부한 후 대학원의 의생명공학과에서 뇌과학 및 뇌공학 분야를 배우고자 하였지만, 저의 분야를 뇌과학에 한정시키고 싶진 않았습니다. ○○○○의 무한 도전 프로젝트에 참여하여 AI와 기계 학습에 대한 탐구에도 도전하며 폭넓은 경험과 지식을 쌓고 싶습니다. 인공지능은 곧 전자적인 뇌이므로, 뇌에 대한 지식이 바탕이 된다면 훨씬 체계적인 AI 프로그램을 짤 수 있을 것이라 생각합니다. 이에 인공지능 관련 프로젝트를 수행하는 중심 기관으로 선정된 ○○○○의 위상은 제 도전에 큰 지지대가 되어줄 것입니다. 뇌에 대해 탐구하는 것을 기본으로 체계적인 연구 결과를 마케팅, AI 등 다양한 분야에 적용하여 뛰어난 성과를 이끌어 낼 수 있는 융합적인 과학인이 되고 싶은 저에게 융·복합적 교육을 중시하는 ○○○○는 최적의 교육을 제공할 수 있을 것입니다. 미국에서는 BRAIN 프로젝트를 통해 뇌의 구성을 밝히는 데 1억 달러의 예산이 지원되고 있다는 소식을 듣고, 최근 한국 대구에서도 뇌융합산업을 미래 성장 동력으로 육성하고자 하는 움직임이 있다는 소식을 접했습니다. 한국의 과학 지식 공동체인 ○○○○에서 선도하는 뇌과학에 참여하고 싶습니다.

고교 '진지 설명충'에서 인문학을 아우르는 문명비평가로 대중과 소통하겠습니다.

○○대는 인문학이 특히 강한 학교로 알고 있다가, 고3 때 학교를 방문한 입학처 선생님을 통해 자신만의 학문 전공을 자율적으로 구성할 수 있

다는 점을 알게 됐습니다. 따라서 ○○대는 제가 진정한 학문의 길을 걷기에 제격이라고 생각하게 됐습니다.

고등학교 시절 내내 저는 학우들로부터 '진지 설명충(蟲)'이라고 불렸습니다. 자아에 대한 신념이 강하고, 진지한 태도로 사고한 것들을 타인과 공유하려는 경향이 강해서 얻게 된 별명입니다. 저의 진지함이 재미없는 사람이라는 오해를 불러일으키기도 했으나, 저와 많은 시간을 보낸 사람일수록 저를 재미있어 하고 저와 함께하는 활동을 즐거워했습니다. '진지 설명충'이라는 별명이 저의 학구적 성향과 진중한 태도를 잘 보여 준다고 여겨, 저는 그렇게 불리는 것을 좋아했습니다. 심지어 지금 이 글에서 별명을 당당히 말하는 것 또한 저의 강직함과 신념을 반증하는 것이라 생각합니다.

저는 주변에서 인문학적 소양이 뛰어난 편으로 평가를 받았는데 그 원천은 많은 독서와 스스로 사고하는 습관 때문이라고 생각합니다. 인간과 사회에 대한 본질이 궁금하고 다양한 문제에 대한 고민이 많아 지식과 학문에 대한 순수한 애착이 강했습니다. 인문학과 사회과학 전반에 지대한 관심을 지니고 있는 편이었으나, 시간이 지날수록 표면적으로 드러나는 현상에 주목하는 사회과학의 연구 방식보다는 조금 더 심층적으로 인간의 본질에 대해 고민하는 인문학적 접근 방식에 주목하게 됐습니다. 시간의 흐름 속에서 인간의 존재와 인류의 미래에 대한 궁금함이, 궁극적으로는 문화인류학을 전문적으로 배우고 싶게 만들었습니다. 인류학이 인문학과 사회과학 사이에서 중도적인 입지를 지니기 때문에 다양한 분야에 관심을 분산시키고 연결해내는 저의 학문적 성향에 적합할 것이라 생각한 것입니다. 사회과학적 현상에 대한 분석과 설명보다는 인문학적 접근을 통해 나와 인간 그리고 인류를 탐색해 가는 것에 흥미가 생겼습니다.

저는 문화, 언어, 심리를 중심으로 학습하며 철학, 역사, 종교, 사회, 지리, 예술 등에 대한 공부를 유럽에서 확장시키며 학문의 지평을 넓히고 싶습니다. 최대한 다양한 경험을 축적해 가면서 세계관과 진리관을 정립하고, 이를 바탕으로 인간과 사회의 이상을 제시하는 조언자 역할을 수행하고 싶습니다. 단순히 딱딱한 학자로서 사는 것이 아니라 문명비평가로 제가 가지고 있는 지식과 경험을 대중과 공유하고 소통하는 미덕을 실천하고 싶습니다.

세계를 무대로 공정의 세계를 열어가는 관광기획자가 되겠습니다.

2학년 진로 테마 체험 학습을 준비하는 과정에서 김유정 작가의 생가와 생애, 배경을 미리 조사했습니다. 친구들과 그 장소에 갔을 때 조사한 장소를 실제로 볼 수 있다는 것에 흥미를 가져 친구들에게 신나게 설명했던 기억이 있습니다. 이 활동 이후 누군가에게 무엇인가를 설명하고 나의 이야기를 들려주는 과정이 너무 재미있다는 것을 느끼게 됐습니다. 이를 계기로, 직접 관광 계획을 짜 사람들이 문화를 직접 즐길 수 있게 하고 싶다는 꿈이 생겼습니다. 관광 계획을 짜기 위해서는 그 국가의 문화를 알아야 한다고 생각했기에 그 기초가 되는 언어에 대한 공부가 필요함을 느꼈습니다.

《왜 세계의 절반은 굶주리는가?》라는 책을 읽고 세계의 빈곤 문제에 관심을 가지면서 관광기획자로서 아프리카를 대상으로 공정 여행을 기획하는 일을 하겠다는 목표가 생겼습니다. 언어에 대한 배움을 기반으로 국제

정치 및 NGO와 시민운동, 국제기구에 대한 공부 등 다양한 분야의 배움을 경험하기 위해 자율전공학부에 지원하게 됐습니다. 배움의 폭을 넓히며 도전 정신의 역량을 기르기 위해 다양한 교양과목 및 전공과목을 수강하고 다양한 분야의 동아리 활동을 경험하고 싶습니다. 또한 ○○대의 모로코 교환학생 프로그램에 참여하여 아프리카를 직접 경험하고 싶습니다.

《희망을 여행하라》는 책과 관광 기획 활동으로 인해 여행은 '어디로' 떠나야 할지를 넘어 '어떻게' 하느냐가 더 중요하다는 것을 알게 됐습니다. 여행자의 즐거움뿐만 아니라 현지인들에게 도움을 줄 수 있는 여행 방법에 대해 생각하게 됐습니다. 저는 앞으로 아프리카에서 사용하는 언어를 공부하고 아프리카와 관련된 국제 관계에 대해 공부하여 아프리카 현지인들에게 도움이 될 수 있는, 수익이 목적인 기업을 위해서가 아닌 민간인을 위해서 서로에게 도움을 줄 수 있는 아프리카 공정 여행을 기획하고 싶습니다.

문제의식을 발판으로 학문 간 융합을 통해 주변을 변화시키는 경영인이 되겠습니다.

어렸을 때를 생각해 보면 주위 어른들에게 무언가를 묻고 있는 제 모습이 떠오릅니다. 궁금한 것이 생기면 끈질기게 알아내는 아이였던 것 같습니다. 그런 제게 텔레비전 뉴스는 수많은 궁금증을 해소할 수 있는 가장 넓고 깊은 장이었습니다. 뉴스가 준 충격은 컸습니다. 그날 보도된 이슈가 사회 구성원 모두의 문제로 번져 가는 과정을 보며 뉴스의 영향력을 뼈저리게 체감했습니다. 이를 통해 제가 가진 문제의식이 전체의 문제의식이 된다면 사회를 변화시킬 수 있다는 생각을 하게 됐습니다. 뉴스나 신문 등의 미디어는 사람들에게 문제의식을 던질 수 있는 아주 좋은 발판이라고 생각합니다. 그 발판에 대해 오롯이 이해하고자 ○○대학교 미디어학부에 지원하게 됐습니다.

학생 신분으로서 제가 가진 문제의식을 가장 쉽게 던질 수 있는 공간은 학교였습니다. 고등학교 3년 동안 메시지를 전하는 사람이 되기 위해 다양한 활동에 도전했습니다. 발표 대회나 토론 대회에 활발히 참여하며 경험을 쌓았고, 지속 가능성과 관련된 외신을 번역하여 인터넷에 게시함으로써 작고 사소한 변화에 내재된 힘을 전달했습니다. 개인적으로는 동아리 '사회 커뮤니케이션'에서 활동한 것이 기억에 남습니다. 사회 속 커뮤니케이션 중 헬스 커뮤니케이션을 선택하여 탐구하는 과정에서 건강에도 불평등이 존재함을 깨달았습니다. 건강에 취약한 그룹이 신체적 요인이 아니라 건강 정보에 대한 접근 및 활용의 격차에 의해 결정될 수 있다는 사실이 엄청난 충격으로 다가왔습니다. 미디어가 사회적 약자 계층으로 헬스 커뮤니케이션의 범위를 넓히는 역할을 수행한다면 모든 사회 구성원에게 보편적인 건강에 대한 지지를 제공할 수 있을 것이라는 생각을 하게 된 계기였습니다. 제가 느낀 문제를 주변 친구들과 나누기 위해 이러한 내용을 한 장의 포스터로 요약하여 교내에 부착했습니다.

앞으로 다가올 미래에는 제가 문제의식을 던질 수 있는 공간이 ○○대학교가 되었으면 좋겠습니다. 문제의 본질을 파악하고 이를 주변 사람들과 공유하여 사회를 긍정적으로 변화시키는 데 일조하고 싶습니다.

한국과 국제사회에 선한 영향력을 미치는 경영인의 꿈을 키워 온 저는 고교 입학 후 국제 계열 학문과 경제학을 비롯한 사회 과목에 흥미를 느꼈습니다. 자연과학과 프로그래밍을 배우면서 자연·이공 과목에 관심이 증가했고 지속적으로 공부해야 할 분야에 대해 고민했습니다. 그러던 중《체인지 메이커 혁명》을 읽고 창의적인 아이디어로 인간의 삶을 개선하는 경영인에 관심을 갖게 되었고, 배운 학문을 활용하여 세상을 살기 좋게 만드는 '경영학과'로의 진학을 결심했습니다. 꿈을 키우면서 계열과 학과를 넘나드는 ○○대학교의 복수전공제도, 학생설계전공제도 등 다양한 프로그램을 알게 되었고, 여러 학문의 융합을 통해 지적으로 한층 더 성장하고자 지원을 결심했습니다.

개인 연구 활동을 하면서 잘사는 사회를 만드는 정책연구원의 꿈을 키웠습니다.

'더치페이', '셀카봉' 우리 학교에서 경합이 치열했던 개인연구대회와 한국청소년 사회과학 학술대회 우수 연구로 선정된 제가 쓴 보고서의 소재입니다. 우리 주변에서 흔히 사용되는 셀카봉과 친구들과 함께 시간을 보내고 각자 비용을 지불하는 것이 궁극적으로 우리 사회에 어떤 의미와 어떤 변화를 주는지 연구하면서, 경제가 우리 일상생활과 밀접한 학문으로 느껴져 흥미로웠고 인간의 심리에 바탕을 둔 경제가 재미있게 와닿았습니다.

그러던 중 사회 교과 수업 시간에 수행평가 주제 발표를 하게 됐습니다. 저는 '괜찮니, 바나나 공화국 과테말라?'라는 주제로, 정부의 정책이 그르거나 기업이 사회적 책임을 다하지 못하면 풍부한 자원만으로는 국가 발전이 될 수 없다는 내용을 발표했습니다. 그 과정에서 한 국가의 경제 시스템은 정부와 기업, 국민이 함께 만드는 하모니라는 점을 느꼈고 무엇보다 경제정책의 중요성을 알게 됐습니다. 기후 조건이 좋아 농산물 생산량이 많고 엄청난 양의 바나나 수확을 하지만 자국의 이익에 보탬이 되지 않고 외국 자본에 종식당하는 정부의 무지한 경제정책과 기업의 사회적 책임이 한 국가를 가난으로 몰 수 있다는 것을 알았기 때문입니다.

저는 개인과 국가 발전에 기여하는 세계적인 경제정책 연구원이 되고자 합니다. 고2 겨울방학 때 경제학 학술제를 참관한 적이 있습니다. 59개나 되는 학회의 여러 발표를 들으며, 이런 노력들이 잘사는 사회를 만드는 지렛대 역할이라 생각하였고, 그 역할을 제가 하고 싶습니다. 그러기 위해서 ○○대학교에 입학하여 Global Leadership Program에 참여하여 세계를 보는 안목을 높일 것이고, 교수님과 함께하는 프로젝트 활동과 ○○대학교 한국대학생경제학회(KUSEA) 활동도 하고자 합니다. 직업 체험으로 참가했던 KDI 연구원이 "정책 연구원은 소명 의식이 있어야 한다. 좋은 정책을 만들고 그 정책이 실현되어 잘사는 사회가 만들어졌을 때 보이지 않는 곳에서 행복의 눈물을 흘리는 사람이 바로 정책 연구원이다"라고 했던 말을 기억합니다. 저도 그런 사람이 되고자 노력할 것이고 그 열망과 능력은 결코 누구에게도 뒤지지 않을 것입니다.

사회를 분석하고 비판하는 사회학을 연구하여 국제법 전문가의 꿈을 실현하겠습니다.

'국제법 전문가'는 3년간 저를 탐색한 끝에 갖게 된 목표입니다. '나의 꿈 발표 대회'를 통한 신념과 고민 끝에 막연하게 외교관을 꿈꾸던 것에서, '법'이라는 학문에 관심을 갖고 국제법에 특화된 외교관을 꿈꾸기까지 그 모든 과정에는 '사회'에 대한 관심이 있었습니다.

3년간 매일 아침 식사 시간은 급식실에서 나오는 뉴스로 세상을 파악하는 시간이었습니다. 학교 수업이 정부의 구성, 정책의 기능 등 사회에 대한 지식 습득의 장이었다면, 실제 '사회'는 지식을 토대로 융합적으로 사고하며 탐구하는 또 하나의 '학문'의 장이었습니다. 또한 새로운 개념을 배우면 이해에서 그치지 않고 현실에 적용할 수 있어야 한다는 신념으로 공부하며 사회현상을 다각적으로 이해하고자 노력해 왔고, 이는 자연스럽게 '사회학'에 대한 관심으로 이어져 전공으로 선택하게 됐습니다.

이에 저는 사회를 학문적으로 접근하고 분석하는 시각을 기르고자 노력했습니다. 동아리 '○○○○'에서 '여성고용할당제'를 분석하며, 여성의 사회적 진출이 확대되는 사회적 변화와 더불어 여성에 대한 차별을 해소하려는 노력이 정책으로 드러났음을 파악하였고, 적절한 정책과 법률 제정을 위해서는 사회현상에 대한 이해가 선행되어야 함을 배웠습니다. 또한 학생회에 대한 학생들의 불만을 의아하게 여기고 '학교 민주주의와 학생회의 역할'을 연구한 논문을 작성하여 '연구논문대회'에서 좋은 평을 받을 수 있었습니다. 그 과정에서 심층 인터뷰와 학생회, 학교, 학부모 간 갈등을 분석하여 학생회의 자치성과 한계를 파악하였고, 이를 토대로 완전한 학교 민주주의의 실현이 어려운 학교 시스템에 문제를 제기하고, 교과서 속 민주주의와 달리 실제 학생 민주주의가 겪는 어려움을 이해하여 학생회의 자치능력 향상과 민주주의 실현을 위한 방안을 고민하게 됐습니다. 사회현상에 관심을 갖고 미흡하게나마 학문적으로 분석하고자 했던 노력을 원동력 삼아, ○○대학교 사회학과에 진학하여 사회를 논리적으로 분석하고 비판하는 사회학도로서 학업과 실천에 열정적으로 임하고 싶습니다.

인류, 사회, 국가에 이바지하는 경영인이 되기 위해 정진하겠습니다.

인간의 삶, 사회와 국가 발전에 미치는 경영의 중요성을 알게 됐습니다. 고용 불안 해소 방안을 탐구한 사회창의경진대회에서 인간 중심 기업 경영 전략의 중요성을 확인했고, 모의 유네스코 총회를 통해 기업의 경제적 참여가 단기적으로는 국민의 건강한 삶의 질을 개선하고, 궁극적으로는 국가 간의 소득 격차를 완화하여 인류 공영을 이루어 낼 수 있음을 깨달았습니다. 사회에 이바지하는 삶을 늘 꿈꿔 왔던 저는 기업의 건전성을 확보하여 공동체 발전에 도움이 되는 경영 전문인의 자세를 배우고 싶습니다. ○○대학교 경영 대학에서 논리적 사고와 경영 감각을 키워 미래 경영 환경을 정확하게 예측할 수 있는 경영컨설턴트로서 역량을 키워 나가겠습니다.

3년 동안의 고교생활은 경영학도를 향한 의지와 역량을 키우는 시간이었습니다. 인문학적 소양에 비해 상대적으로 부족할 수 있는 이과적 소양을 겸비한 경영학도가 되기 위해 융합 동아리 앱스와 entrepreneurs를 구성하여 이과적 사고력을 키웠습니다. 또한 통계학 이론을 적용한 '시간대별 급식 대기 인원수 분산 방안'에 대한 연구는 병목현상을 해결하기 위함이었습니다. 설문조사와 직접 관측한 데이터에서 도출한 '대기줄의 세분화', '자율배식대 추가 배치'는 여유로운 식사 시간을 가능토록 했습니다. 특정 분야에 한정하지 않고 참여했던 모든 대회는 교훈이었습니다.

그 밖에 다양한 활동을 통해 어려움에 공감하고 실행하는 경영인의 자세를 길렀습니다. 동아리 활동과 연구의 중심에 친구들의 불편함을 해소하자는 마음이 있었습니다. 기숙사 내 미끄럼 방지 발판을 설치해 학생들의 생활을 개선시키고, VR 학교 로드뷰를 제작해 신입생들의 학교 적응을 도왔습니다. 끊임없이 상기되는 불편함은 반드시 개선이 필요하며 더 나은 개선책이 있음을 배웠습니다.

저는 지혜로운 경영학도가 되고 싶습니다. 높은 통찰력과 창의력을 가진, 사람을 귀히 여기는, 그리고 상식에 올바른 기준을 가진 경영학도의 길을 개척해 나갈 것입니다. 고교 3년은 저의 부족함을 되짚어 보고 갈고 닦는 고민의 시간이었습니다. 저만을 위한 학습의 고민을 이제는 사회, 국가, 인류를 위한 범위로 넓혀 더욱 열정적으로 탐구하고 정진할 것입니다.

리더의 열정을 지닌 건강하고 행복한 수학 교사가 되겠습니다.

어릴 적부터 막연히 수학 교사가 되는 게 꿈이었는데, 중학교 때 수학에 더 많은 관심이 생겨서 다양한 활동과 공부를 하고 설명하는 연습을 하였더니 친구들이 "너는 수학 선생님 되면 잘 어울리겠다"라고 하는 말을 자주 들었고, 그 뒤로 더욱 수학 공부하는 것을 소홀히 하지 않았으며, 가르치는 것에 대해 더욱 많은 관심이 생겼습니다. 고등학교에 올라와서도 꾸준히 수학에 관련된 활동은 가리지 않고 무엇이든 적극적으로 참여하였으며 수학 교과뿐만 아니라 다른 과목의 멘토링과 친구들의 또래 상담자의 역할을 도맡아 하는 등 고교생활 동안 좋은 교사가 되기 위해 많은 노력을 해 왔습니다. 그렇게 공부를 하던 중 우연히 TED 영상을 보게 됐습니다. 국가에서조차 문제가 많은 학교라고 정한 저 성취도 학교를 1년 만에 저 성취도 학교에서 벗어나도록 한 교장 선생님의 열정과 교육철학을 접하곤 수학 교사가 되기 위해서 수학 교과성적에만 많은 관심을 쏟았던 제 자신이 부끄러웠고, 수학 교사가 되기 위해서는 먼저 좋은 교육을 할 줄 아는 사람이 되는 것이 더 중요하다는 것을 몸소 경험하게 됐습니다.

또한 이를 아는 것에서 그치지 않고 종종 '한국학교수학회'와 같은 수학 교육 관련 논문 사이트에서 논문을 찾아보았습니다. 그중에서 저는 '좋은 수학 수업에 대한 고등학생의 집단 간 인식 비교'라는 논문을 읽게 됐습니다. 이 논문은 제가 수학 교사를 희망하게 된 날부터 생각해 왔던 '선생님과 학생 간에 원하는 교육 방식이 다른 것'에 대한 내용을 다루고 있었고, 저는 이 내용을 바탕으로 대학교 과정 속에서 배우는 활동과 실제 교육에서 다뤄지는 부분의 차이에 대해 더 연구하고 고민해 보리라 생각했습니다. 이러한 저의 목표를 실현하기 위해 역사와 전통이 오래되고 '인성과 실력을 겸비하고 학생들을 사랑하는 리더의 열정을 지닌 건강하고 행복한 수학 교사'를 교육 목표로 하는 ○○대학교 수학교육과에 지원하게 됐습니다.

소프트웨어를 연구하여 모든 계층에게 혜택이 돌아가도록 노력하겠습니다.

"우린 준비됐어요" 이 말은 영화 〈히든 피겨스〉의 대사입니다. NASA의 전산원이었던 도로시 본은 컴퓨터의 사용으로 사라질 위기에 처한 전산 업무에 좌절하지 않고, 컴퓨터 프로그램 용어를 공부하여 컴퓨터 업무 관리자가 됩니다. 저도 도로시 본처럼 변화에 대응할 만한 지식과 기술을 갖춘 준비된 리더가 되고 싶습니다. 또한 제가 가진 의사소통 능력과 다른 사람을 관찰하는 능력이 소프트웨어 개발자와 잘 맞는다고 생각해 '○○

대학교의 소프트웨어 대학'에 지원하게 됐습니다.

1학년 때 '직업 체험의 날'을 맞아 국내 IT 기업 6곳에 직업 체험 문의를 했지만, 돌아온 건 거절 메일 뿐이었습니다. 하지만 포기하지 않고 대학교 교수님들께 메일을 보냈습니다. 다행히 소프트웨어 학과 교수님과 면담을 할 수 있었고, 소프트웨어 개발자는 분석적이고 논리적인 사고력을 갖춰야 한다는 것을 배웠습니다. 또 사람들이 요구하는 것과 필요로 하는 부분을 파악해야 한다는 것도 깨달았습니다. 그때 소프트웨어 개발자의 꿈을 확고히 하게 됐습니다.

2학년 때 우리 학교 교육과정에 없는 컴퓨터나 소프트웨어에 관련된 공부를 할 수 있는 곳을 찾아보다가 시 교육청에서 운영하는 공동 교육과정에 '프로그래밍'이 있다는 것을 알고 1년간 매주 수강했습니다. 수업 내용을 복습하고 싶어 친구들을 모아 동아리 'CODE-G'를 조직하고 학습한 프로그래밍 내용을 부원들에게 설명했습니다. 예제를 실습해 보고, 오류에 대해 토론해 보는 과정도 거쳤습니다. 수업을 들을 때도 친구들에게 설명해 줄 때 사용할 단어나 예시를 메모하고, 저만의 실생활 적용 표현을 생각해 봤습니다. 이렇게 학습한 내용을 바탕으로 친구들과 함께 '테트리스 게임'을 제작하고, 다른 친구들에게 소개하기도 했습니다. 이 모든 과정은 프로그래밍 수업에 도움이 되었고, 프로그래밍을 재미있게 해 주었습니다.

관련 공부를 이어 가고자 3학년 때 K-MOOC를 통해 '소프트웨어적 사유'를 수강했습니다. 소프트웨어적 사유의 경제적 측면에 주목하여 '컴퓨팅 사고력으로 바라본 우리 교실'을 주제로 보고서를 작성했습니다. 친구들에게 컴퓨팅 사고력을 소개하기 위해, 영어 학습에 대해 고민하던 자연·이공계열 학생들을 위한 문제 흐름도를 제시했습니다. 영어 기사 번역, 영어 단어 게시 등의 해결 방안을 제시하고 직접 실천해 보면서 컴퓨팅 사고력으로 문제를 해결하는 과정을 친구들과 함께 짚어 볼 수 있었습니다.

우리가 앞으로 맞이할 세상은 지금까지보다 급격한 변화가 진행될 것으로 생각합니다. 변화에 맞서기 위해서는 도전하는 태도와 적절한 전문 지식이 필요합니다. 저는 사회의 발전 방향을 인식하고 그에 맞춰 도전할 마음이 준비되어 있습니다. '○○대학교 소프트웨어 대학'에서 습득한 지식을 바탕으로 제 직업 가치관인 '모든 계층의 사람들이 기술 발전의 혜택을 누릴 수 있게 하겠다'를 실현하기 위해 노력할 것입니다.

법유전학 연구원이 되어 과학수사 분야에 이바지하겠습니다.

어릴 적, 《어린이 과학 형사대 CSI》를 읽고 과학수사대가 되겠다는 막연한 꿈을 가지게 됐습니다. 고등학교에 진학 후 진로를 구체화하고자 사건 사고와 관련된 신문 기사를 스크랩했습니다. 이 과정에서 자연스레 '국립과학수사연구원'에 관심을 가지게 됐습니다. 삼풍백화점 붕괴 사건, 세월호 침몰 사건의 기사를 찾아보고 국과수 연구원의 역할과 수사방법에 대해 조사하면서, 가벼운 사건에도 책임 의식을 느끼며 성실히 일을 수행하는 법유전학 연구원이 되겠다는 확고한 다짐을 했습니다. 이를 위해 진학할 대학교를 알아보던 중 ○○대학교 생명과학부에서 개체생물학 영역을 강조하는 수업이 있음을 알게 됐습니다. 이를 통해 인간의 생명현상뿐만 아니라 유전학, 미생물학 등 유전자 감식의 다양한 활용에 대해 배움을 얻을 수 있을 것이라 생각하여 지원하게 됐습니다.

입학 후 더 넓은 세계를 이해하고자 영어 회화 공부를 할 계획입니다.

입시 공부에 치우쳐 회화에 대한 어려움을 극복하지 못한 아쉬움을 글로벌 시대에 세계인들과 소통하기 위해 어학 공부에 매진하고자 합니다. 아무리 뛰어난 인재라도 인간의 도리와 기본 소양을 갖추지 못한다면 생명 존중 의식을 지닌 연구원으로의 성장에는 한계가 있을 것입니다. 따라서 다양한 분야의 독서를 통해 논리적 사고력과 인문학적 소양을 갖추기 위한 인격 함양에 시간을 투자하고자 합니다.

대학에서의 배움은 연구원이 되기 위한 시작입니다. 생명과학에 대한 깊이 있는 배움을 원동력으로, 법유전학 연구원이 되어 아직 해결되지 않은 장기미제사건을 해결하고 싶습니다. 법유전학 연구원은 사건 해결을 위한 지식과 문제 해결 능력을 기본으로 갖춰야 하지만, 사건의 경중을 따지지 않고 사건 해결에 임하는 책임감과 탐구를 이어 나갈 열정과 성실함 또한 중요한 자질이라고 생각합니다. 제 역량이라고 할 수 있는 책임감과 성실함을 바탕으로 ○○대학교 생명과학부에서의 배움을 통해 생명과학 발전에 공헌하고, 진취적이며 사회적 책임감을 지닌 선도적 인재로 성장하여 21세기 과학수사 분야에 이바지하고 싶습니다.

자연과 조화롭게 살아가는 방안을 연구하는 바이오 융합 공학자가 되겠습니다.

어렸을 때 과학 캠프에서 '돼지 심장 해부 실험'을 경험하면서부터 실험에 흥미를 느꼈고, 생명의 본질을 알아 가는 데 많은 관심을 가지게 됐습니다. 실험은 사전 준비는 힘들지만, 실험 과정 중 조금씩 알아 가는 그 자체만으로도 즐거웠고, 실험 결과에 대한 기대감은 생명 공학의 매력에 빠

져들게 했습니다. 이러한 마음은 생명의 기본 원리를 토대로 공학 기술을 접목시켜 체계적인 연구를 해 보고 싶어서 ○○○대 바이오 융합공학 계열 진학을 간절히 희망하게 됐습니다.

제 꿈을 이루기 위하여 첫째, 생명과 관련된 다양한 실험 활동 및 실험 대회에 참가했습니다. 각종 동물과 플랑크톤, 효모 등을 주제로 실험을 진행하였고, 방과후 생명과학반과 영재 학급 수업에서는 일반 교과와 연관 지어 발표 및 보고서를 작성함으로써 진로에 대한 확고함을 키워 나갔습니다. 둘째, 홍게 껍데기의 키토산을 이용한 잔류농약 제거 효과 분석, 요각류를 이용한 동물성 플랑크톤 연구 등을 주제로 교내 학술제 및 과학 탐구 주제 발표 대회에 참가하여 좋은 결과를 거두었습니다. 특히 키토산의 잔류농약 제거 검사를 위해 열무를 직접 재배해 보면서 식물의 성장 과정까지 관찰해 볼 수 있었습니다. 셋째, 실험 설계 중 부족한 부분을 보충하기 위하여 대학 교수님을 찾아가는 열정도 갖추었습니다. 요각류 실험과 관련하여 사전 자료가 부족하자 동아리 선생님의 도움으로 인근 대학 교수님을 소개받아 대학교로 찾아가서 요각류에 관한 정보를 수집하여 실험에 성공할 수 있었습니다. 과학적 호기심 못지않게 실험에 대한 끈기와 열정이 무엇보다 필요함을 느꼈습니다. 넷째, 생명과학 독서토론반 활동으로 부족한 과학적 정보를 독서를 통하여 보충해 나갔습니다. 독서활동 후 공통 주제로 토론을 하고, 반론을 제기함으로써 기존의 생명 현상을 새로운 시각으로 보는 안목도 생겨났습니다.

저는 앞으로 우리 주변의 다양한 생명 현상을 세밀히 파악하고, 인간이 자연과 더불어 조화롭게 살아가는 방안을 연구하는 바이오 융합 공학자가 되고 싶습니다.

고등학교에서부터 키운 환경연구원의 확고한 꿈을 대학에서 실현하겠습니다.

우리 집 쓰레기 분리수거는 주말 아침 우리 삼 남매의 책임이었는데 넘쳐나는 쓰레기와 정돈되지 않은 쓰레기장의 모습은 매번 인상을 쓰게 했습니다. 자연스럽게 환경 오염에 대해 관심을 갖게 되었고 절약하고 재활용하는 습관이 몸에 배었습니다. 과학기술의 발전으로 우리의 삶은 편해졌지만 무분별한 개발과 자원의 남용으로 인한 지구환경 파괴는 우리가 해결해야 할 가장 큰 문제이고 저 역시 미세먼지와 황사로 불편함을 겪으면서 대기오염 물질을 연구해서 깨끗하고 건강한 지구 만들기에 기여하고 싶다는 꿈을 가지게 됐습니다. 특히 인간 존중과 봉사를 실천해 온 ○○○대학교를 통해 상대적으로 열악한 사회적 약자와 소외 계층의 생활환경을 개선하고 선진국만큼 건강한 환경과 에너지를 가지지 못한 가난한 국가들의 환경오염과 에너지 문제를 개선하는 데 기여하고 싶습니다.

시화조력발전소에서 직업 체험을 통해 화석 연료의 사용으로 인한 기후변화 등 에너지를 둘러싼 문제와 친환경 에너지의 필요성을 이해하였고 단류식 창조 발전으로 국내 최초이자 세계 최대 규모의 수용 능력에 감탄했습니다. 온실가스 저감을 위한 것뿐만 아니라 버려지는 폐자원이 신재생 에너지로 쓰일 수 있도록 분리수거가 잘 되어야 함을 확신했습니다.

2학년 때는 '지구환경 지킴이'라는 동아리 활동을 하면서 환경문제에 대해 토론하고 여러 탐구활동을 했습니다. 친구들도 환경보호에 관심은 많았지만 정작 일상생활 속에서 실천에 옮기거나 그 다짐이 오래 지속되지 못하는 점이 아쉬워 신문 등을 제작하여 수시로 환경문제를 홍보하고자 노력했습니다. 재활용품을 이용한 생활용품 만들기에 대한 관심으로 여러 전시회를 찾아다니며 아이디어를 얻고 직접 제작해 보기도 했습니다. 업사이클링이나 리사이클링을 이용한 다양한 작품들을 보고 감탄하기도 했지만 버리는 것에 익숙했던 생활을 반성하기도 했습니다. 반면에 우리 집에서 활용되는 것과 비슷한 작품들을 보며 환경보호는 누구든지 동참할 수 있는 일로 그에 대한 관심과 실천 의지가 중요하다고 느꼈고, 저도 좀 더 적극적으로 동참해야겠다고 다짐했습니다.

저는 3년간의 학교생활 중에 가까운 곳에서 환경을 지키고자 노력했으며 이런 3년간의 다양한 활동은 환경연구원이라는 제 꿈을 더 확고하게 했고 ○○대학에 입학하여 이 꿈을 실현하고 싶습니다.

정보통신공학을 공부하여 네트워크 시스템 엔지니어가 되겠습니다.

초등학생 때는 2G폰을, 중학생 때는 3G폰을, 고등학생 때는 4G폰을 사용하였고 이제 고등학교를 졸업할 때가 되니 5G시대가 열렸습니다. ICT 분야의 무서운 성장 속도를 몸소 느끼며 함께 성장한 셈입니다. 그러다 보니 자연스레 정보통신 기술을 기반으로 한 다양한 산업 서비스들을 접하게 되었고 21세기 지식 사회에서의 정보화, 디지털화, 자동화를 추구하는 정보통신 기술의 필요성을 알게 됐습니다. 고등학교에 진학한 후, 코딩을 스스로 공부하면서 네트워크 분야나 데이터 공학 분야에 관심이 생겼습니다. 여러 사람들이 동시에 하나의 네트워크상에 접속하여 동일한 데이터를 공유한다는 것에 흥미를 느꼈고, 다수의 이용자와 방대한 양의 데이터를 정확하고 빠르게 관리·분석하여 체계화하는 일을 하고 싶어졌습니다. 그래서 저는 '네트워크 시스템 엔지니어'라는 꿈이 생겼고, 그 꿈을 이루고자 ○○대학교 정보통신공학과에 지원했습니다.

ICT 분야에 진학을 희망하는 저는 학교에서 정보나 기술 과목을 배우지 않는 점과 주변에 조언을 구할 만한 전문가가 없다는 점이 네트워크 시스템 전문가로서의 소양을 갖춰 나가기에는 다소 부족하다고 생각했습니다. 그래서 저는 교내 직업인 멘토링 행사나 ○○대학교에서 진행하는 전공 체험 행사 등 여러 전공 설명회에 참석하여 ICT 분야와 네트워크 관리자에 대한 다양한 정보를 수집했습니다. 또한 전공 관련 도서를 찾아 읽거나, 이동통신에 대해 조사한 뒤 반 친구들 앞에서 발표하는 활동을 통해 저의 진로 정체성을 확립하고 향후 진로 계획을 체계적으로 설계할 수 있었습니다. 이 과정에서 네트워크 시스템 관리자는 소프트웨어와 하드웨어를 고루 다룰 수 있어야 한다는 것을 알게 되었고, 이에 적합한 인재가 되기 위해 스스로 학습한 C언어를 바탕으로 아두이노 프로그램을 구현해 보았으며 엔트리나 앱인벤터 프로그램도 다뤄 보았습니다. 비록 인터네트워킹이나 데이터베이스 체계처럼 대학에서 배우는 전문적인 지식을 공부한 것은 아니지만, 꿈에 대한 열정 하나만으로 스스로 프로그래밍을 공부하고 관련 전문가를 찾아가 자문을 구하는 노력을 하며 저의 꿈을 키워 왔습니다. ○○대학교에 입학하여 반드시 제 노력의 결실을 맺고 싶습니다.

환자들을 잘 이해하고 도움을 주는 간호사가 되겠습니다.

사람은 익숙한 것에 끌린다고 합니다. 어려서부터 학교, 놀이터만 반복하는 일상을 보냈습니다. 학교에선 선생님이라는 직업을 알게 되었고 오빠와 공기총을 가지고 놀면서 군인이라는 직업을 알게 됐습니다. 이때까지 병원이란 아픈 주사를 맞는 공포의 공간이었고 의료진들은 제게 두려움의 대상이었습니다. 9살 때 심한 독감에 걸리기 전까진 그랬습니다. 독감에 걸렸을 당시 몸이 약해 거의 병원에 살다시피 지냈습니다. 이때의 간호사분들은 저를 살려 주러 하늘에서 내려온 천사로 보였습니다. 병원에서 지내는 동안 정성을 다해 보살펴 주시는 모습과 따뜻한 말에 감동받아 이때부터 간호사라는 직업을 다시 보게 되었고, 간호사가 장래 희망 직업이 됐습니다. 또한 간호학과는 보건교사와 간호장교로서 제 꿈을 다 실현할 수 있는 좋은 길이었습니다. 그렇기에 꿈을 향한 첫 발판이 될 간호사는 전문 지식과 공감 능력이 필요하다고 생각했고 이를 실천하기 위해 노력했습니다.

전문 지식을 키우기 위해 1학년 때 여러 학교 학생들과 함께한 고교 권역별 진로 캠프에서 원격 의료에 대해 소논문을 작성했습니다. 의료 시설이 취약한 지역이나 거동이 불편한 환자의 의료 복지를 위해 원격 의료가 좋은 대안이라 생각했는데 우리나라에서 원격 의료가 불법이라는 사실을 알게 되었고 그래서 미국과 일본의 합법화된 원격 의료를 분석하고 우리나라 실정에 맞는 원격 의료를 제도화해야 한다고 주장했습니다. 진로 캠프 후에는 의료 봉사 동아리에서 '대도시에 원격 의료가 허용된다면 어느 분야가 가장 유용할까?'에 관해 토론했습니다. 출산율이 낮아져 산부인과 병원이 줄어든 현실과 거동이 불편한 임산부를 고려하여 산전 건강 상태를 원격 진료하면 유용할 것이라는 의견을 제시하기도 했습니다.

또래 상담부원으로 활동하며 간호사로서의 기본 소양인 공감 능력을 길렀습니다. 상담자의 역할과 상담 기법을 익힌 후 이를 바탕으로 친구들에게 상담해 주었습니다. 특히 입학 후 친해진 친구가 가정 폭력으로 힘들어

하는 것을 보고 친구에게 일이 있을 때마다 함께 있어 주기 위해 노력하거나 전화로 고민을 나누었습니다. 제가 해 줄 수 있는 것이 끝까지 들어 주고 위로를 해 주는 것밖에 없어서 미안했습니다. 하지만 친구가 제게 자신의 고민을 들어주는 것만으로도 큰 힘이 됐다고 얘기해 줬을 때 정말 기뻤습니다. 환자들을 잘 이해하고 심리적으로 도움을 주는 간호사가 되는 데에 있어 기반을 다질 수 있게 도와준 경험이었습니다.

바르지 못한 것들을 개혁하는 국공립 유치원 교사가 되겠습니다.

초등학교 6학년, 중학교 3학년 때 담임선생님의 자상하고 따뜻한 성품을 보면서 막연하게 교사라는 진로를 세우고 고민하던 저는 1학년 때 어린이집 직업 체험활동을 하면서 처음엔 이해할 수 없는 말을 하면서 울기만 하던 아이들이 나중엔 선생님이라고 부르며 행복해하는 모습을 보며 유치원 교사의 꿈을 키우기 시작했습니다.

'○○○○' 동아리 시간에 했던 지역 아동센터에서의 학습 도우미 활동과 '○○' 자율 동아리 및 3학년 '○○○○' 동아리 시간에 교육 관련한 도서, 영화, 신문 기사에 대해 토의하면서 유아교육에 대한 이해의 폭을 넓혀 나갔으며, 유치원 교사로서의 꿈을 확고하게 할 수 있었습니다.

저는 국공립 유치원 교사가 되는 것이 목표이기 때문에 1학년 때부터 체계적으로 임용고시를 준비한다면 임용고사 합격률 1위의 ○○대에서 유치원 교사가 되는 꿈을 실현시킬 수 있을 것이라고 믿습니다. 유치원 교사가 되면 교육대학원에 진학하여 제가 관심을 가지고 있는 자연친화적인 놀이 교육과 아동 심리 분야를 연구하여 아이들의 발달 단계에 맞는 다양한 교육 방법을 적용할 수 있는 전문성을 갖춘 교사가 되도록 노력할 것입니다. 유치원 교사는 이러한 전문성뿐만 아니라 아이들이 세상에 나아가 하나님의 선한 영향력을 끼칠 수 있도록 키울 수 있는 마음이 무엇보다 중요하기 때문에 예수님의 마음으로 아이들을 섬기고 가르칠 수 있는 사랑을 실천하는 교사가 되고 싶습니다. 또한 대학에서 연계 전공으로 청소년 상담학을 공부하여 청소년 상담사 자격증을 취득하여 졸업 후 지역사회에서 학생 상담 봉사를 할 계획입니다. 사회 부적응 청소년들에게 하나님의 비전과 올바른 가치관을 심어 주고 복음 안에서 꿈과 희망을 찾아 주고 싶습니다.

한 인간의 성장은 유아기에 어떤 경험과 학습을 하느냐에 따라 달라진다고 합니다. 유아교육학과에 진학하여 체계적인 학습과 연구를 통해 '코람데오'라는 말처럼 하나님 앞에서 성경에 비추어 바르지 못한 것들을 늘 개혁해 나갈 수 있는 교사로서의 꿈을 펼치고 싶습니다.

공감과 배움의 열정으로 사회에 선한 영향력을 미치는 초등학교 교사가 되겠습니다.

"스승은 영원히 영향을 준다. 스승은 자기의 영향이 미치지 않는 곳을 절대 말할 수 없다"는 말이 있습니다. 이처럼 한 사람의 인생에 큰 영향을 줄 수 있는 교사는 다방면에서 충분한 자질을 지니고 있어야 한다고 생각합니다. 제가 선정한 초등 교사에게 필요한 자질은 세 가지입니다.

첫째, 공감할 수 있는 능력입니다. 자신이 인정받고 있다고 느끼는 아동이 올바른 자아 정체성을 확립할 수 있다는 연구 결과가 뒷받침해 주듯 공감 능력은 초등 교사에게 필수적인 자질입니다. 저는 2년간 교내 솔리언 또래상담사로 활동하며 상담 기법에 대한 정기적인 교육을 수료했고, 이 경험을 통해 오랜 시간 고민했던 공감의 본질적 의미에 대한 해답을 찾을 수 있었습니다. 제가 생각하는 공감은 타인의 아픔을 자신의 일처럼 느끼는 것을 넘어 이를 극복할 수 있는 길을 상대방 스스로가 찾을 수 있도록 돕는 것입니다. 저는 또래상담사로 활동할 때 경청의 자세로 임하며 제가 생각하는 공감의 의미를 실현하기 위해 많은 노력을 기울여 왔습니다. 특히 후배의 고민을 들어 주는 과정에서 문제 해결의 방향성을 제시하는 질문을 끊임없이 던지며 후배 스스로 해답을 찾을 수 있도록 유도했고, 후배가 문제를 해결하는 과정을 지켜보면서 공감의 가치를 느낄 수 있었습니다.

둘째, 배움에 대한 열정입니다. '날로 새롭게 정진하는 자만이 스승이 될 수 있다'는 ○○○○대학교의 교육 목표를 실현하기 위해 저는 배움을 두려워하지 않고 끊임없이 제 자신을 발전시키고자 노력했습니다. 다문화가정 교육 봉사활동은 제게 지속적인 배움의 중요성을 깨닫게 해 준 소중한 경험이었습니다. 봉사를 처음 시작했을 때 저는 멘티에게 단편적인 지식을 전달하기에 급급했고, 멘티는 흥미를 느끼지 못했습니다. 하지만 저는 좌절하지 않고 문제의 원인이 미흡한 수업 준비에 있음을 파악했습니다. 이를 계기로 교과서를 과목과 무관하게 주제별로 나누어 분석하는 등 저만의 수업 방법을 만들고, 준비를 철저히 하는 데 주안점을 두었습니다. 또한 저의 부족한 점을 보충하고 멘티의 이해를 돕기 위해 관련 주제의 온라인 강의를 찾아보는 등 스스로의 발전을 위해서도 배움을 멈추지 않았습니다.

셋째, 교사라는 직업에 대한 책임감과 감사함입니다. 초등 교사는 아직 사회적 인격이 완벽하게 형성되지 않은 아동을 지도하는 직업이기에 교사의 말 한마디가 아동의 미래에 큰 영향을 끼칠 수 있음을 지각하고 책임감을 가져야 하며, 그러한 역할을 할 수 있음에 감사하는 마음을 가져야 한다고 생각합니다. 학생 자치활동이 활발한 저희 학교의 특성상 학급 임원의 역할이 강조됐습니다. 저는 학급 회장으로서 학급 친구들을 대표하는 위치에 있다는 점을 항상 염두에 두고 저의 발언이 학급에 미칠 영향을 고려하여 매 회의마다 신중을 기했습니다. 또한 학급의 대표로 저를 신뢰해준 친구들에게 그리고 대표의 역할을 할 수 있음에 항상 감사하는 마음을 가지고 활동했습니다. 그 결과 저희 반은 그 어떤 반보다도 단합이 잘 이루어진다는 평을 들을 수 있었고 이 경험을 계기로 책임감과 긍정적인 생각이 사회에 미칠 수 있는 선한 영향력을 느낄 수 있었습니다.

융합적인 과학인이 되는 꿈을 ○○○○에서 키우겠습니다.

저에게 이곳이 매력적인 이유는 다음과 같습니다.

첫 번째, 융합을 바탕으로 배울 수 있기 때문입니다. 저는 공부에 매료된 후 얼마간은 고등학교를 졸업하고 싶지 않았습니다. 대학교에 들어가기 위해 전공을 선택한다는 것은 저에게 전공에 따라 과목 중 일부만을 선택하고 나머지는 포기해야 하는 것처럼 느껴졌기 때문입니다. 고등학교의 기초 교육과정에서 분야를 넘나드는 폭넓은 학습에 즐거움을 느끼던 저에게는 모든 길이 아쉬운 걸음이었습니다. 이런 저에게 ○○○○의 초학문적 사고력을 위한 융합기초학부는 최적의 교육 환경을 제공할 것입니다.

두 번째, 바이오 및 뇌공학과가 있기 때문입니다. '아름다움이란 무엇일까?' 예술을 배우며 제가 가진 오랜 고민거리였습니다. 저에게 예술의 아름다움을 취하는 방법이란 무조건적인 질서도, 무질서도 아니었으며 인체크로키 등으로 간접적인 실력을 기를 수 있지만 실력을 기른다 하여 보장되는 것 역시 아니었습니다. 하지만 과학으로 진학하고자 한 후에 뇌과학이 심리학적 사실 외에도 아름다움은 무엇인지와 같은 사람의 생각과 감정에 대한 의문을 해결해 줄 수 있음을 알고 뇌과학에 대해 호기심이 생겼습니다. 제가 뇌과학을 체험할 수 있는 유일한 방법은 독서였고, 책에서 설명하는 뇌과학의 내용은 배움의 의지를 자극할 만큼 흥미로웠습니다. 뇌과학에 매료된 저는 뇌과학을 배울 수 있는 대학을 찾다 이곳의 바이오 및 뇌공학과에 대해 알게 되었고, 《1.4킬로그램의 우주, 뇌》를 읽으며 학과 교수님들께 뇌에 관해 배우고 싶다는 의지를 가졌습니다. 또한 뇌과학에 대해 충분히 학습한 후에는 저의 분야를 뇌과학에 한정시키지 않고 전자적인 두뇌인 인공지능에, 인간의 뇌에 대해 배운 뇌과학 지식을 활용하여 연구 성과를 만들어 보고 싶습니다. 뇌에 대해 탐구하는 것을 기본으로, 체계적인 연구 결과를 AI와 같은 다양한 분야에 적용하여 뛰어난 성과를 이끌어 낼 수 있는 융합적인 과학인이 되는 저의 꿈에 이 대학은 최적의 교육을 제공할 수 있을 것입니다.

사관학교에서 제 삶을 당당하게 개척해 나가겠습니다.

TV 뉴스에서 에어쇼를 보며 공군에 관심을 가졌었는데 3학년 재학 당시 학교에 사관학교 생도가 방문하여 설명회를 했을 때, 진학을 꿈꿨습니다. 학교 선배 중 여생도 언니가 운동을 좋아하고 적성에 맞아 보인다면서 지원해 보라고 권해 주었고, 협동심, 희생정신과 사회성이 높은 저에게 사관학교 지원은 탁월한 결정이라고 생각합니다.

군인은 국가 안보의 초석으로서 자신의 직업에 대한 사명감, 타인을 위한 희생정신을 가져야 한다고 생각합니다. 군인이기 이전에 대한민국의 국민이고 인류 평화에 기여하는 세계시민이어야 한다고 생각합니다. 제가 하는 일은 저만이 아니라 제가 소중히 여기는 모든 분들을 지키는 일이자, 유구한 역사와 문화 전통을 수호하는 길이라고 생각합니다. 저는 대한민국 공군으로서 끊임없는 자기 계발과 연단을 통해 자랑스러운 대한의 공군 장교가 될 것입니다. 레드 플래그(Red Flag) 연합 공중전투기동훈련을 참가하고 싶고, 다양한 전술 능력을 갖춘 최고의 군인이 되어 대한의 창공을 지키는 세계 평화의 수호자가 되고 싶습니다.

제가 삶에서 가장 중요하게 생각하는 덕목은 인내와 끈기입니다. 처음 시도한 일이 실패했다고 해서 바로 포기하고 다른 일을 찾는 것이 현명해 보일지도 모르지만, 그것은 자신이 하고자 하는 것을 이루지 못하게 하는 가장 쉬운 방법이라고 생각합니다. 완벽한 사람은 없고, 저 또한 저의 부족함을 알기에 재차 노력해야 한다는 것을 알고 있습니다. 모든 일을 한 번의 시도만으로 이룰 수는 없었지만 제가 원하는 바를 포기하지 않았습니다. 지난해 공군사관학교 1차 시험에서 불합격했지만 끈기와 오기로 1년을 더 노력한 결과 지금 이 자기소개서를 쓰고 있고, 지난해 수능에서 성적에 맞춰 대학을 가는 방법도 있었지만 1년 더 해 보자는 결단을 했고, 지난 시간을 소중하게 보내며 성장하고 있습니다. 인내와 끈기로 노력하면서 이제 자신감도 배웠습니다. 저는 지금 제가 원하는 바를 이루기 위해 제 삶에 충실하고 있고, 앞으로도 주변 사람들에게 기쁨을 주면서 제 삶을 당당하게 개척해 나갈 것입니다.

저는 강인한 체력과 건강한 정신 상태를 가지고 있어서 어떠한 절망과 좌절도 긍정적인 성격으로 이겨 낼 자신이 있습니다. 또한 인내와 끈기를 바탕으로 다져진 국어, 영어, 수학 학습 능력을 갖추었습니다. 고등학교 3년 내내 기숙사 생활을 하면서 단체 생활에 대한 적응력을 갖추었고 단체 생활에 대한 두려움이 없기에 사관학교에 입학해서도 이에 대한 어려움은 없을 것이라 생각합니다. 식탐이 조금 있어서 다른 여자 친구들에 비해 많이 먹어 여성스럽지 못하다는 말을 많이 듣지만 이는 체력으로 직결되어 군인으로서의 장점으로 작용할 수 있다고 생각합니다.

저의 특기 및 취미는 스포츠, 악기 다루기입니다. 특히 수영과 스노보드는 자신 있습니다. 가장 최근에 배운 것은 킥복싱인데 오랫동안 배우지는 못했지만 흥미를 가지고 열심히 연습했습니다. 피아노, 바이올린 등 여러 가지 악기를 다룸으로써 음악적 소양을 갖추었습니다. 남자 동기 생도들과 함께 격하게 운동도 하고 싶고, 돌아서서 혼자 악기를 연주하며 감성을 순화하는 모습도 보이고 싶습니다.

저는 파일럿이 되어서 탑건이 되고 싶습니다. 그 출발은 사관학교 입학입니다. 국제관계학을 전공하여 국제정치, 국제 갈등 등을 학습하며, 국제적 안목을 갖추고 체력 단련도 열심히 하여 성공적인 생도 생활을 해낼 것입니다. 사관생도가 되어서 우선 학업에 정진하여 우수한 학업 능력을 갖출 뿐만 아니라 생도들과 명예를 존중하며 협동심과 리더십을 갖춘 장교가 되기 위해 노력할 것입니다.

○○대학교 국제학부에서 공부하여 세계로 나아가겠습니다.

1. Provide an example of a leadership situation where you were able to display the characteristics of humility and

cooperation when achieving your goals. What were the challenges you faced through the exercise of your leadership, and how did you overcome them?

Creating a stage where hundreds of students gather to find solutions to world problems was my fundamental passion in organizing Model United Nations. With this goal in mind as a secretariat, I strived to nourish my leadership qualities. However, it was not until my final conference that my understanding of leadership truly burgeoned.

Everyone was returning to the dormitories after the last day of official MUN sessions. Since my department was in charge of renting the venue, we talked to the venue provider to double-check if our reservations were correct. Unfortunately, we learned that we had not reserved six community rooms for that night. This was a serious problem. I asked my team how this happened, and one of them confessed that he had forgotten to rent the rooms. I was dumbstruck. Without access to those rooms, the 140 delegates had no place or time to finish their resolutions. Unfinished resolutions meant the previous two days of work were essentially meaningless. And since the majority of this particular conference's delegates were first-timers, it was imperative to provide a superb experience to encourage them to continue participating in future MUN.

As soon as I collected myself, I asked the Secretary General to hold an emergency meeting. I explained the whole situation to the sixteen secretariats and sincerely apologized on behalf of my department's mistake. I admitted that as the head of my department, it was my responsibility to triple-check our reservations. With weight on my shoulders to make up for my mistake, I desperately tried to find a solution on my own, but I failed. Hence, I asked for suggestions from everyone. A secretariat from another department suggested to truthfully explain our situation to the venue provider and ask to use at least half of the rooms. Even some staff members proposed the idea that the committees could take turns using the rooms — while half the committees were using the rooms to write their resolutions, the other half could work from their dorms via Google Docs. After an extensive discussion with the entire team, we unanimously agreed to put this plan into practice.

When we confessed our miserable situation to the venue provider, they agreed to let us use three rooms that night. My team informed the committee staff about the rooms' locations and the rotation schedule. I accompanied each staff member to guide the delegates to ensure that everything went as planned. By virtue of the cooperation from all departments, we were able to provide the delegates with a way to successfully complete their resolutions. I have never felt more capable and proud than when I heard other departments, staff, and even delegates praise our team's hard work.

Prior to this experience, I considered a good leader only as an efficient, cool-headed decision maker. For that reason, I used to question my leadership ability when I couldn't find answers to problems on my own. However, looking back at how this problem was solved, I realized that finding ingenious solutions alone isn't a decisive quality of a good leader. Rather, just as the process is more important than the result of the resolution in MUN, what mattered more was my attitude while dealing with problems as a leader. Humbly admitting my faults and not hesitating to ask for help not only led to betters but also brought the whole team together.

2. UIC is an all-English liberal arts college within a major Korean university. What makes you a suitable fit for UIC and what have you done to prepare for a rigorous liberal arts education? How do you plan to achieve your future goals at UIC and beyond?

Studying AP Macroeconomics, AP World History, and AP Comparative Government and Politics equipped me with a comprehensive understanding of our society and solidified my passion to specialize in Economics and International

Studies. The more I learned about these subjects in-depth, the more I wanted to build and share my own critical view of social issues. To accomplish this, I actively participated in research programs. For instance, after learning about how certain monopolistic multinational enterprises have a great deal of leverage over certain industries, I wrote and presented a research paper on how GMO companies like Monsanto brought structural changes to the international agricultural industry. I was also selected as a keynote speaker to represent our school at the 10th Joint Academic Conference. My team and I presented our research on the need for change in the citizen-driven reunification movements paradigm after the Panmunjom Declaration. After sharing my viewpoints through research papers, I strived to build an open attitude to criticism and diversify my perspectives through debate and national English public speaking competitions.

UIC is precisely where I will realize and even elevate my dream of becoming an international entrepreneur. As an international entrepreneur, understanding global affairs and diversifying perspectives is paramount. In light of this, I look forward to taking UIC's Civilizations courses and various culture study seminars in the Common Curriculum to build a groundwork for bolstering my academic capabilities and broadening my views of the world. Second, as someone who wants to major in Economics, I have participated in many research programs at my school. As an extension of this, I hope to join the UIC Research Program to learn to conduct self-directed research projects and even join Global Research Competition. Lastly, I want to take an MBA course from UPenn Wharton School and I believe that through UIC Exclusive Exchange program, I will be able to build connections and experiences prior to studying abroad. With UIC's rigorous liberal arts curriculum, I will be in the vanguard to build an interdisciplinary understanding of the dynamics of global affairs and our human society, thus stepping closer to becoming an international entrepreneur.

3. Choose a real person other than a close relative — a teacher, classmate, friend, etc. — with whom you have had a direct relationship. Alternatively, describe a character that is either fictional or historical. Describe in detail how that person or character changed the way you look at the world around you or at life in general.

I was less self-confident student. I was born in strict family, and I was only child to meet their expectation. Their expectations were always slightly higher than what I have, so I couldn't satisfy to my talent. People around me said 'you are a gifted', but I wasn't happy to hear that praises. No matter how I am smart, what I had to do isn't solved by my talent. That made me to feel myself as useless. Throughout the school life, I challenged to the task beyond my ability. On the process of overcoming them, I was nervous about getting 'wrong' and being 'different' with others. No one could be correct for every question. That makes me to lose my self-confidence. As a defense mechanism, I moved my concerns from myself to the subjects. I read books when I had time, and these work as good weapon to make me to feel 'I'm smart, and I'm useful student in society'. However, that arrogance made me to neglect others. To my subject analysis, I wasn't enough to fulfill my parent's expectation, but I was smarter than my friends. I couldn't understand their work process, and their viewpoint. For example, there were friends who prioritize their task other than group's task. To me, they were just selfish student that they only know their profit. I didn't want to talk with student with different viewpoint. I thought they have 'wrong' perspective, just because they are immature to have higher level of thought.

… And there was Holden Caulfield. I had opportunity to read Catcher in the Rye in AP English Literature class. I found similarities with Holden, and I was fascinated to the book. He reflected my perspective. He is an adolescent boy with ironic behavior that he wanted to be included into society, but he abhors the 'phony' people consists his society. He is snobbish by acquired experience, but he still keeps his purity over the book. It was funny that in reader's view, he is also phony that want to be seen as adult, but he is just 16 years old, and his behavior is so immature that he is embarrassed of the adult's society. His wandering was for seeking his identity. Society said he had to compromise with the reality, but his purity rejects to do that. After I read the book, I could understand myself better; I was fighting with phony, and I was nervous to be alone. Even if I know I can be able to be failed to satisfy my parent's expectation, I didn't. That was because I wanted to be acknowledged from my parents.

Understanding myself helped me to have broader view to understand the problems around me. When I figured out Holden is also 'phony' even if he says the society 'phony', I realized that maybe I'm also criticizing other's perspective with wrong ideas. Before reading Catcher in the Rye, I had never thought that I could be wrong in case. I wouldn't be wrong because I am smarter than my friends. Who dare told me 'You are always correct so you have to enlighten your friends'? I was horrified that what I forced my friends to follow could be a wrong perspective in case. Moreover, the conceptual shift allowed me to be free from self-hatred and be confident on myself. I have no longer need to concern for being different with others. Everyone is already born with different background, and they have different characteristic. So the difference is perhaps natural. There's nothing wrong idea about things happened among people, but there's only 'different' perspective about the occasion exists. On the other hand, I have no right to blame others for their 'wrong' viewpoint. I started to acknowledge and respect the difference in perspective. We are all in different circumstances, so the answer is different for everyone. If someone prioritize private task other than common interest, he is in individualism, and that's all. I have learned how the change of perspective can change the life happier. This meaningful experience by book would help me to live in diversified society, and feel myself as valuable. (*HASS 전형)

조국, 정의, 명예를 위해 봉사하는 따뜻한 경찰이 되겠습니다.

저희 부모님께서는 외동딸인 제가 외동 아이에 대한 흔한 통념처럼 이기적이고 사회성 없이 성장하는 것을 걱정하셨고 저에게 인성과 관련해 많은 가르침을 주셨습니다. 항상 겸손하고 나누며 살라고 당부하셨고 저는 그 가르침에 따라 남들에게 인정받기 위해 애쓰지 않으며 작은 준비물이나 간식도 친구들과 나누며 생활했습니다. 활발한 성격을 타고나 친구들과 노는 것이 가장 즐거웠고 부모님의 걱정과 달리 교우 관계에 문제없이 친구가 많은 아이로 자라났습니다. 뿐만 아니라 부모님께서는 예체능 활동에도 지원을 아끼지 않으셨습니다. 미술, 음악, 체육 분야의 활동이 인격 형성에 중요하다고 믿으신 부모님께서는 제가 악기를 배우러 다니고 운동하러 가는 것을 말리지 않으셨습니다. 그 덕에 저는 초등학교, 중학교 때는 육상부로 활동했고 고등학교 때는 핸드볼 선수로 뛰었습니다. 피아노, 플루트, 바이올린, 기타 등 다양한 악기를 배웠고 노래하는 것도 좋아해 고등학교 때는 뮤지컬 동아리에서 배우로 활동하기도 했습니다.

제가 이렇게 놀기 좋아하는 성격에도 우수한 학업 성적을 유지할 수 있었던 것도 성장 배경과 깊은 관련이 있습니다. 어머니께서는 독서의 중요성을 강조하시며 거실 벽면을 모두 책으로 채우셨습니다. 자연스럽게 책을 많이 접하게 되었고 언어적 감각과 사고력, 집중력을 키울 수 있었습니다. 그로 인해 같은 시간 동안 공부를 하더라도 더 큰 효과를 얻을 수 있었고 공부를 즐길 수 있게 됐습니다. 제가 언어에 흥미를 갖고 있다는 사실을 아신 부모님께서는 다른 언어도 접할 수 있게 해 주시며 저의 소질을 계발하도록 하셨습니다. 학교에 다니면서도 한국어와 영어로 된 책을 꾸준히 읽었고, 많은 토론 대회에 참가해 수상하는 등 끊임없이 언어에 대한 열정을 이어 왔습니다. 이것이 고등학교에서 수능 국어 독서 부문을 공부할 때 큰 도움이 되었음을 느낄 수 있었습니다. 또한 고등학교 3학년 때 응시한 영어 인증 시험에서는 해외 유학 경험이 없음에도 불구하고 원어민에 가까운 영어 실력을 인정받았습니다. 놀 땐 놀고 공부할 땐 공부하자는 신념을 갖고 주어진 어떤 상황에도 최선을 다한 결과라고 생각합니다.

제가 경찰대학에 지원하기로 결심한 것은 고등학교 3학년 때 스페인어 수업 시간에 본 다큐멘터리 때문이었습니다. 스페인어 선생님께서 '온두

라스 한지수 씨 사건'에 대한 다큐멘터리를 보여 주셨습니다. 평소 국제적 이슈에 관심이 많아 이 사건에 대해 더 알아보던 중 경찰 해외 주재원이 사건 해결에 결정적인 역할을 했다는 뉴스 기사를 접하게 됐습니다. 경찰 해외 주재원이 어떤 직업인지 궁금해져 그분들이 세계 각지에서 우리 국민들을 보호하고 구해 낸 사례들을 엮은《실제상황》이라는 책을 읽었습니다. 저의 언어적 재능과 조국을 위해 일하고자 하는 가치관을 모두 실현할 수 있는 직업이라는 생각이 들었고, 이후 경찰 해외 주재원의 꿈을 갖게 됐습니다. 우리나라 국민들이 해외에서 받는 대접은 우리나라의 국력을 가늠하는 척도라고 생각합니다. 우리 국민들이 세계 어디에 가도 무시당하지 않고 억울한 일을 당하지 않도록 함으로써 조국의 위상을 드높이는 데 기여하고 싶습니다. 경찰 해외 주재원의 파견 요건인 경위 이상의 직급을 취득하기 위해 경찰대학 입학이 최선의 길이라는 판단 아래 경찰대학에 지원하게 됐습니다.

남들보다 늦게 경찰이라는 직업에 관심을 갖게 된 만큼 저에게 경찰로서의 능력이 충분한지 고민해 보았습니다. 고등학교 생활을 돌아보니 학업에만 몰두하지 않고 다양한 활동을 한 것이 제게 큰 도움이 된 것 같습니다. 경찰에게 가장 중요한 자질 중 하나가 바로 소통일 것입니다. 국민들이 불편하고 위험하다고 느끼는 것이 무엇인지 이해하고 이를 직접 해결하거나 정책에 반영될 수 있도록 하는 것이 경찰의 역할이기 때문입니다. 경찰대학을 졸업하고 경찰 간부로 임용될 경우 조직의 간부로서 리더십 또한 필요할 것이라고 생각합니다. 저는 고등학교 2학년 때 전교 학생회 특별활동 부장을 맡아 활동했습니다. 학생회 임원이라는 역할은 일반 학생들을 대표하는 자리임과 동시에 학생회라는 조직의 일부로서 리더십과 소통이 동시에 요구되는 자리였습니다. 제가 이끈 특별활동부는 학생들이 가장 기대하는 행사인 학교 축제를 담당하는 부서로 학생들의 의견을 반영하는 것이 어느 부서보다도 중요했습니다. 다른 친구들이 올해 축제가 작년보다 훨씬 재미있었다는 칭찬을 많이 해 주었고, 제 역할을 제대로 해냈다는 성취감을 맛볼 수 있었습니다. 이렇게 큰 행사를 기획하고 조직을 운영한 경험은 제가 경찰 간부가 되었을 때 성공적으로 업무를 수행하는 밑거름이 될 것이라고 확신합니다.

다른 사람들과 나누며 살라는 부모님의 영향을 받아 어릴 때부터 지역 봉사단에 가입해 활동하는 등 많은 봉사활동에 참여해 왔습니다. 고등학교 1학년 때는 학급 친구들과 월드비전에서 진행하는 신생아 모자 뜨기 활동에 동참했습니다. 외부 환경 변화에 취약한 가난한 국가의 신생아들을 위해 털실로 모자를 떠서 보내는 활동이었습니다. 털실 짜기를 처음 배워 몇 번씩이나 실수를 반복해 처음부터 짜야 했지만 결국 분홍색의 손바닥만 한 모자를 완성했을 때 마음이 따뜻해짐을 느꼈습니다. 고등학교 2, 3학년 때는 교내 환경지킴이로 활동하며 환경 보전 활동에 앞장섰습니다. 이동수업 때 마지막까지 남아 교실의 전등과 냉·난방기를 확인하는 것이 귀찮을 때도 있었지만, 저의 작은 행동이 환경에 긍정적인 영향을 미칠거라는 신념이 2년 동안 환경지킴이 활동을 할 수 있도록 해 주었습니다.

저는 주위 친구들로부터 개그맨 공채 시험을 보라는 말을 들을 정도로 친구를 웃기는 것을 좋아합니다. 그래서인지 제가 재미있는 이야기를 시작하면 친구들이 주변으로 몰려들곤 합니다. 저의 활달하고 재미있는 성격으로 새로 만난 사람들과도 금방 친해지고 친구로 만들 자신이 있습니다. 꾸밈없고 털털한 성격으로 여학생들 못지않게 남학생들과도 친밀한 관계를 유지해 왔습니다. 남학생이 훨씬 많은 경찰대학에 진학하게 된다면 남학생들과 여학생들의 교량 역할을 하며 화합을 이끌어 내기 위해 노력할 것입니다. 또한 저는 고등학교 3년 동안 기숙사에서 생활했습니다. 기숙사에서 생활하다 보면 많은 친구들이 룸메이트와의 성격 차이로 다투곤 합니다. 저는 성격상 싸우는 것을 싫어하고 주변에 싸움이 있는 것도 불편해해 주위 분위기를 잘 감지하고 갈등이 생길 것 같은 친구들에게 다가가 서로에 대해 좋은 이야기를 해 주고 사이를 중재하곤 했습니다. 인원수가 적은 학교에서 3년간 기숙사 생활을 하며 배운 배려심과 원만한 인간관계를 유지하는 방법은 경찰대학뿐만 아니라 사회생활을 할 때도 저의 큰 장점으로 작용할 것입니다.

경찰대학에 진학하게 된다면 우선 경찰이 되기 위해 필수적인 경찰학 공부에 집중하고 싶습니다. 또한 경찰 해외 주재원의 꿈을 이루기 위해 영어 공부를 게을리하지 않고 현재 공부 중인 스페인어 실력을 더 갈고 닦을 것입니다. 범죄경제학 등의 공부를 통해 고등학교 생활에서 가장 좋아했던 과목인 경제 과목에 대한 심화 학습도 하고 싶습니다. 또한 경찰대학만의 다양한 활동을 경험하고 싶습니다. 일반 대학교에서는 배우기 힘든 무도를 수련하여 몸과 마음을 다잡을 것입니다. 그리고 밴드부에 들어가 보컬로 활동하고 싶습니다. 대학 졸업 후에는 국내에서 경찰로서의 경력을 쌓은 후 경찰 해외 주재원으로 파견되어 우리나라 국민에게 봉사함을 물론이고 해당 국가에서 여가 시간에 봉사활동을 하며 생활하고 싶습니다.

제 인생에서 가장 중요한 가치를 뽑으라면 망설임 없이 '사랑'을 선택할 것입니다. 저의 가족, 친구, 학교에 대한 사랑을 경찰대학에 진학하여 더 넓은 세상을 경험하며 사회, 국민, 국가 나아가 인류에 대한 사랑으로 확장시키고 싶습니다. 여성으로서의 장점을 살려 조국, 정의, 명예를 위해 봉사하는 따뜻한 경찰이 되고 싶습니다.

성실함과 꾸준함으로 자기 관리 능력을 키우자

자기 관리 능력은 삶을 성실하게 이끌어가는 힘이 됩니다. 성실이 몸에 밴 학생은 어디서나 칭찬과 인정을 받습니다. 성실하다는 것은 변함없다는 것입니다. 어떤 일을 지속적으로 한결같이 행하는 것을 성실성이라고 보기도 합니다. 자신에 대한 성실성도 있고 학업이나 생활에 대한 성실성도 있습니다. 자신에게 성실한 사람은 자기 관리 능력이 있는 사람입니다. 목표에 대한 성실성이 있으면 분명히 그것을 성취하기 위해 꾸준히 준비하고 노력하는 모습을 보입니다. 고등학생이 되어 자기 관리 능력을 키우는 방법으로 시간 관리, 학습 관리, 생활 관리에 대해 알아보겠습니다.

시간 관리하기

1) 시간 관리의 기본은 좋은 습관을 갖는 것입니다. 똑같은 시간이라도 상황에 따라 전혀 다른 값어치를 갖습니다. 시간은 양(quantity)보다 질(quality)이 더 중요하다는 것입니다. 고등학생 모두에게 하루 24시간은 똑같이 주어지고 학교에서 보내는 시간도 거의 같습니다. 그렇지만 그 시간을 활용하는 것은 천차만별입니다. 시험이 다가오면 항상 시간이 부족한 느낌을 받는데, 이런 일은 대개 시간 관리를 제대로 하지 않아서 생기는 것입니다. 나아가 대학생이 되거나 사회생활을 할 때 시간을 잘 활용하는 것은 성공의 기초가 됩니다. 따라서 고교 시절부터 바른 시간 사용의 습관을 들이는 것은 매우 중요한 일입니다. 좋은 습관의 기본은 잠자는 시간과 일어나는 시간이 일정해야 한다는 것입니다. 그리고 공부하는 일정 시간을 반드시 확보해야 하고 학교 수업 시간에는 절대 잠을 자서는 안 된다는 것이 기본적인 사항입니다. 하루에 8시간을 잔다면 90년 인생이라고 할 때 30년을 잠자는 데 보내는 것입니다. 의외로 학교에서 좋지 않은 자세로 잠을 자서 집에 갔을 때 더 큰 피곤을 느끼고 늦은 밤이 되어서야 컨디션이 돌아오는 악순환을 반복하는 학생도 있습니다. 시간을 효율적으로 사용한다는 것은 동일하게 주어진 시간에 더 많은 일을 한다는 것을 뜻하기도 합니다. 시간 관리를 잘하면 자신의 시간이 20% 정도 더 늘어난다고 합니다. 하루 26시간 1년 14개월 이상이 되는 셈입니다.

2) 시간 관리를 위해 목표 세우기와 계획 세우기를 실천하는 것이 좋습니다. 시간 관리를 하게 되면 '지금 나에게 가장 중요한 일'이 무엇인지 알게 됩니다. 보통 사람들은 자신이 중요하다고 의미를 부여한 일에는 집중

을 하게 되어 있습니다. 수학 문제를 풀면서 국어 공부를 생각하고 사회 숙제를 하면서 영어 단어를 옆에 두는 학생도 있습니다. 수업 시간에 친구들과 게임할 궁리를 하기도 합니다. 이런 현상은 지금 자신이 무엇을 해야 하는지 망각하고 있기 때문입니다. 중장기 목표와 단기 목표 그리고 오늘의 일을 계획하고 실행하는 것이 필요합니다. 오늘 해야 할 일, 학습 사항을 미리 기록해서 우선순위를 정하고, 언제 어떻게 얼마만큼 할 것인지 계획을 세우는 것은 시간을 관리하고 있다는 것입니다.

3) 효율적인 시간 관리를 위해 학습플래너 작성하기, 학습 목표 세우기를 시도해 봅니다. 학교는 연중 교육과정 운영계획이 있고 학교 시험을 비롯하여 학교 행사를 공지합니다. 학습플래너를 만들어 학생들에게 제공하는 학교도 많습니다. 학교에서 공개한 학사 일정에 맞게 학습 계획과 목표를 정해 봅니다. 집중 공략 과목과 어려운 과목 학습 계획, 집중이 잘 되는 시간과 장소 선정, 학습 방해 요소 제거하기 등 계획을 세우고 지금 당장 실천하는 추진력이 필요합니다. 명확한 학습 목표와 세부적인 계획이 있어야 공부하는 동기가 생깁니다. 계획대로 실행해야 학습의 슬럼프가 없고 시간에 쫓기지 않습니다. 대충 시간을 보내다 보면 빠트리는 일이 생기고 허둥대는 일이 발생합니다. 미리 자신이 해야 할 일들을 계획하게 되면 시간으로부터 자유롭고 지금 하는 일에 집중할 수 있습니다. 결국 자신이 해야 할 일을 스스로 실행하기에 부모나 교사의 잔소리로부터도 벗어나게 되어 생활에 안정감이 커집니다.

학습 관리하기

1) 학습 관리에서 가장 중요한 것은 수업 시간 관리입니다. 고등학생은 학교에서 가장 많은 시간을 보내고 학교생활은 수업을 중심으로 운영됩니다. 따라서 수업을 제대로 활용하지 못한다면 학생의 꿈과 목표는 실현되기 어렵습니다. 학생은 수업을 통해 교사의 설명을 듣게 되면 처음 배우는 내용이라도 비교적 쉽게 이해할 수 있습니다. 수업을 무시하고 혼자 공부한다면 선생님의 설명을 들을 때보다 최소 2배 이상의 시간과 노력이 필요할 것입니다. 학원이나 과외 등 개인 학습으로 교과 내용을 미리 알고 있다 하더라도 수업에 집중해야 합니다. 우리의 기억력은 한계가 있습니다. 학습 내용을 알고 있다고 해서 시험 때까지 그 기억을 고스란히 가지고 가는 것도 아닙니다. 학습에서 겸손을 배우는 것도 중요한 일입니다. 공부를 잘하는 비법은 반복 학습과 심화 학습이기에 이미 이해한 내용의 수업이라도 경청해야 합니다. 학교 시험 문제는 해당 과목 지도교사가 출제합니다. 필수 학습 요소로 출제가 되는 문제는 수업 시간에 선생님이 중요하다고 강조합니다. 아닐 것 같지만 분명히 수업 시간에 교사는 강조해서 설명하고 있습니다. 그걸 학생이 알아차리지 못할 뿐입니다.

2) 수업 내용을 잘 기록하고 정리해야 합니다. 지필평가는 교사의 강의식 수업 내용과 관련이 깊습니다. 한 번 들은 내용을 정확하게 이해하기는 쉽지 않습니다. 인간은 망각의 동물입니다. 수업 내용을 반복해서 학습하지 않으면 1시간 이내에 기억에서 사라집니다. 수업 시간에 정리하는 것 자체가 반복 학습이고 수업에 집중하고 적극적인 학습으로 나아가는 길입니다. 특히 교사가 중요하다고 강조한 내용이나 심화 학습이 필요한 부

분은 기록에 남겨야 합니다. 기록하는 순간 지루한 수업 시간을 졸지 않게 만들고 학습 동기를 유지하게 합니다. 그렇게 정성을 다한 노트는 시험 기간 최고의 참고서가 됩니다. 시험에 나온다는 족보는 어디서 사는 것이 아니라 내가 기록한 노트가 비법서가 됩니다. 교사가 무엇을 강조했는지, 유의 사항은 없었는지, 설명할 때 특이한 동작을 하지는 않았는지 등 교사의 사소한 말투나 동작까지 작성해두면 시험을 공부할 때 학습 시간이 줄고 효율도 높아집니다.

3) 시험에서 흔들리지 않는 정신력을 가져야 합니다. 흔히 "멘탈을 잡아라"라고 말합니다. 대다수 고교생은 지필평가와 수행평가, 모의고사와 대학수학능력평가, 대학별 고사 등 수없이 많은 시험을 보게 됩니다. 그 스트레스로 인해 성인이 되어서도 시험을 보는 꿈을 꿉니다. 학창 시절의 시험만이 아니라 인생에서 수없이 많은 시험을 치릅니다. 누구나 시험은 잘 보고 싶을 것입니다. 최소한 실수 없이 실력 발휘는 하고 싶을 것입니다. 그런데 시험을 잘 보는 특별한 비법이 있을까요? 사실 고등학생 정도면 이미 시험을 보기 위한 요령이나 마음가짐은 알고 있습니다. 특별한 방법은 없습니다. 시험을 잘 보는 방법은 철저한 준비, 합리화하지 않기, 나로부터 원인 찾기, 길게 보기 등 별다른 것이 없습니다. 시험을 잘 보지 못한 것이 아니라 시험공부를 제대로 하지 않은 것이니 그 원인이 무엇인지 찾아내는 것이 중요합니다. 보통 시험 전에 3번 정도 반복할 수 있는 시간을 확보해야 하고 어려운 과목부터 공부하며 집중이 잘 되는 시간에 전략 과목을 공부합니다. 처음 시험부터 망쳤다면 실망하거나 다른 외부 요인을 찾는 자기합리화나 변명은 좋지 않습니다. 시험공부를 열심히 했지만 공부한 만큼 시험을 잘 보지 못했다면 다른 친구들이 더 열심히 한 것이라

고 생각하고 다음 시험을 착실하게 준비해야 합니다. 넘어진 나를 다시 일으켜 세우는 힘은 미래 세상을 살아가는 마음의 근력을 키우는 일입니다. 속상하지만 인생 자체가 시험의 연속이니 타인의 평가와 비교에 연연하는 것보다는 시험을 자기 점검과 발전의 기회로 삼아 한 단계 도약하는 디딤돌로 삼을 수밖에 없습니다.

생활 관리하기

1) 안정적인 학습환경이 유지되어야 학생의 생활이 관리됩니다. 학생들이 주로 공부하는 장소는 학교, 스터디카페, 도서관, 공부방 등입니다. 공부 장소가 어떤 곳이든 안정감을 느낄 수 있는 곳이어야 합니다. 공부에 집중할 수 있는 환경이 조성되어 시선이 분산되지 않아야 합니다. 주변 경관이나 소음 등으로 다른 광경이 시선을 끌지 못하도록 해야 합니다. 만약 공부 장소에 거울이나 시선이 자주 가는 물건이 있다면 집중력 있게 공부할 수 없습니다. 고등학생의 집중력은 한 시간 이상이 되지 않습니다. 집중해서 학습하고 주위를 환기한 후 다시 집중할 수 있는 환경이 중요합니다. 생각과 마음이 주변으로 흩어지지 않고 공부에 전념할 수 있는 환경을 꾸며야 합니다. 공부하기 좋은 장소는 학교이고, 가장 좋은 학습 방법은 수업에 충실하고 자기 학습 시간을 확보하는 일입니다.

2) 생활이 단순해야 집중력이 생깁니다. 학교, 학원, 집 다시 학교 등 다람쥐 쳇바퀴 도는 듯한 생활은 삶을 무미건조하게 만들 수도 있으나 공부에 집중하는 데 도움이 됩니다. 자녀의 생활이 단순해지도록 도와줘야 합

니다. 학생이 공부에 집중할 수 있도록 부모 주변의 일들도 정리해 주면 좋습니다. 집중력이란 어떤 일에 몰입하는 힘입니다. 집중력이 좋은 학생의 시선은 책을 향하고 수업 시간에는 교사가 있는 정면을 향하고 있습니다. 이렇게 집중을 계속하다 보면, 시간의 흐름을 의식하지 못한 채 과업을 수행하면서 학습 경험이 누적됩니다. 부모가 자녀에게 공부할 수 있는 최적의 장소를 제공하고 마음 편히 집중할 수 있도록 도와주면 자녀가 학습에 몰입하며 정서적으로도 안정감을 느끼게 됩니다. 자녀가 딴 데 한눈을 팔지 않고 스스로 구체적인 목표를 세워 실천한다면 집중력도 좋아질 것입니다.

3) 스트레스를 이겨내야 정해진 목표를 향해 전진합니다. 학생의 스트레스는 변화하는 학습환경에 적응하는 과정에서 생기는 마모 현상입니다. 스트레스는 몸뿐만이 아니라 감정에도 악영향을 미치고 부정적인 감정을 일으킵니다. 학습 부담과 상대적인 평가, 부모의 기대와 자신의 막연한 미래 등 우리나라 학생의 스트레스는 극한 상태입니다. 스트레스로 인해 자존감은 낮아지고 인간관계가 원만하게 유지되지 않기도 합니다. 자신에 대한 부정적인 생각과 감정으로 불안과 수면 장애, 불신과 분노, 위통과 편두통 등 신체적 질병까지 불러오기도 합니다. 잘 관리되는 스트레스는 긍정적으로 작용하여 변화의 동력이 되기도 합니다. 자녀가 좌절하거나 실패를 경험할 때 다른 집 자녀와 비교하는 것은 금물입니다. 자녀가 좋은 친구를 사귀고 우정을 쌓도록 도와줘야 합니다. 부모에게 말하지 않는 어려움을 친구와 나누며 자연스럽게 넘어가는 일도 많습니다. 그리고 자녀의 가장 좋은 친구이자 후원자는 부모라는 것을 자녀 스스로 느낄 수 있도록 기다려줘야 합니다.